AutoCAD 2020

Samuel João da Silveira

AutoCAD 2020

CADinho: um professor 24h ensinando o AutoCAD para você

Rio de Janeiro
2020

Copyright© 2020 por Brasport Livros e Multimídia Ltda.

Todos os direitos reservados. Nenhuma parte deste livro poderá ser reproduzida, sob qualquer meio, especialmente em fotocópia (xerox), sem a permissão, por escrito, da Editora.

Editor: Sergio Martins de Oliveira
Gerente de Produção Editorial: Marina dos Anjos Martins de Oliveira
Editoração Eletrônica: Abreu's System
Capa: Trama Criações

Técnica e muita atenção foram empregadas na produção deste livro. Porém, erros de digitação e/ou impressão podem ocorrer. Qualquer dúvida, inclusive de conceito, solicitamos enviar mensagem para **editorial@brasport.com.br**, para que nossa equipe, juntamente com o autor, possa esclarecer. A Brasport e o(s) autor(es) não assumem qualquer responsabilidade por eventuais danos ou perdas a pessoas ou bens, originados do uso deste livro.

DADOS INTERNACIONAIS DE CATALOGAÇÃO NA PUBLICAÇÃO (CIP)

S587a Silveira, Samuel João da.
AutoCAD 2020 : CADinho : um professor 24h ensinando o AutoCAD 2020 / Samuel João da Silveira. – Rio de Janeiro: Brasport, 2020.
312 p. : il. ; 17 x 24 cm.

Inclui glossário.
ISBN 978-85-7452-959-2

1. Editores de imagens. 2. AutoCAD. 3. Computação gráfica. 4. Programas de computador. I. Título.

CDU 004.4'273AutoCAD

Bibliotecária responsável: Bruna Heller – CRB 10/2348

Índice para catálogo sistemático:
1. Editores de imagem: AutoCAD 004.4'273AutoCAD

BRASPORT Livros e Multimídia Ltda.
Rua Teodoro da Silva, 536 A – Vila Isabel
20560-005 Rio de Janeiro-RJ
Tels. Fax: (21)2568.1415/3497.2162
e-mails: marketing@brasport.com.br
vendas@brasport.com.br
editorial@brasport.com.br
www.brasport.com.br

À minha mãe, Lúcia Juvita da Silveira, que se sacrificou muito para me dar uma formação digna, por ter sempre me apoiado e acreditado em mim.

Aos meus irmãos, Natalina, Cidinei, Salmo, Daniel e Lúcia, por todo este tempo juntos e por sempre terem me dado muito apoio e incentivo.

Ao meu filho Davi, por ter vindo com saúde e nos dar muita alegria.

À minha esposa Silvana, pelo seu amor, dedicação e paciência comigo.

Em especial, dedico este livro in memorian ao meu pai João Honorato da Silveira, pelo pouco tempo que pude conviver com ele, mas o suficiente por uma vida inteira.

Agradecimentos

Agradeço aos amigos professores do DACC do IFSC onde dou aula, pela amizade e parceria.

Agradecimentos especiais aos amigos, por me ajudarem sempre que precisei, principalmente ao Robson da StampArt pela ajuda no desenho do CADinho.

Aos meus alunos, que com suas dúvidas ajudaram no aperfeiçoamento do livro.

Também desejo deixar registrado os meus agradecimentos a todos os colegas que me acompanharam e a todos que me acompanham nesta vida, como o meu professor e orientador de Doutorado Dr. Francisco Henrique de Oliveira.

Agradeço, é claro, a toda minha família e a Deus por me dar saúde para poder escrever este livro.

"Educação nunca foi despesa. Sempre foi investimento com retorno garantido".

Arthur Lewis

Apresentação

Caro leitor, antes de dar continuidade à leitura deste livro e tirar conclusões precipitadas sobre a forma de escrita utilizada, permita-me esclarecer o motivo de ter usado uma linguagem simples e sem o formalismo habitualmente empregado nos livros didáticos.

Quando comecei a aprender a usar o AutoCAD, só pude ter duas aulas. Claro que somente com estas aulas não foi possível aprender muita coisa, por isso, tive que aprender sozinho. Assim, comecei a ler vários livros e apostilas sobre o programa. Entretanto, todos eram muito formais e não deixavam bem claro como usar cada comando. Preocupavam-se em mostrar todos os detalhes dos comandos, mas não esclareciam como utilizá-los. Parecia que precisávamos saber como usar o comando antes, para depois ter a capacidade de entender o que o livro pretendia com a explicação.

Devido às dificuldades que tive durante a aprendizagem do AutoCAD, comecei a pesquisar qual seria a melhor forma de escrever um material que esclarecesse bem o assunto, que não deixasse nenhuma dúvida para que você pudesse executar todos os comandos apresentados. Cheguei à conclusão de que o melhor modo seria explicando passo a passo cada operação e esquecer o formalismo linguístico usado nos demais livros.

Para conseguir isso, simplesmente escrevi o livro como se eu estivesse falando com você e tomando alguns cuidados para que não ficasse muito coloquial. Usei as técnicas desenvolvidas para os cursos a distância. Sua linguagem é bem simples e objetiva. Além disso, este livro vem com um professor particular que ficará 24h com você. Então, irei apresentar o seu mais novo professor particular de AutoCAD, o CADinho. Pensando bem, deixarei que ele mesmo se apresente.

Olá, tudo bem com você? Eu sou o CADinho e você poderá contar sempre comigo para aprender a usar o AutoCAD. Estarei 24h à sua disposição, basta você voltar aqui para conversarmos. Não sei muito sobre você, mas sei que ambos gostamos do AutoCAD e que você deseja aprender a usar esse excelente programa. Por isso, deixe-me comentar como serão as aulas de AutoCAD. Elas serão diretas e objetivas, você ficará prestando atenção no que falo, mas com o AutoCAD ativo (aberto, rodando...). Tudo que eu disser para você fazer, por favor, faça. Dessa forma, você praticará e fixará os comandos com muita rapidez. Pensando assim, antes de terminar a minha apresentação deixarei uma mensagem para você: para que tenha sucesso na aprendizagem, um dos fatores mais importantes é a observação. Tudo o que você fizer no AutoCAD deverá prestar muita atenção. Você precisa estar muito atento em todas as suas ações e verificar quais foram as reações do AutoCAD. Seguindo essas dicas, você não terá problemas quando for necessário usar os mesmos comandos novamente. Então, até a primeira aula!

Você gostou do CADinho? A minha função neste livro era somente apresentar o professor CADinho para você. Então, até a próxima edição!

O Autor.

Sumário

1. Conhecendo o AutoCAD

O AutoCAD 2020 também tem a opção de traduzir o programa para o português. No entanto, optei por usar aqui nas nossas aulas a versão em inglês. Isso porque pude observar que, mesmo tendo fácil acesso à versão em português, os usuários (pelo menos aqueles que conheço e pude observar nas listas de discussões) que já dominam a versão em inglês optaram por continuar usando a versão em inglês. A principal resistência à versão em português está nos atalhos via teclado predefinidos no AutoCAD. A versão em português teve os nomes dos comandos traduzidos para o português e os atalhos também seguiram o mesmo referencial. Apesar de ser possível alterar os atalhos para que a versão em português fique igual à versão em inglês, essa não foi a opção escolhida pelos usuários. Isso ocorreu tanto com os usuários de escritórios quanto com os professores. Sendo assim, os professores acabaram continuando a ensinar a versão em inglês. Dessa forma, usaremos a versão em inglês para que você não tenha dificuldades no mercado. No entanto, essa versão servirá também para você que optar por trabalhar com a versão em português, já que apresentaremos os comandos em inglês e ao lado o nome em português entre parêntese.

1.1. Inicializando o AutoCAD

Começarei a nossa aula mostrando como entrar no AutoCAD, mas, para isso, preciso que você ligue o seu computador, entre no Windows e faça o que irei falar. Para você aprender de forma bem fácil, preste bem atenção em tudo que você fizer. Veja o que acontece quando você clica em cada botão.

Então, vamos começar. Para aqueles que estão usando o Windows 10, o AutoCAD pode ser carregado basicamente de duas formas:

1. Dê um clique duplo no ícone , criado na tela inicial do Windows quando o AutoCAD 2020 é instalado.

2. Outra forma simples é pressionar o botão com o logo do Windows no teclado, digitar AutoCAD e na sequência clicar em AutoCAD 2020.

Após um certo tempo, aparecerá a tela inicial do AutoCAD 2020, conforme você pode ver na figura 1.1.

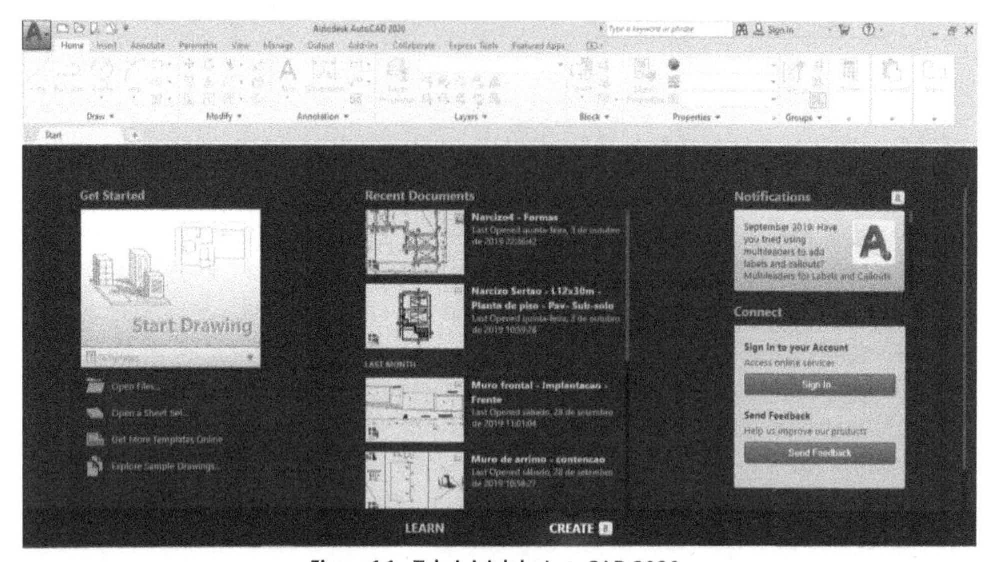

Figura 1.1 – Tela inicial do AutoCAD 2020.

A tela apresentada na figura 1.1 pode ser dividida em três colunas. Na coluna da direita temos a área de comunicação com Autodesk 360 e notificações. A coluna central apresenta os últimos arquivos usados no AutoCAD. Caso não apareça nenhuma visualização no seu, pode ficar tranquilo, é só porque não foi aberto nenhum arquivo ainda. Para abrir um deles basta você clicar com o botão esquerdo sobre o arquivo desejado. Por fim, na coluna da esquerda temos a coluna iniciar. Nela você possui cinco opções, sendo que basta você clicar com o botão esquerdo do mouse sobre a opção desejada para o AutoCAD executar o comando:

1. ***Start Drawing***: permite que você crie um novo desenho. No item 1.2 comentarei mais sobre esta função.
2. ***Open Files...:*** aqui você pode abrir um arquivo existente. Falarei mais sobre este comando no item 1.5.

3. ***Open a Sheet Set...:*** o *Sheet Set* é um sistema de gestão de folhas ou pranchas. Através dele você pode organizar todas as pranchas do mesmo projeto visualizando facilmente todos os arquivos. Este tópico não veremos aqui, haja vista que nossas aulas são para iniciantes.
4. ***Get More Templates Online:*** através deste comando você poderá buscar novos *templates* no site da Autodesk. Os *templates* são arquivos protótipos e falaremos mais dele no item 1.4.
5. ***Explore Sample Drawings...:*** selecionando esta opção aparece a janela de abrir arquivos já no diretório de exemplos do AutoCAD. Ou seja, serve para você abrir os arquivos exemplos do AutoCAD.

Daremos continuidade com as nossas aulas clicando na opção *Start Drawing*. Em seguida aparece a janela de trabalho do AutoCAD, a qual você pode ver na figura 1.2.

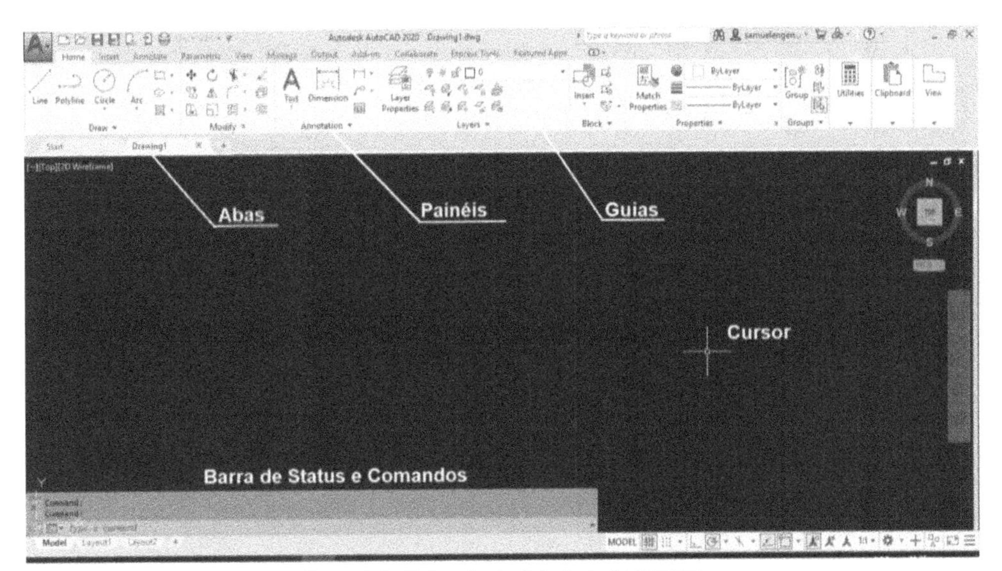

Figura 1.2 – Tela principal do AutoCAD 2020.

A **barra de status** é uma das regiões mais importantes da tela do AutoCAD. Ela indicará o que está sendo executado no momento e o que você precisa fazer. Para você poder aprender a utilizar o programa é necessário, para cada comando, olhar o que esta barra está informando. Apesar de estarmos usando uma versão em inglês, muitas das palavras são cognatas, o que facilita muito a compreensão. Dessa forma, fique bem atento para as instruções da barra de status. Além disso, se você desejar, pode consultar algumas palavras do Glossário, localizado no final do livro.

Os **painéis** agrupam os comandos de acordo com as suas características e as **guias** agrupam os painéis. Dessa forma, podemos navegar entre as diferentes guias para encontrar o comando desejado localizado no respectivo painel.

As **abas** foram implementadas a partir da versão 2014. Cada desenho aberto é representado por uma nova aba. Através dela você poderá visualizar uma miniatura do arquivo antes de abri-lo, basta passar o cursor sobre o nome da respectiva aba que aparecem as miniaturas existentes no *Model* e *Layouts* (no Capítulo 7 veremos o que são cada um deles). Assim que visualizar a opção de desenho desejada, basta clicar com o botão esquerdo do mouse sobre esta. A figura 1.3 apresenta uma tela do AutoCAD com quatro abas, sendo que o arquivo aberto é o *Drawing1* e o cursor está sobre a aba do arquivo *Detalhe entrada subterrânea*.

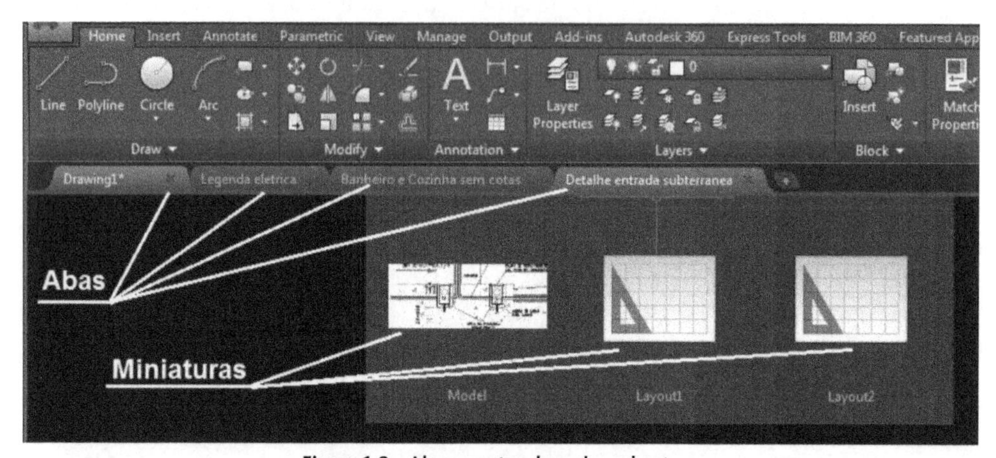

Figura 1.3 – Abas: quatro desenhos abertos.

1.2. Criar um novo desenho

Conforme comentei anteriormente, a opção *Start Drawing* permite criar um novo desenho, e a forma mais rápida de você iniciar um novo desenho é simplesmente clicar com o botão esquerdo do mouse em *Start Drawing* (figura 1.1). Em seguida a tela do AutoCAD fica conforme ilustrado na figura 1.2. Procedendo dessa forma você usará o arquivo padrão do AutoCAD chamado de *acad.dwt* (dwt é a extensão padrão do AutoCAD para arquivos *templates* ou protótipos, os quais veremos mais à frente).

Outra forma é você usar outro modelo de arquivo. Para tanto, na figura 1.1 tem a opção *Templates* – está logo abaixo de *Start Drawing*. Clique com o botão esquerdo do mouse na seta que aparece ao lado de *Templates,* conforme ilustrado na figura 1.4. Em seguida aparece uma série de opções de *templates* pre-definidos pelo AutoCAD. Clique com o botão esquerdo do mouse na opção desejada (no nosso exemplo, usaremos o *acad.dwt*) que o AutoCAD abrirá a tela ilustrada na figura 1.2. Desse ponto, você poderá dar início ao seu desenho, conforme veremos logo em seguida.

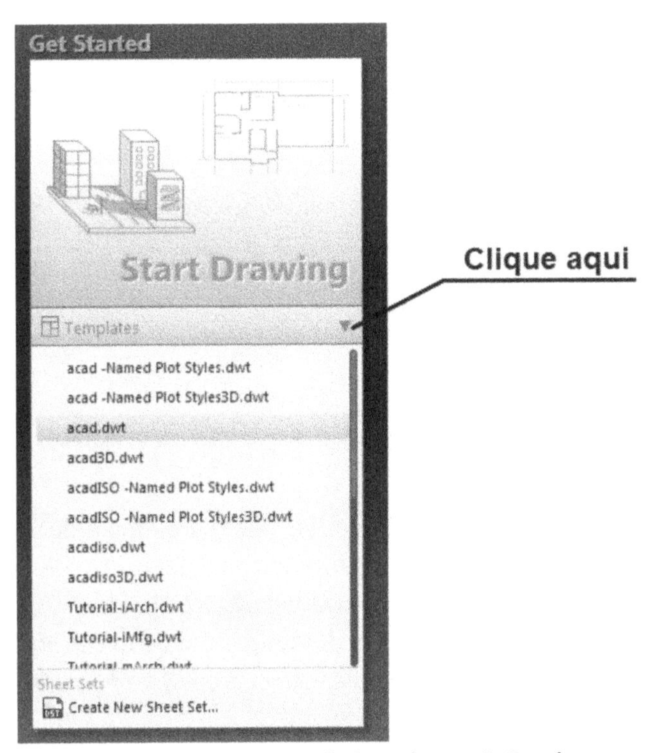

Figura 1.4 – *Start Drawing*: selecionando a opção *Templates*.

Além dessas opções, você também tem outra que permite criar um novo desenho a partir de um já existente. Essa opção está localizada no canto superior esquerdo da tela do AutoCAD, ao lado do Azão – observe a figura 1.1 ou 1.2 e clique em *New (Novo)*. Em seguida aparecerá a caixa de diálogo chamada *Select template (Selecionar modelo)*, veja a figura 1.5.

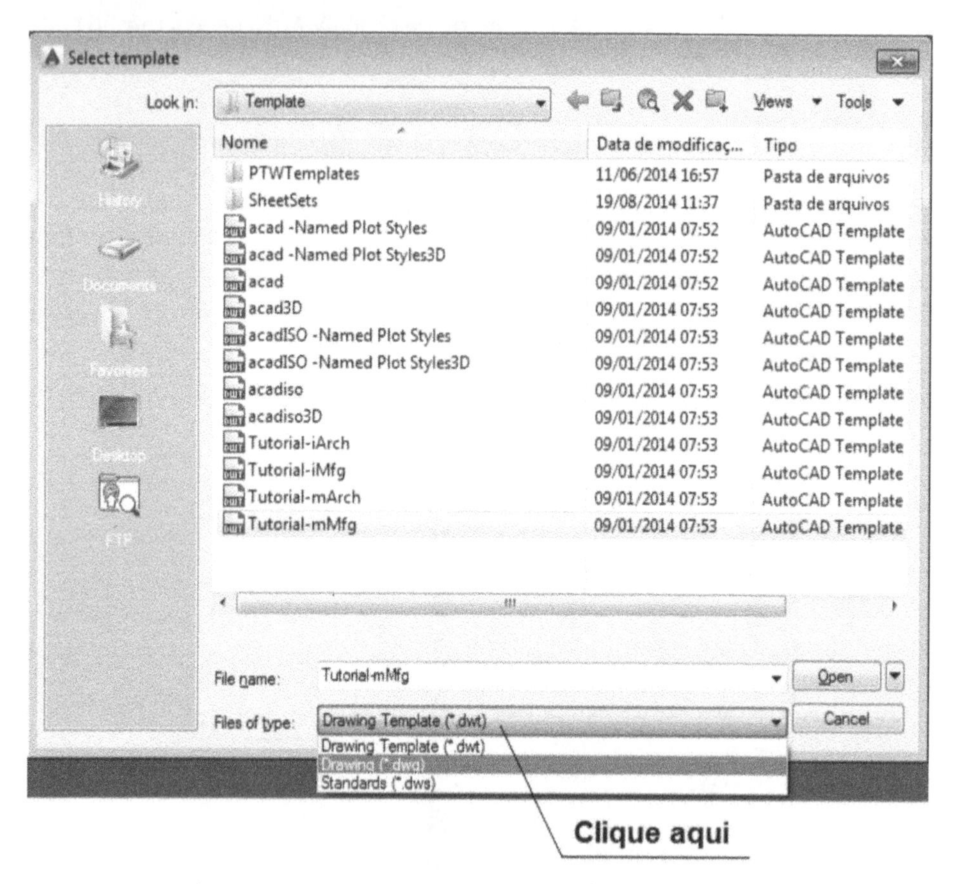

Figura 1.5 – Caixa de diálogo *Select template (Selecionar modelo)*.

Observe que o AutoCAD está permitindo que você selecione arquivos ***.dwt**. Caso você deseje usar um dos arquivos apresentados na lista, basta selecionar clicando sobre o item desejado e, em seguida, em *Open (Abrir)*. No entanto, se você deseja criar um arquivo a partir de outro arquivo do AutoCAD com extensão ***.dwg** (esta é a extensão padrão do AutoCAD), precisa clicar no campo *Files of type (Arquivos do tipo)* e selecionar a opção *Drawing* (***.dwg**), figura 1.5. Com isso, você poderá procurar na sua pasta o arquivo desejado. Após selecionar o arquivo, você pode clicar em *Open (Abrir)* para iniciar o desenho.

1.3. Definindo limites

Muitos usuários do AutoCAD simplesmente ignoram este detalhe e começam a fazer os seus desenhos sem se importarem com o limite da área de desenho. Eles fazem isso porque já possuem prática e conseguem facilmente sair de algumas situações às quais a falta da definição do limite os leva.

Como você está iniciando no mundo do AutoCAD, vou lhe passar um macete para facilitar a sua vida. Primeiro, vou deixar um pouco mais claro o que é o tal do limite. Para o AutoCAD definir a ordem de grandeza do desenho, ele usará o limite da área de trabalho que o usuário definiu. No entanto, mesmo que ele tenha definido uma área menor que o desenho, ainda assim ele poderá continuar desenhando. Por isso você pode ficar tranquilo, pois, mesmo que tenha definido o limite errado, você poderá fazer o desenho.

Pois então, você sabe definir o valor do limite para o seu desenho? Bom, o valor é muito simples, basta você verificar quais são as duas maiores dimensões do desenho (comprimento e largura) e usar um valor um pouco maior que estes. Por exemplo: suponhamos que você deseja desenhar uma planta de uma casa que possua 850cm de comprimento e 745cm de largura. Para facilitar, use um valor aproximadamente 1,5 vezes maior que as dimensões. Assim, para 1,5 x 850 = 1275, use 1200 e para 1,5 x 745 = 1117,5, use 1100. Dessa forma, use os valores 1200 e 1100 para os eixos *X* e *Y*, respectivamente.

Para especificar esses valores no AutoCAD, você pode proceder da seguinte maneira: digite *limits* e pressione *Enter*; quando fizer isso, vai aparecer a seguinte mensagem: *Specify lower left corner or [ON/OFF] (Especificar canto inferior esquerdo ou [Ativado/Desativado]) <0.0000,0.0000>:*

Simplesmente pressione *Enter*. Na próxima mensagem, digite os valores de **X,Y** (horizontal e vertical) – lembre-se de digitar os valores entre vírgulas. Em seguida, pressione novamente *Enter*. Para o nosso exemplo, você deve digitar *1100,1200* e pressionar *Enter*. Para ver a tela no tamanho real, você pode seguir este atalho:

	Digite:	Pressione:
1)	*Z*	*Enter*
2)	*a*	*Enter*

O quadro anterior funciona da seguinte forma: digite o que está especificado na coluna correspondente e depois pressione o que se pede na mesma linha. Na sequência você deve digitar o que está indicado na linha seguinte e pressionar a tecla indicada na mesma linha. Você deve repetir esse procedimento até concluir todas as linhas.

Explicarei mais detalhadamente o significado desse atalho quando estudarmos o comando *Zoom*. No momento, basta você saber que acabou de usar o comando *Zoom All*.

Caso você não queira se preocupar com os limites, o procedimento é muito simples: comece a fazer o desenho sem se importar com o seu limite. Quando o desenho ficar muito grande e você não conseguir visualizá-lo por inteiro, efetue os comandos a seguir:

	Digite:	Pressione:
1)	*z*	*Enter*
2)	*e*	*Enter*

Com isso, você poderá ver todo o desenho sem ter que ficar definindo o limite. Este atalho também ficará mais claro quando eu comentar sobre o comando *Zoom*.

Aproveitarei este momento para comentar com você um pouco sobre a escala do desenho. Quando você desenha no AutoCAD, não precisa ficar preocupado com a escala do desenho, pois você poderá fazer os desenhos nas unidades em que achar melhor e no tamanho real deles. Para poder colocar o desenho na margem da folha para ser impresso, você poderá simplesmente ampliar ou diminuir a margem por um fator de escala conveniente ou usar um comando para definir as escalas desejadas – este é o método que veremos neste livro.

Até este momento, é importante perceber que, para você imprimir um desenho com um fator de escala desejada, este poderá ser feito em escala real e, depois, impresso na escala escolhida. Deixarei mais claro para você nas aulas sobre *Imprimir (Plot)* e *Layout e Viewports – Paper Space – (Plot)*.

1.4. Desenhos protótipos

Esta é uma das grandes ferramentas que tornam os programas de CAD (desenho auxiliado por computador) muito eficientes, pois ter desenhos protótipos prontos representa uma grande economia de tempo na configuração dos desenhos no AutoCAD. Certamente você já deve ter feito desenhos sem o auxílio do computador. Normalmente, você precisaria fazer as legendas em todas as folhas, o que, além de ser muito chato, toma muito tempo. Para isso serve o desenho protótipo: você ganha tempo, já que parte dos desenhos você já tem pronto. Resumindo, você pode imaginar um desenho protótipo como uma folha de papel que já tem as margens e legendas prontas para realizar o seu trabalho, bem como as configurações padronizadas de textos, cotas, *layers* e outros itens que veremos mais à frente.

Quando você inicia um novo desenho, o AutoCAD normalmente usa o desenho protótipo *default (acad.dwt)* para estabelecer os limites, espaçamento de grade e *snap*, camadas *(layers)*, blocos e outras especificações. Um desenho protótipo é simplesmente qualquer desenho do AutoCAD. Ele pode ser um desenho em branco (sem nenhum objeto) ou pode ter uma margem e legenda, blocos pré-desenhados e assim por diante. Toda vez que se começa um novo desenho, têm-se diversas opções de protótipos no *Templates*.

Então, aproveite e crie um conjunto de desenhos para usá-los como protótipos, incluindo os diversos tamanhos de folhas de desenhos, margens e formatos de uso constante. Crie algumas folhas em polegadas, outras em milímetros e algumas com legendas predefinidas. Salve-os com extensão **dwt** e no diretório onde são salvos os arquivos temporários do AutoCAD – no meu caso, o diretório foi D:\Users\Samuel\AppData\Local\Autodesk\AutoCAD 2020\R23.1, sendo que, conforme for a versão do seu Windows e onde este for instalado, o caminho poderá ser diferente. Uma forma prática de ver onde são salvos os arquivos é criar um novo arquivo e, na janela

Select Template, clicar em *Look in*. É só observar o caminho até a pasta *Template*. Dessa forma, quando você for criar um novo desenho, aparecerá o arquivo no *Select a Template*. Talvez você possa estar me perguntando: como vou fazer as margens e a legenda se ainda não sei nem fazer uma linha? Pode ficar tranquilo que explicarei mais à frente tudo isso. Por enquanto, vamos seguir os estudos. Após eu explicar para você como salvar um arquivo, você simplesmente deve criar os protótipos com os nomes *Folha A4*, *A3* e *A2* e assim por diante.

1.5. Abrir um arquivo

Você pode abrir um arquivo indo no *Aplicativo*, escolhendo a opção *Open (Abrir)* ou através da tecla de atalho, clicando com o botão esquerdo. Essa tecla de atalho aparece na guia de acesso rápido no canto superior esquerdo. Em ambos os casos aparecerá uma caixa de diálogo na qual você poderá procurar o arquivo desejado e abri-lo. Veja a figura 1.6.

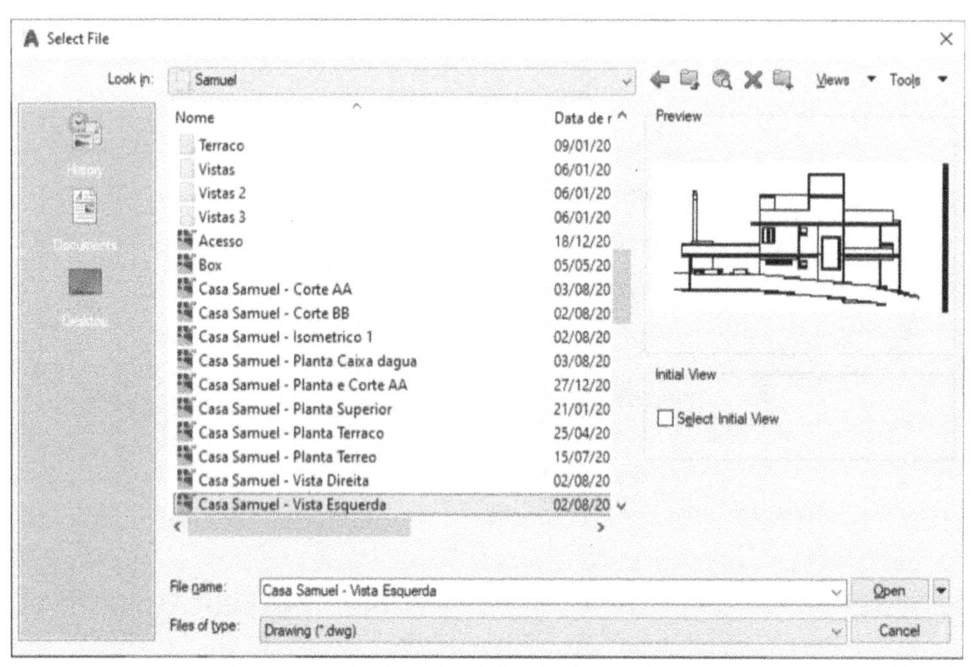

Figura 1.6 – Caixa de diálogo *Select File (Selecionar arquivo)*.

Localize o arquivo na lista; após encontrá-lo, clique em *Open (Abrir)*.

1.6. Salvar um arquivo

Para você não ter problemas com perdas de parte do desenho, é bom salvar o trabalho a cada cinco minutos ou a cada importante mudança, assim você não terá o problema de perder tudo o que fez por causa da queda de energia elétrica, por exemplo. Em geral, quando se está iniciando no mundo do AutoCAD, você acaba esquecendo dessa pequena recomendação e acaba perdendo muito desenho já produzido. Eu já perdi muitos arquivos até aprender a lição, por isso, salve sempre.

Para salvar, você pode clicar no *Aplicativo* e no *Save As (Salvar como)* ou na tecla de atalho localizada na guia rápida no canto superior esquerdo. Aparecerá uma caixa de diálogo chamada *Save Drawing As (Salvar desenho como)*. Esta caixa é similar à apresentada na figura 1.6, nela você precisa escolher o diretório no qual deseja salvar o arquivo. Em seguida, digite o nome do arquivo e pressione *Enter* ou clique em *Save (Salvar)*. Após salvar o arquivo, o nome fornecido aparecerá no topo da tela do AutoCAD.

Após você salvar pela primeira vez o arquivo, você pode salvá-lo diretamente através da opção *Aplicativo* e escolher *Save (Salvar)* ou na tecla de atalho localizada na guia rápida no canto superior esquerdo da tela.

Para salvar com outra extensão, como, por exemplo, **dwt**, você deverá proceder do mesmo modo, porém, antes de pressionar *Enter*, deverá ser mudado em *Files of type (Arquivos do tipo)* para *AutoCAD Drawing Template File (*.dwt) (Modelos de desenhos do AutoCAD)*.

Por motivo de segurança, o AutoCAD efetua o salvamento automático. Se você desejar, poderá alterar o tempo programado para um valor que você achar mais conveniente. Para tanto, clique no *Aplicativo* e selecione *Options (Opções)*. Automaticamente a caixa de diálogo *Opções* aparecerá, veja a figura 1.7. Nesta janela, selecione *Open and Save (Abrir e Salvar)*. No campo *Automatic save*, você pode especificar o valor do tempo desejado. Neste exemplo, o valor usado foi cinco minutos.

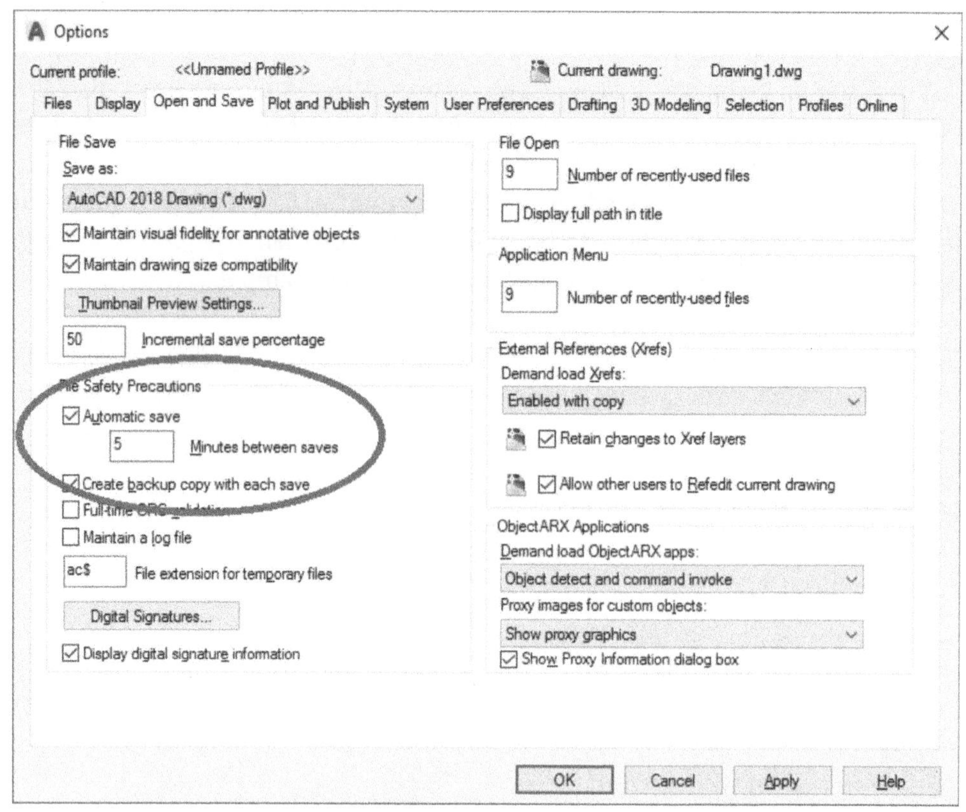

Figura 1.7 – Caixa de diálogo *Options – Open and Save (Opções – Abrir e Salvar).*

1.7. Você quer ajuda?

Provavelmente, comigo por perto você não precisará da ajuda (*Help*) do AutoCAD, mas caso eu não esteja no momento, você poderá consultá-lo. No *Help* há procedimentos que descrevem como abrir um desenho, copiar imagens, imprimir, etc. O *Help* também contém um glossário dos termos do AutoCAD.

Pode-se conseguir ajuda usando um dos métodos a seguir:

- Pressione **F1** quando o menu estiver aberto para obter ajuda sobre o menu em questão.
- Pressione **F1** quando estiver usando um comando para obter ajuda do respectivo comando.
- Clique no botão *Help (Ajuda),* em uma caixa de diálogo, para obter ajuda sobre esta.

- Digite o que procura no espaço localizado no canto superior direito da tela e em seguida pressione *Enter*.

1.8. Sair do AutoCAD

Ao tentar sair do AutoCAD, caso você tenha feito alguma mudança e não tenha salvo, o programa sempre perguntará se você deseja salvar as alterações. Apesar disso, você não deve deixar para salvar somente nesse momento, salve sempre a cada importante mudança.

Para sair do AutoCAD, você pode clicar no *Aplicativo* com o botão esquerdo e escolher *Exit Autodesk AutoCAD 2020 (Sair do Autodesk AutoCAD 2020)* com o mesmo botão. Ou simplesmente clicar na tecla de atalho no canto superior direito da tela do AutoCAD. Para fechar somente o arquivo aberto, você pode clicar no *Aplicativo* com o botão esquerdo e escolher *Close (Fechar)* ou você pode clicar no "x" que aparece no canto superior direito da área de trabalho.

2. Comandos I

Nesta aula, serão explicados os comandos básicos para você poder começar a fazer os seus desenhos, por isso você precisa estar muito atento aos detalhes da explicação. Em caso de dúvidas, não se preocupe que repito quantas vezes desejar.

Você não deve esquecer que precisa prestar muita atenção na barra de status. Pois, conforme já comentei, ela informa o que você precisa fazer para utilizar o comando ativo.

Todas as vezes que eu mencionar *chame a função*, você deverá chamar o comando em questão usando a tecla de atalho apresentada ao lado do ícone . Para isso, clique com o botão esquerdo do mouse sobre ela ou digite o nome do comando indicado ao lado do ícone e pressione *Enter*.

Os comandos que serão apresentados nesta aula poderão ser encontrados nos painéis *Draw (Desenhar)* e *Modify (Modificar)* na guia *Home (Padrão)* (na figura 2.1 você poderá vê-los).

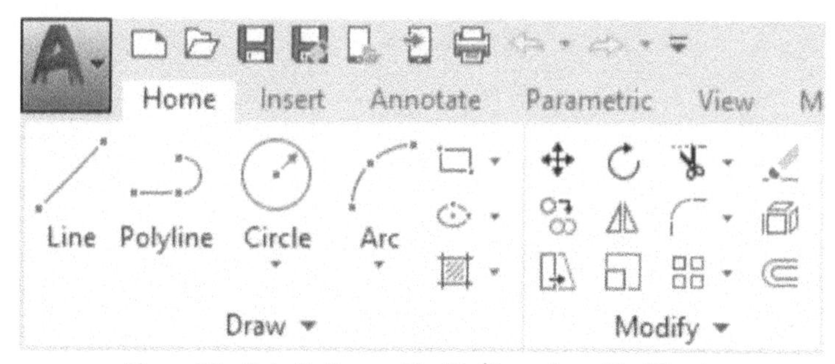

Figura 2.1 – Painéis *Draw* e *Modify (Desenhar* e *Modificar*).

Estes painéis estão localizados na parte superior esquerda da tela do AutoCAD, na guia *Home (Padrão)*.

Além dos comandos que você pode observar na figura 2.1, esses painéis possuem botões ocultos. Observe a figura 2.2 e veja que há mais botões de atalhos nesses painéis. Para você acessar os demais comandos, você precisa clicar com o botão esquerdo no triângulo que aparece logo após o nome dos respectivos painéis. Em seguida, mova o cursor até posicioná-lo sobre no comando desejado e então clique novamente no botão esquerdo para acionar o comando.

No começo é normal ter dificuldade para acessar os comandos ocultos, por isso, se preferir, você pode deixar esses painéis visíveis clicando sobre o botão que aparece ao lado do nome quando o painel é expandido.

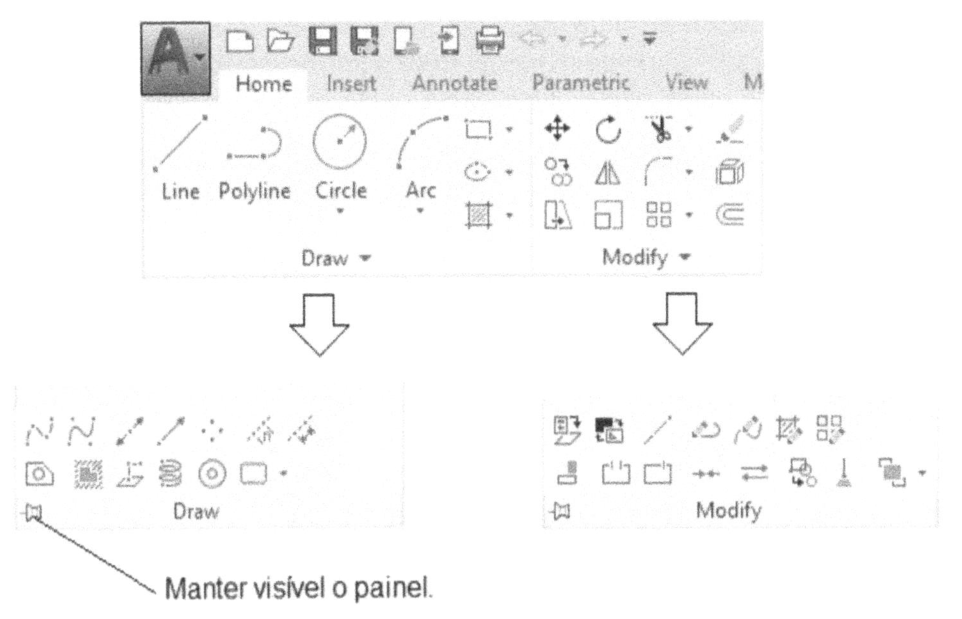

Figura 2.2 – Expandindo os painéis.

Então, vejamos os principais comandos.

Conforme comentei anteriormente, ao lado de "Comando" é o nome do comando que você pode digitar para chamá-lo, pressionando *Enter* na sequência. Além disso, na sequência é informado o atalho dos principais comandos que você pode digitar em vez de usar o seu nome completo.

2.1. *Line* (Linha)

Atalho:
Comando: *Line (l).*
Procedimento: *chame a função.*

Este comando é muito simples, você define o início da linha e o fim usando somente o cursor.

Clique no botão esquerdo para iniciar a linha e clique em outro ponto para definir o final dela. Caso deseje fazer outra linha a partir do final da anterior, basta continuar e clicar no final da próxima linha com o botão esquerdo novamente. Para finalizar o comando, basta clicar no botão direito do mouse e selecionar *Enter* ou simplesmente pressionar *Enter.*

2.2. *Erase* (Apagar)

Atalho:
Comando: *Erase (e).*
Procedimento: *chame a função.*

Selecione os objetos que deseja apagar com o botão esquerdo; em seguida, pressione *Enter* ou o botão direito do mouse. Você pode selecionar quantos objetos deseja apagar e depois pressionar *Enter,* dessa forma você não perde tempo selecionando um de cada vez. Outra forma rápida de apagar objetos é selecionando-os primeiramente sem nenhum comando e depois pressionando a tecla *Del (Delete).*

2.3. *Circle* (Círculo)

Atalho:
Comando: *Circle (c)*.
Procedimento: *chame a função*.

Clique com o botão esquerdo do mouse em um ponto da área para definir o centro da circunferência. Clique novamente para definir o raio ou entre com o valor do raio e pressione *Enter*. Para você entrar com o valor do raio via teclado, basta digitar o valor no teclado e pressionar *Enter*. Você não precisa mover o cursor para a barra de status e depois clicar dentro dela para poder digitar o valor do raio, o AutoCAD permite que você digite diretamente sem se preocupar com a localização do cursor.

2.4. *Move* (Mover)

Atalho:
Comando: *Move (m)*.
Procedimento: *chame a função*.

Selecione os objetos que deseja mover com o botão esquerdo; em seguida, pressione *Enter* ou o botão direito do mouse para indicar ao AutoCAD que você já selecionou tudo o que desejava. Clique num ponto para servir como base de referência (origem) e clique em outro para definir a posição do objeto selecionado. Na figura 2.3 você poderá ver um exemplo.

Leia atentamente o que o AutoCAD pede para você fazer na barra de status. Para aqueles que estão trabalhando na versão inglês, apesar de as mensagens na barra de status serem em inglês, você não terá muita dificuldade para compreender a mensagem porque a maioria das palavras usadas é cognata. Além disso, no fim do livro há um glossário que apresenta as principais palavras usadas em inglês traduzidas para o português.

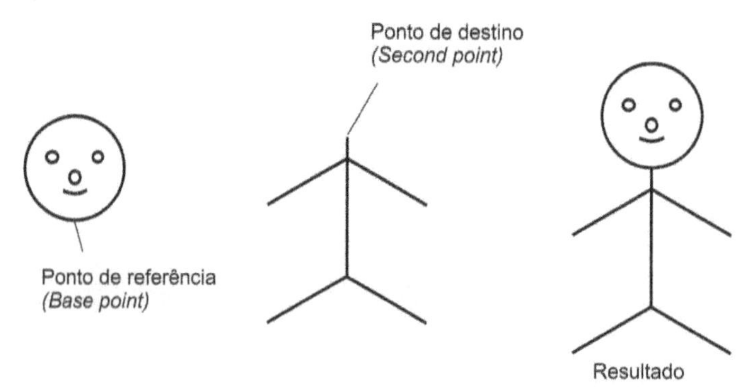

Figura 2.3 – Uso dos comandos Mover e Copiar.

2.5. *Copy* (Copiar)

Atalho:
Comando: *Copy (co).*

Este comando possui um procedimento idêntico ao *Move*. A única diferença entre os dois comandos é que o *Move (Mover)* somente movimenta o objeto, enquanto o comando *Copy (Copiar)*, além de mover o objeto, deixa uma cópia na posição inicial.

Procedimento: *chame a função.*

Selecione os objetos que deseja copiar com o botão esquerdo; em seguida, pressione *Enter* ou o botão direito do mouse para indicar ao AutoCAD que você já selecionou tudo o que desejava. Clique num ponto para servir como base de referência (origem) e clique em outro para definir a posição da cópia. Caso desejar, você poderá fazer quantas cópias (múltiplas) do objeto selecionado forem necessárias. Para tanto, é preciso somente clicar no próximo ponto de referência, pois o AutoCAD mantém o objeto de referência ativo. Para encerrar o comando, pressione *Enter.*

2.6. *Mirror* (Espelhar)

Atalho:
Comando: *Mirror (mi).*

Este comando é muito útil para você fazer desenhos simétricos. Quando você for fazer um desenho simétrico, você deverá fazer somente a primeira parte da simetria; na segunda parte, você poderá usar o comando *Mirror (Espelhar)*. Além disso, há objetos que você só poderia obter fazendo novamente a segunda parte ou usando o comando *Mirror*. Como exemplo temos o caso das mãos: se você fizer a mão esquerda, você só poderá obter a mão direita fazendo da mesma forma que fez para desenhar a mão esquerda ou, então, usar o comando *Mirror*, com o qual você facilmente obterá a mão direita.

Procedimento: *chame a função.*

Selecione os objetos que deseja fazer o espelhamento. Clique com o botão esquerdo para indicar que não deseja mais nenhum objeto. Clique novamente no botão esquerdo para definir o ponto de simetria (este ponto de simetria ficará mais claro durante a resolução de um exemplo) e, em seguida, clique no botão esquerdo para definir a posição do espelho. Na sequência, o AutoCAD pergunta se você deseja apagar os objetos antigos. Caso não deseje apagar, simplesmente pressione *Enter*; se desejar apagá-lo deverá digitar *y (yes, sim)* e pressionar *Enter*. A figura 2.4 apresenta o exemplo do desenho da mão direita.

Observe que o ponto de simetria pode ser qualquer ponto que você desejar, mas o desenho espelhado (a cópia) ficará o dobro da distância do objeto inicial em relação à distância que você definiu para o ponto de simetria.

Para facilitar a especificação do segundo ponto (posição do espelho), ative o *modo Orto (ORTHO*, ou use a tecla *F8* no teclado) – esse comando restringe os movimentos do cursor nos eixos vertical e horizontal. Para desativá-lo pressione novamente o a tecla *F8*.

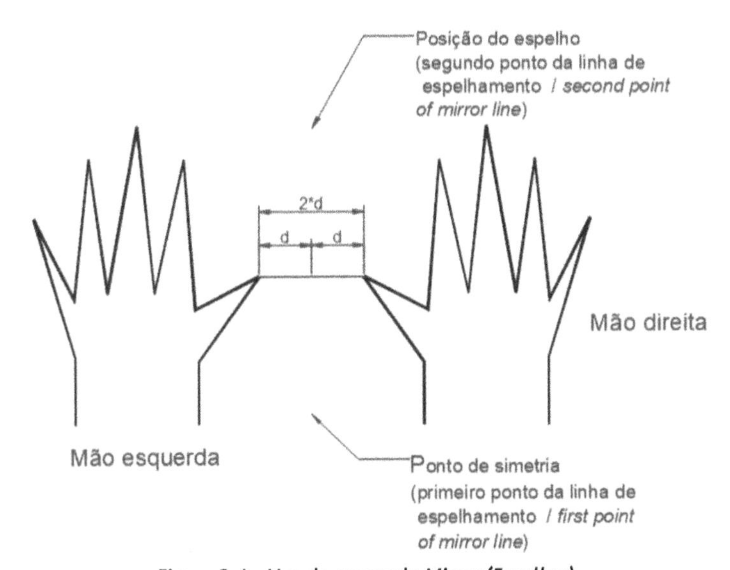

Figura 2.4 – Uso do comando *Mirror (Espelhar)*.

2.7. *Rotate* (Rotacionar)

Atalho:
Comando: *Rotate (ro).*

Como o próprio nome já diz, este comando serve para rotacionar objetos. Você precisa somente selecionar os objetos, definir o centro de rotação e o ângulo que deseja rotacionar. Veja o procedimento mais detalhado.

Procedimento: *chame a função.*

Selecione os objetos que deseja fazer a rotação com o botão esquerdo do mouse; em seguida, pressione *Enter.* Clique novamente com o botão esquerdo num ponto para servir como centro da rotação e clique em outro para finalizar o comando ou, após definir o centro da rotação, digite o valor do ângulo que deseja girar e pressione *Enter.* O AutoCAD usa como entrada de ângulo a unidade padrão de graus (°), mas você não precisa especificar a unidade, somente digitar o seu valor. Lembre-se novamente de que, para entrar com um valor via teclado, você só precisa digitar e pressionar *Enter.*

O comando *Rotate (Rotacionar)*, desde a versão 2008, apresenta uma grande facilidade. Além de rotacionar os objetos, o usuário pode fazer a cópia do objeto rotacionado. Dessa forma, terá um ganho maior de tempo, pois não será necessário ficar fazendo uma cópia e, em seguida, rotacionando-a. Para poder copiar o objeto rotacionado, após definir o ponto do centro de giro do comando *Rotate (Rotacionar)*, digite *C (Copy/Cópia)* e pressione *Enter.* Em seguida entre com o ângulo da rotação desejada ou clique num ponto para definir a rotação. Definido o ângulo de rotação, automaticamente o AutoCAD encerra o comando. O resultado será uma cópia do objeto selecionado com a rotação definida por você.

2.8. *Zoom*

O comando *Zoom* atua como se o observador estivesse se afastando ou se aproximando do desenho, permitindo o aumento ou a diminuição de determinadas áreas. Lembre-se de que o incremento só ocorre no nível de tela, permanecendo inalteradas as dimensões dos elementos desenhados.

Para chamar a função, você pode proceder da seguinte forma: digitar *Zoom* ou *Z* (tecla de atalho), pressionar *Enter* e, em seguida, digitar a letra inicial de cada tipo de *Zoom* ou através das teclas de atalhos, as quais são apresentadas nos respectivos comandos.

Os comandos de *zoom* estão no painel *Navigate (Navegação)* na guia *View (Vista)*. O painel *Navigate* não vem exposto diretamente na guia *View*, você precisará ativá-lo. Para tanto, clique com o botão direito do mouse num ponto qualquer sobre uma guia (parte superior da tela do AutoCAD). Na sequência aparecerá o menu suspenso apresentado na figura 2.5 (a); clique com o botão esquerdo em *Show Panels* e em seguida em *Navigate*. Caso tiver o ícone check (✓) ao lado de *Navigate*, conforme ilustrado na figura 2.5 (a), indica que o painel já está inserido. Para aparecer a opção do painel *Navigate*, você precisa fazer isso quando estiver com a aba *View* ativa, caso contrário, aparcerão os painéis referentes à guia ativa.

No painel *Navigate* aparecem os comandos de atalhos do *Zoom*. A figura 2.5 (b) apresenta esse painel, bem como os comandos *Zoom* já expandidos. Só para lembrá-lo que para visualizar os comandos ocultos basta clicar com o botão esquerdo sobre a seta (triângulo) que aparece ao lado do comando.

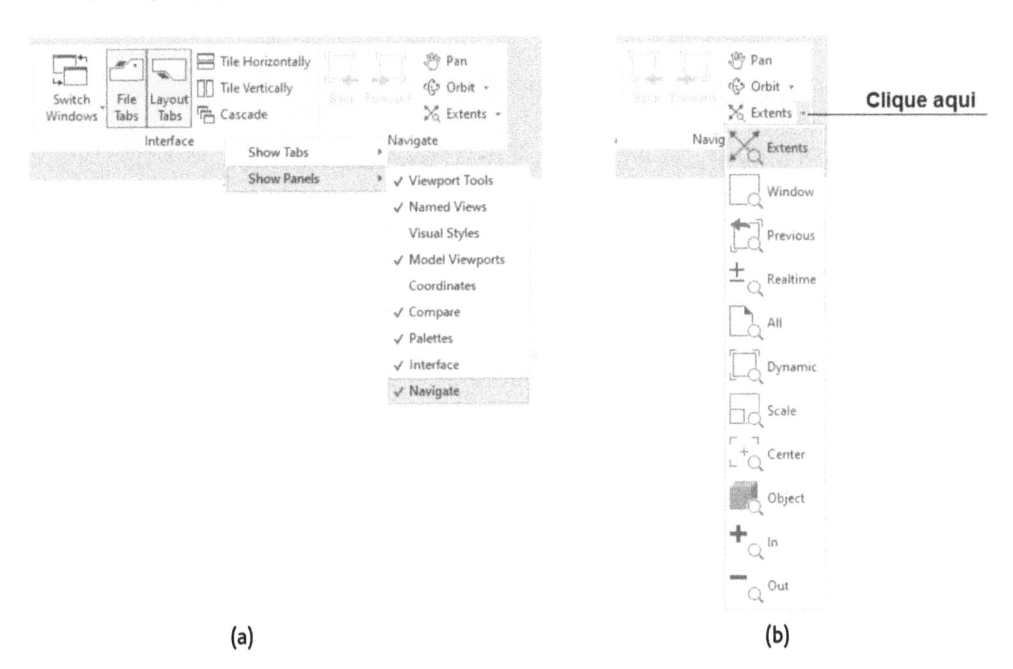

Figura 2.5 – Guia Vista e painel Navegação.

Esse painel fica oculto porque é pouco usado. Você verá a seguir que os principais comandos de *Zoom* podem ser facilmente acessados através do botão *scroll* do mouse. Então, vamos ver as explicações dos principais comandos *Zoom* e dentro deles as alternativas do uso de atalho pelo *scroll*, quando possuir.

2.8.1. *Zoom Extents* (Estendido)

Atalho:

Comando: *Zoom Extents.*

Calcula a menor tela possível, que contenha a totalidade do desenho, sem se importar com seus limites.

Procedimento: *chame a função.*

O resultado pode ser visto automaticamente.

Este comando será muito útil para você, principalmente após usar outros comandos de *Zoom* e desejar visualizar todo o desenho novamente.

Você pode facilmente acessá-lo usando o seguinte procedimento:

	Digite:	Pressione:
1)	*z*	*Enter*
2)	*e*	*Enter*

Se o seu mouse possuir o botão *scroll* (botão de girar), basta você clicar duas vezes rapidamente (clique duplo) no botão *scroll* que o AutoCAD aciona o comando *Zoom Extents.*

2.8.2. *Zoom Window* (Janela)

Atalho:

Comando: *Zoom Window.*

Permite que determinemos uma janela para melhor visualizarmos um detalhe do desenho. Este comando será muito usado por você para visualizar detalhes do desenho. Um bom exemplo é o desenho de uma porta em uma planta baixa. Fica praticamente impossível fazer uma porta numa planta relativamente grande sem usar o comando *Zoom Window (Janela)*.

Procedimento: *chame a função*.

Clique com o botão esquerdo num ponto de sua escolha para que se possa abrir uma janela no detalhe do desenho. Clique novamente com o mesmo botão sobre o outro ponto da janela. Lembre-se de que você, ao clicar no primeiro ponto, não precisa manter o botão pressionado, basta clicar para definir o ponto inicial da janela e, depois, clicar novamente para definir o seu tamanho.

Uma forma mais prática de acessar este comando é simplesmente digitar Z e pressionar *Enter*. Você não precisa digitar mais nada, basta clicar em dois pontos para que o AutoCAD amplie a área selecionada.

2.8.3. *Zoom Realtime* (Tempo real)

Atalho: ±

Comando: *Zoom Realtime (Tempo real)*.

Com este comando, pode-se ampliar ou diminuir a tela do AutoCAD em tempo real, ou seja, instantaneamente.

Procedimento: *chame a função*.

Clique no botão esquerdo e movimente o cursor mantendo o botão pressionado. Quando movimentar para cima, aumentará a tela; para baixo, diminuirá. Para encerrar o comando, clique no botão direito e escolha a opção *Exit (Sair)* no menu suspenso ou simplesmente pressione *Enter*.

Se você usa um mouse com o botão *scroll* (botão de girar), basta você girar o botão que automaticamente o comando é acionado. Dessa forma, você pode estar no meio de qualquer comando e girar o botão *scroll* que o AutoCAD "aumenta e diminui a tela".

2.8.4. *Zoom All* (Todos)

Atalho:
Comando: *Zoom All (Todos).*

Este comando ativa a maior janela entre a definida pelo comando *Limits (Limite)* e pelo *Zoom Extents (Estendido).*

Procedimento: *chame a função.*

Ao chamar a função, automaticamente estará concluído o comando e poderá ser visto o resultado.

2.8.5. *Zoom Center* (Centro)

Atalho:
Comando: *Zoom Center (Centro).*

Possibilita a determinação do ponto central da nova tela.

Procedimento: *chame a função.*

Clique no ponto que deseja para o centro da nova tela e digite um fator de ampliação ou altura, em seguida pressione *Enter.* O AutoCAD retorna o desenho com centro no ponto indicado e a tela ficará com a altura (faixa de visão) do tamanho especificado.

2.8.6. *Zoom Object* (Objeto)

Atalho:
Comando: *Zoom Object (Objeto).*

Este comando serve para você poder dar um *zoom* diretamente no objeto desejado. Para isso você precisa simplesmente selecionar o objeto que deseja que o AutoCAD enquadra na tela. Após a função, o objeto selecionado aparecerá no maior tamanho possível.

Procedimento: *chame a função.*

Selecione com o botão esquerdo o objeto que você deseja visualizar na tela. Você pode selecionar mais de um objeto. Após selecionar, pressione *Enter*. O AutoCAD mostrará no maior tamanho possível os objetos selecionados.

2.9. *Pan*

Atalho:
Comando: *Pan*.

O comando *Pan* realiza um movimento da janela através de dois pontos, possibilitando a manipulação de partes do desenho que antes estavam fora do campo de visão do usuário.

Procedimento: *chame a função*.

Clique com o botão esquerdo sobre o desenho e mantenha-o pressionado, mova o cursor para a posição desejada e solte o botão. Observe que o desenho se move na medida em que se movimenta o cursor. Para finalizar o comando, clique com o botão esquerdo e selecione *Exit (Sair)* ou simplesmente pressione *Enter*.

Novamente, se você usa um mouse com o botão *scroll* (botão de girar), basta você mantê-lo pressionado e mover o cursor para o lado que você desejar. Automaticamente o comando *Pan* é acionado. Você pode usar esse atalho no meio de qualquer comando.

Fique atento!
Com o botão scroll do mouse (botão de girar) você pode acessar o Zoom no meio de outro comando, basta girá-lo ou pressioná-lo para acessar o pan.

2.10. Desenhando livremente

Para desenhar objetos à mão livre no AutoCAD, simplesmente dê um clique em qualquer ponto da tela com o botão esquerdo do mouse. Neste exercício, será desenhada uma linha da parte de cima de um retângulo em direção à parte de baixo.

Para desenhar uma linha à mão livre, chame a função *line*; clique em qualquer ponto da tela com o botão esquerdo do mouse; clique novamente com o mesmo botão em outro ponto da tela e com o botão direito para finalizar o comando. Escolha a opção *Enter* com o botão esquerdo ou, simplesmente, pressione *Enter*.

Dessa forma, foi desenhada uma linha à mão livre. Mas e se for necessária uma linha horizontal ou vertical? Se houver a necessidade de começar a linha exatamente no topo do retângulo e terminar exatamente embaixo ou, ainda, desenhar um ângulo específico? Esses assuntos serão abordados a seguir.

Antes de continuar, use o comando *Undo (Desfazer)* para remover a linha que foi desenhada. Para chamar o comando basta clicar na tecla de atalho , a qual é localizada na barra de acesso rápido no canto superior direito da tela do AutoCAD.

2.11. Usando *Grid*, *ORTHO* e *Snap*

Com essas funções, podemos fazer desenhos com muita rapidez, facilidade e precisão. Esses comandos podem ser acessados através de atalhos localizados no canto inferior direito da tela do AutoCAD, conforme ilustrado na figura 2.6.

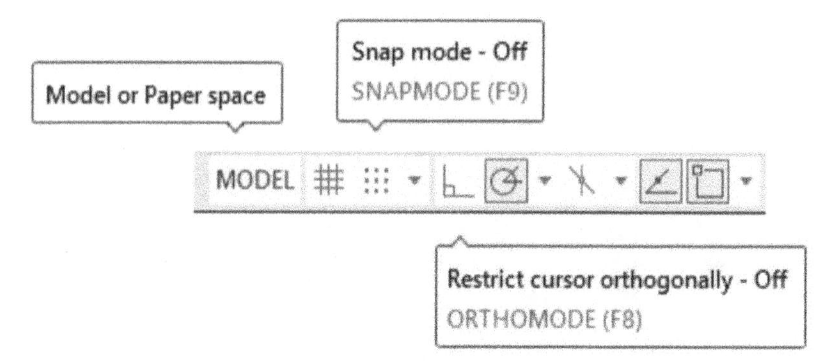

Figura 2.6 – Ativar os comandos *Snap*, *Grid* e *ORTHO*.

Quando os comandos estão ativos eles ficam com os ícones com tom de azul.

Grid é um modo que mostra a tela com as grades para ajudar na colocação de objetos. As linhas da grade não aparecem quando se manda imprimir o desenho. Para chamar essa função através de um atalho, basta pressionar *F7*; para desativá-la, pressione-a novamente.

Snap é um modo que restringe o cursor a pontos fixos. Por exemplo, se for setado um incremento de 0.5, o cursor irá selecionar somente os pontos que estiverem neste incremento. Para chamar essa função através de um atalho, basta pressionar *F9*; para desativá-la, pressione-a novamente.

Tanto o *Grid* como o *Snap* podem facilmente definir as distâncias dos respectivos espaçamentos. Para tanto, basta clicar com o botão direito do mouse sobre o ícone do *Grid*, conforme indicado na figura 2.6, e selecionar a opção *Snap Settings* no menu suspenso. Automaticamente aparecerá a janela *Drafting Settings*, a qual pode ser vista na figura 2.7. Nos respectivos campos você poderá especificar as distâncias nos eixos X e Y das grades e dos *Snap*.

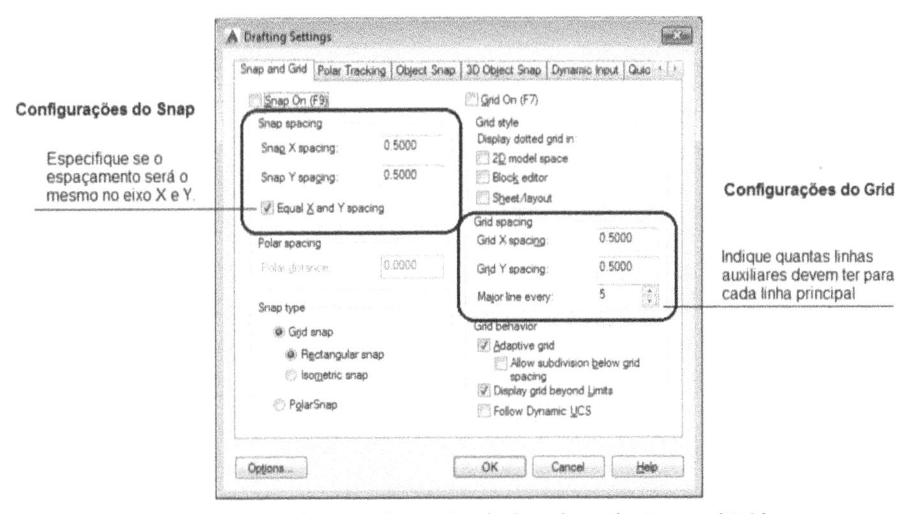

Figura 2.7 – Janela de configurações de desenho – Aba *Snap and Grid*.

ORTHO é um modo que permite somente serem desenhadas linhas horizontais e/ou verticais. Para chamar essa função através de um atalho, basta pressionar *F8*; para desativá-la, pressione-a novamente.

Para esclarecer melhor o que acabamos de ver, faremos uns exercícios. Na primeira parte, será feito o desenho com os modos *Grid* e *Snap*. Após o término deste exercício, será feito outro com o modo *ORTHO*.

Para desenhar uma linha utilizando os modos *Grid* e *Snap*: torne ativo o modo *Grid*, e as linhas da grade aparecerão na tela. Deixe também ativo o modo *Snap*. Chame a função *Line (Linha)*, clique com o botão esquerdo em um dos pontos e, em seguida, clique em mais três pontos com o botão esquerdo para fazer um triângulo. Note como o cursor pula de ponto em ponto no *Grid*. Clique com o botão direito para finalizar o comando *Line*. Pressione *F7* e, em seguida, *F9* para desativar os modos *Grid* e *Snap*.

Para desenhar uma linha usando o modo *ORTHO*: torne ativo o modo *ORTHO* (tecla *F8*), chame a função *Line*, clique com o botão esquerdo em um dos pontos. Observe que o movimento do cursor agora está restrito à horizontal e à vertical. Clique com o botão esquerdo em outro ponto da tela e clique em outros três pontos para poder fazer um quadrado. Clique com o botão direito do mouse e escolha a opção *Enter* com o botão esquerdo para finalizar o comando *Line*.

Assim, você pode fazer triângulos, quadrados, retângulos e muitas outras formas geométricas utilizando esses artifícios.

Antes de fazermos um desenho que utilize todos os comandos deste item, remova as linhas que foram desenhadas utilizando o comando *Erase (Apagar)*. Quando se utiliza o comando *Erase*, deve-se selecionar os objetos para serem apagados. Nos passos a seguir, os objetos serão selecionados através de uma janela em volta deles.

Chame a função *Erase*, clique num ponto do canto superior direito da tela com o botão esquerdo do mouse e, em seguida, num ponto do canto inferior esquerdo, certificando-se de que o quadrado que está se formando com uma linha tracejada, à medida que você move o cursor, corta toda a figura. Clique com o botão esquerdo para finalizar o comando.

2.12. Exemplo I

Neste exemplo, será feito passo a passo um desenho simples, mas que servirá para praticar todos os comandos já explicados. Ele pode ser visto na figura 2.8.

Antes de continuarmos com a lição, tente visualizar como você poderá fazer este desenho. Pense na simetria do desenho, em uma forma de construí-lo sem perder muito tempo.

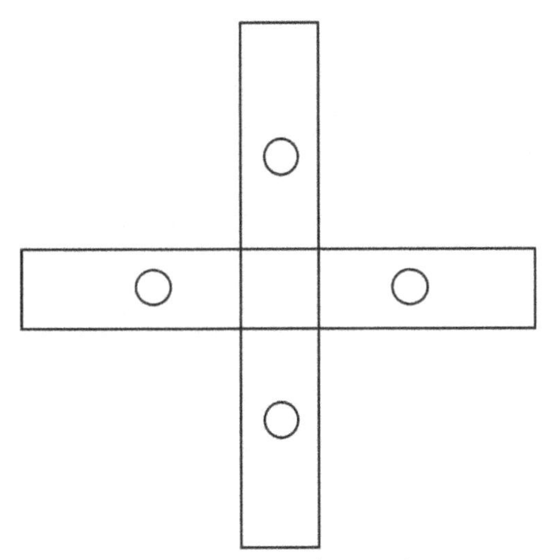

Figura 2.8 – Figura do exemplo.

Então vamos lá! Após abrir o AutoCAD, aparecerá a tela inicial do AutoCAD (figura 1.2), clique com o botão esquerdo em *Start Drawing*. Em seguida aparecerá a tela principal do AutoCAD (figura 1.2). Antes de começar a fazer o desenho, clique no *Aplicativo* e selecione *Save As (Salvar Como)* ou simplesmente clique no que aparece na barra de acesso rápido na parte superior esquerda da tela do AutoCAD. Em seguida, aparecerá a caixa de diálogo *Save Drawing As (Salvar desenho como)* (idêntica à apresentada na figura 1.6). Especifique a pasta em que pretende salvar o arquivo e o nome; para finalizar, clique em *Save (Salvar)*.

Primeiramente, será feita a metade do retângulo horizontal. Chame o comando *Line (Linha)* , clique num ponto da tela para fazer o ponto *A* (ver figura 2.9), mova o cursor aproximadamente uns 7 cm (não se preocupe com a dimensão, mova proporcional ao desenho indicado na figura 2.9) e clique no botão esquerdo para definir o ponto *B*. Mova o cursor para cima uns 3 cm, clique com o botão esquerdo e, em seguida, pressione *Enter.* Dessa forma, você define o ponto *C*.

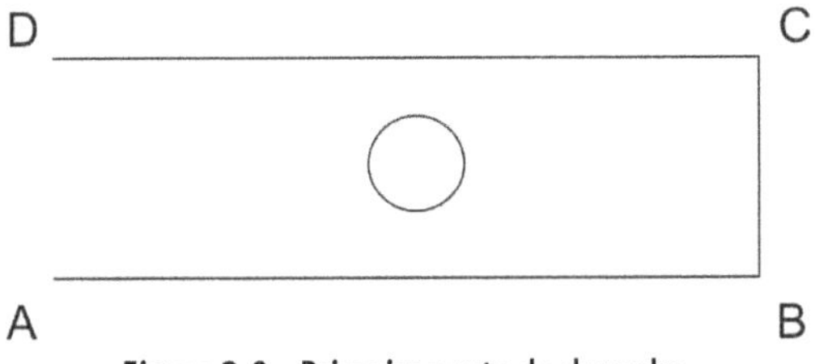

Figura 2.9 – Primeira parte do desenho.

Chame o comando *Copy (Copiar)* e veja que o cursor muda a sua forma para um quadrado. Mova o cursor até ficar sobre a linha *AB* – assim que isso ocorrer, a linha ficará em destaque em relação às demais – então, clique com o botão esquerdo do mouse; em seguida, clique com o botão direito e o cursor muda novamente para uma cruz. Agora será definido o ponto de origem: pressione a tecla *Shift* no teclado e clique no botão direito do mouse mantendo a tecla *Shift* pressionada ao mesmo tempo – veja que aparece uma nova caixa de diálogo (ver figura 2.10), cujos comandos serão explicados conforme a necessidade. Selecione a opção *Endpoint (Ponto final)* com o botão esquerdo do mouse, mova o cursor para o ponto *B* e pressione novamente o botão esquerdo. Você pode perceber que, ao mover o cursor, a linha *AB* move-se junto e sempre para vertical ou horizontal; experimente pressionar a tecla *F8* e mover novamente para ver a diferença. Então, pressione a tecla *Shift* e o botão direito do mouse simultaneamente e selecione *Endpoint (Ponto final)*; mova o cursor para o ponto *C* e clique no botão esquerdo. Dessa forma, é criada a linha *CD*, conforme ilustrado na figura 2.9.

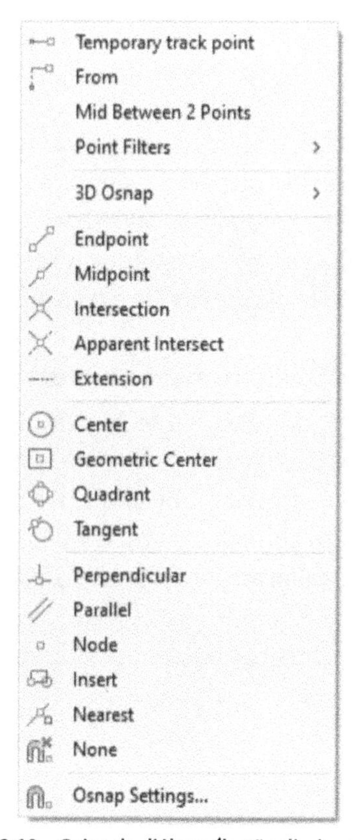

Figura 2.10 – Caixa de diálogo (botão direito + *Shift*).

Para desenhar uma circunferência no centro do retângulo, você precisa descobrir o centro deste "retângulo" que acabou de fazer. Uma forma de obter essa informação é traçando uma linha diagonal nele, pois o centro da linha corresponderá também ao centro do retângulo.

Para tanto, você pode proceder da seguinte forma: chame o comando *Line (Linha)*, pressione *Shift* e o botão direito ao mesmo tempo, selecione *Endpoint (Ponto final)* e clique com o botão esquerdo do mouse sobre o ponto *D*. Novamente pressione *Shift* e o botão direito ao mesmo tempo, selecione *Endpoint (Ponto final)*, clique com o botão esquerdo sobre o ponto *B* e pressione *Enter* para finalizar o comando *Line (linha)*. Chame o comando *Circle (Círculo)*, pressione *Shift* e o botão direito simultaneamente, e selecione *Midpoint (Ponto do meio)*. Este comando serve para encontrar o meio de uma linha. Deixe o cursor sobre a linha *DB* e clique no botão esquerdo. Mova o mouse até a circunferência ficar num tamanho próximo ao da figura 2.9 e clique no botão esquerdo.

Chame o comando *Erase (Apagar)*, selecione com o botão esquerdo a linha *DB* e, em seguida, clique no botão direito.

Na figura 2.9, você pode ver como deverá estar o desenho até esta parte.

Então vamos continuar. Chame o comando *Mirror (Espelhar)* e selecione tudo com o botão esquerdo, clique no botão direito do mouse e, em seguida, pressione *Shift* e o botão direito ao mesmo tempo. Então, selecione *Endpoint (Ponto final)* e clique com o botão esquerdo sobre o ponto *D*. Gire o mouse até que a parte que está sendo "copiada" fique na horizontal no lado esquerdo da figura e, em seguida, clique com o botão esquerdo (para facilitar, deixe a função *ORTHO* acionada). Feito isso, pressione *Enter* duas vezes para assim finalizar o comando. Podemos ver a nova etapa na figura 2.11.

Figura 2.11 – Segunda parte do desenho.

Para utilizar mais outros comandos, vamos proceder da seguinte forma: chame o comando *Copy (Copiar)* e, com o botão esquerdo, selecione tudo. Após ter selecionado tudo, clique no botão direito. Clique num ponto qualquer da tela com o botão esquerdo e arraste a cópia a uns 2 cm acima da figura e clique novamente no botão esquerdo.

Agora será necessário girar a parte copiada. Para isso, chame o comando *Rotate (Rotacionar)* e selecione com o botão esquerdo toda a parte copiada. Após ter selecionado tudo, clique no botão direito. Clique aproximadamente no centro da figura copiada com o botão esquerdo e gire o cursor até a figura ficar na vertical; clique novamente no botão esquerdo ou simplesmente digite *90* e pressione *Enter*.

Caso as duas figuras fiquem sobrepostas, para facilitar a visualização, deve-se mover uma delas. Para isso, proceda da seguinte forma: chame o comando *Move (Mover)* e selecione uma das figuras para mover, utilizando o botão esquerdo; em seguida, pressione *Enter* para indicar que já selecionou o que desejava. Logo após, clique com o botão esquerdo num ponto de sua preferência e mova a figura até um ponto onde não atrapalhe a visão e clique no botão esquerdo.

Para finalizar o desenho, é necessário colocar as duas figuras sobrepostas no mesmo centro. Para conseguir isso, será necessário traçar duas linhas auxiliares que servirão como guia, ou seja, indicarão onde fica o centro de cada retângulo. Então, chame o comando *Line (Linha)*, clique no botão direito e pressione *Shift* simultaneamente, selecione *Center* e clique com o botão esquerdo em uma das circunferências do retângulo. Em seguida, clique no botão direito e pressione *Shift* ao mesmo tempo e selecione *Center (Centro)*; clique com o botão esquerdo na outra circunferência do mesmo retângulo e, em seguida, pressione *Enter* para finalizar o comando.

Siga o mesmo procedimento para a outra figura. Agora, chame a função *Move (Mover)* e, com o botão esquerdo, selecione uma das figuras e clique no botão direito. Depois, clique no botão direito e pressione *Shift* ao mesmo tempo, selecione *Midpoint (Ponto do meio)* e clique com o botão esquerdo aproximadamente no meio da linha que une os dois centros das circunferências da figura selecionada. Novamente, clique no botão direito e pressione *Shift* simultaneamente, selecione *Midpoint (Ponto do meio)* e clique com o botão esquerdo aproximadamente no meio da linha que une os dois centros das circunferências da outra figura.

Para finalizar, chame o comando *Erase (Apagar)* e clique nas linhas que unem os dois centros das circunferências com o botão esquerdo e, logo após, com o botão direito.

Finalmente o desenho deverá ter ficado igual ao apresentado na figura 2.8.

Antes de encerrarmos este exercício, talvez você não tenha visto, mas há uma opção no menu suspenso que aparece ao clicarmos em *Shift* e no botão direito ao mesmo tempo que permite especificar um ponto no meio de dois pontos. Veja na figura 2.10 a terceira opção de cima para baixo, *Mid Between 2 Points (Meio entre 2 pontos).* Com esta opção você poderia definir o ponto do centro da circunferência automaticamente sem usar uma linha auxiliar. Bastaria simplesmente chamar o comando *Circle (Círculo)* e pressionar *Shift* e o botão direito ao mesmo tempo e selecionar a opção *Mid Between 2 Points (Meio entre 2 pontos).* Na sequência, basta clicar nos pontos *A* e *C* que o AutoCAD especificará o centro da circunferência sem criar a linha auxiliar como fizemos anteriormente.

2.13. Exemplo II – Válvula de gaveta

O objetivo deste exemplo é confeccionar o desenho de uma válvula de gaveta. O resultado é apresentado na figura 2.12. Para quem não conhece, uma válvula de gaveta é usada para fechar a água do banheiro, da cozinha, da área de serviço, enfim, dos ambientes para que seja possível realizar a manutenção nos respectivos pontos de alimentação de água.

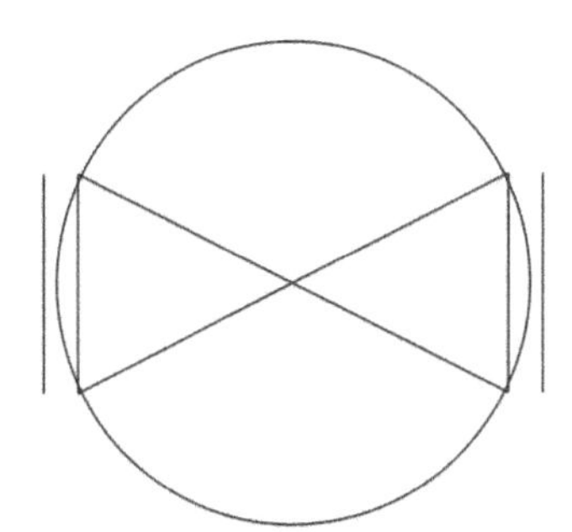

Figura 2.12 – Válvula de gaveta – planta.

Novamente, antes de começar a desenhar, você precisa observar o desenho e verificar qual seria o melhor procedimento para fazer este desenho em menos tempo.

Então vamos lá! Primeiramente, chame o comando *Line (Linha)* e clique com o botão esquerdo num ponto qualquer da área de trabalho. Para você fazer linhas verticais, é preciso que o comando *ORTHO* esteja ativo, então, clique com o botão esquerdo nele e o ative (ver figura 2.6). Movimente o cursor aproximadamente 1 cm para cima e clique no botão esquerdo para definir a linha. Pressione *Enter* para finalizar o comando. Com isso, você criou a linha *AB* (ver figura 2.13(a)).

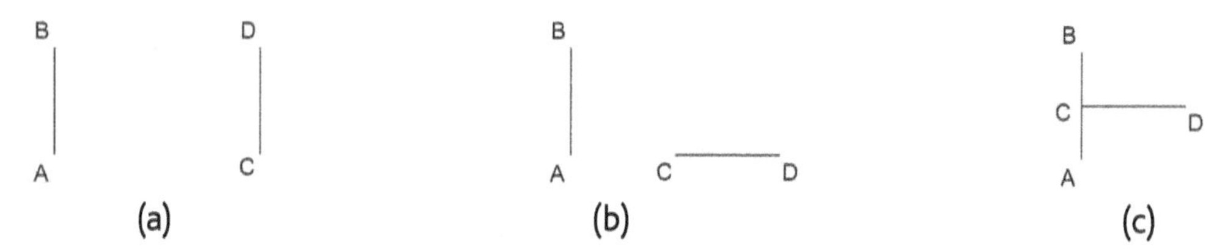

Figura 2.13 – Primeiras etapas do desenho da válvula de gaveta.

Agora vamos desenhar a linha *CD*. Esta linha possui o mesmo tamanho da linha que você acabou de fazer, por isso você não poderá simplesmente chamar o comando *Line (Linha)* e fazer outra linha *CD*. Você precisará copiar a linha *AB*, rotacioná-la e, por fim, movimentá-la para a posição correta.

Vamos produzir a linha *CD* (figura 2.13(a)), então, chame o comando *Copy (Copiar)*, clique sobre a linha *AB* e pressione *Enter.* Clique num ponto qualquer para definir o ponto base (ponto de referência) e, em seguida, clique em outro ponto para definir a posição da linha *CD*.

Com a linha *CD* feita, precisamos rotacioná-la. Chame o comando *Rotate (Rotacionar)*, selecione a linha *CD*, pressione *Enter* para especificar que já selecionou todos os objetos que desejava e clique no centro da linha para definir o seu centro de rotação. Feito isso, o AutoCAD pergunta qual o ângulo de rotação. Para especificar o valor deste ângulo, basta digitar *90* e pressionar *Enter.* O resultado você pode ver na figura 2.13(b).

Após esta etapa, é necessário mover a linha *CD* para a posição correta (figura 2.13(c)). Logo, chame o comando *Move (Mover)*, selecione a linha *CD* e pressione *Enter.* Pressione *Shift* e o botão direito ao mesmo tempo e selecione a opção *Endpoint (Ponto final)* (figura 2.10); clique no ponto *C* (figura 2.13(b)) para definir o ponto base, mova o cursor e clique no meio da linha *AB*. Caso for necessário, pressione *Shift* e o botão direito ao mesmo tempo e selecione a opção *Midpoint (Ponto do meio).* O resultado é apresentado na figura 2.13(c).

Vamos fazer as linhas *BD* e *DA*. Antes, você precisa desativar a opção *ORTHO*, caso ela esteja ativa, para facilitar o desenho das linhas em diagonais. Chame o comando *Line (Linha)*, pressione *Shift* e o botão direito ao mesmo tempo, escolha a opção *Endpoint (Ponto final)*, clique com o botão esquerdo sobre o ponto *B*; em seguida, clique com o botão esquerdo sobre o ponto *D* (você precisa antes selecionar a opção *Endpoint (Ponto final)*). Para fazer a linha *DA*, clique com o botão esquerdo sobre o ponto *A* e pressione *Enter* para finalizar o comando. Com isso, o desenho fica como o apresentado na figura 2.14(a).

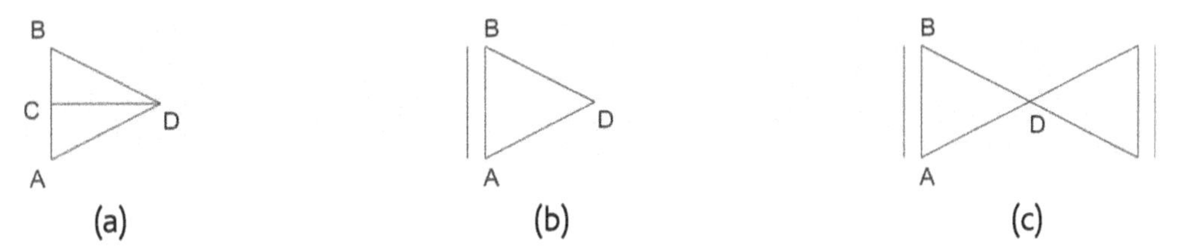

Figura 2.14 – Últimas etapas do desenho da válvula de gaveta.

Agora vamos apagar a linha *CD*. Para isso, chame o comando *Erase (Apagar)*, clique com o botão esquerdo sobre a linha *CD* e pressione *Enter* para finalizar o comando.

Precisamos fazer uma linha paralela à linha *AB*. Mais à frente, veremos que há um comando próprio para isso, mas, por enquanto, usaremos o comando *Copy (Copiar)*. Portanto, chame-o, clique com o botão esquerdo sobre a linha *AB* e pressione *Enter*. Clique com o botão esquerdo num ponto qualquer da tela (neste caso, não é necessário usar um ponto específico como base), mova o cursor uns dois milímetros para a esquerda e clique no botão esquerdo para definir a posição da cópia da linha *AB*. O resultado pode ser visto na figura 2.14(b).

Precisamos fazer a outra parte do desenho. Observe que o restante é o espelho do que acabamos de fazer. Por isso, usaremos o comando *Mirror (Espelhar)* para continuar o desenho. Logo, chame-o e clique com o botão esquerdo sobre todo o desenho e pressione *Enter*. Neste momento, o AutoCAD deseja saber o ponto no qual ficará o espelho. Neste caso, o ponto definido será o ponto *D*, por isso clique com o botão esquerdo sobre este ponto (pressione *Shift* e o botão direito ao mesmo tempo e escolha a opção *Endpoint (Ponto final)*). Torne ativa a opção *ORTHO* e clique com o botão esquerdo num ponto qualquer acima do desenho. Com isso, o AutoCAD pergunta se você deseja apagar o objeto de origem, pressione *Enter* para indicar que *não* (caso desejar apagá-lo, é só digitar *y (s)* e pressionar *Enter*). O resultado é o apresentado na figura 2.14(c).

Para fazer a circunferência, chame o comando *Circle (Círculo)*, clique com o botão esquerdo sobre o ponto *D* e clique com o botão esquerdo sobre o ponto *B*, (figura 2.14(c)).

Dessa forma, você acaba de concluir o desenho. O resultado deverá ser o apresentado na figura 2.12.

2.14. Usando *Snap* ao objeto e rastreamento polar

2.14.1. *OSNAP* (*Snap* ao objeto)

Até o momento, sempre que você precisou selecionar um ponto específico como *Endpoint (Ponto final)*, *Midpoint (Ponto do meio)* ou outra opção apresentada na figura 2.10, você pressionava a tecla *Shift* mais o botão direito ao mesmo tempo para, então, aparecer o menu suspenso e assim selecionar a opção desejada. Isso foi feito para você poder conhecer melhor as opções existentes.

Uma forma de você fazer isso facilmente é acionar a opção *OSNAP (Snap ao objeto)*. Esses comandos estão na barra de comandos localizada no canto inferior direito do AutoCAD, conforme ilustrado na figura 2.15. Através desta função, você poderá facilmente selecionar uma localização exata de um objeto.

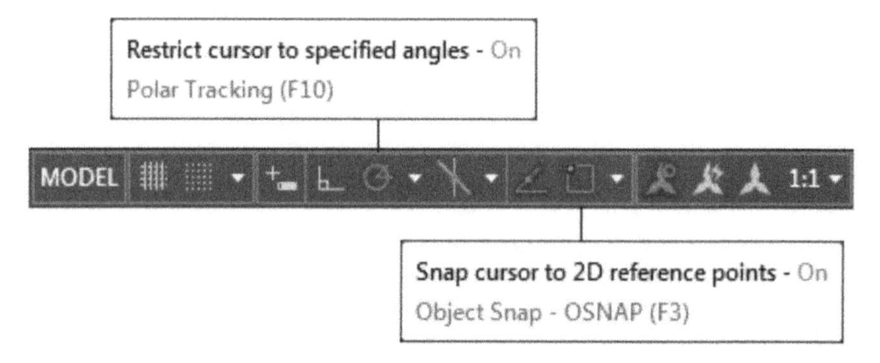

Figura 2.15 – Localização dos comandos Rastreamento polar e *Snap* ao objeto (OSNAP).

Para você especificar quais opções devem ficar ativas quando o comando *OSNAP* é selecionado, basta clicar no botão direito do mouse sobre o comando *OSNAP* que aparecerá um menu suspenso similar ao apresentado na figura 2.10. Na sequência, você pode clicar diretamente nas opções desejadas. Assim que concluir clique em qualquer lugar fora do menu que o AutoCAD fecha o menu suspenso com a opção selecionada. Se desejar, você pode clicar em *Object Snap Settings* no menu suspenso para abrir a caixa de diálogo *Drafting Settings (Configurações do desenho)* – veja a figura 2.16.

Observe que neste caso foram marcadas as opções *Endpoint (Extremidade)*, *Midpoint (Meio)*, *Center (Centro)*, *Intersection (Interseção)* e *Extension (Extensão)*. Neste caso, recomendo a você que não selecione muitas opções, porque isso lhe trará algumas dificuldades na seleção do ponto desejado, haja vista que existirão situações em que o cursor fica próximo de vários pontos de precisão. Quando isso ocorrer, pressione a tecla *Tab* para alternar entre os outros pontos de precisão.

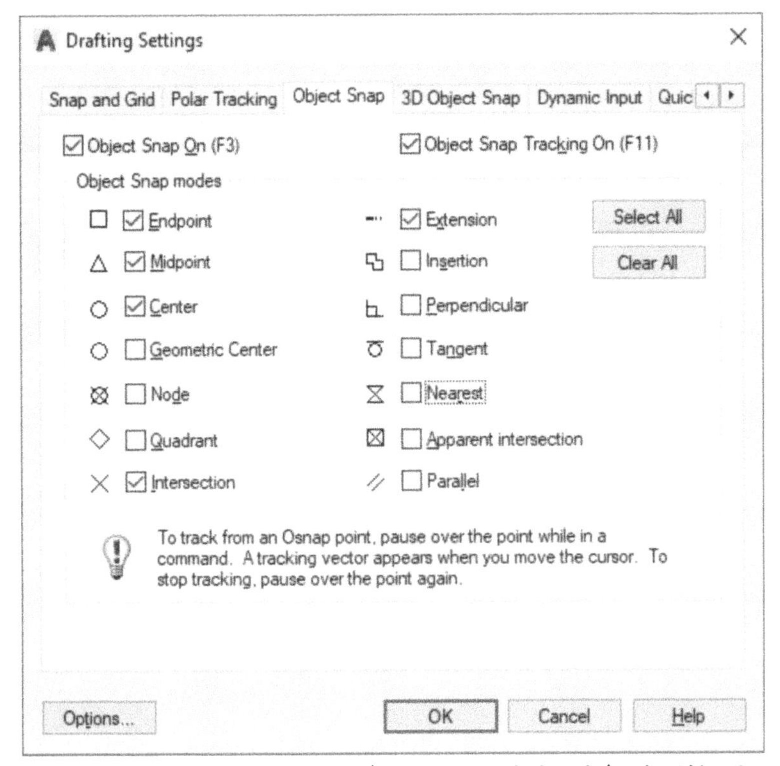

Figura 2.16 – Janela de *Drafting Settings (Configurações de desenho)* – Aba *Object Snap*.

2.14.2. *Polar Tracking* (Rastreamento polar)

O rastreamento polar, que na versão em inglês é *Polar Tracking*, permite que você mova o cursor de forma livremente, mas sempre ao aproximar da vertical ou horizontal ele restringe o movimento para fazer linhas segundo esses alinhamentos.

A função *Polar Tracking* pode ser acessada clicando no respectivo ícone indicado na figura 2.15 ou simplesmente pressionando a tecla *F10*. Esta função é similar à *ORTHO*, a qual é acessada ao lado do comando *Polar Tracking* ou pressionando *F8*. A principal diferença entre as duas funções é que a função *ORTHO* só permite movimentos verticais ou horizontais, já a *Polar* permite fazer qualquer tipo de movimento, porém, quando se aproxima da vertical ou horizontal, ela força o cursor a seguir esses alinhamentos.

Você pode também definir outros ângulos para o ajuste do *Polar Tracking*. Para tanto, clique com o botão direito sobre o ícone do comando *Polar Tracking* – veja a figura 2.15. Aparecerá um menu suspenso contendo algumas opções de ângulos. Selecione a opção desejada ou clique em *Tracking Settings* para o AutoCAD exibir a caixa de diálogo *Drafting Settings (Configurações do desenho)*, a qual é apresentada na figura 2.17.

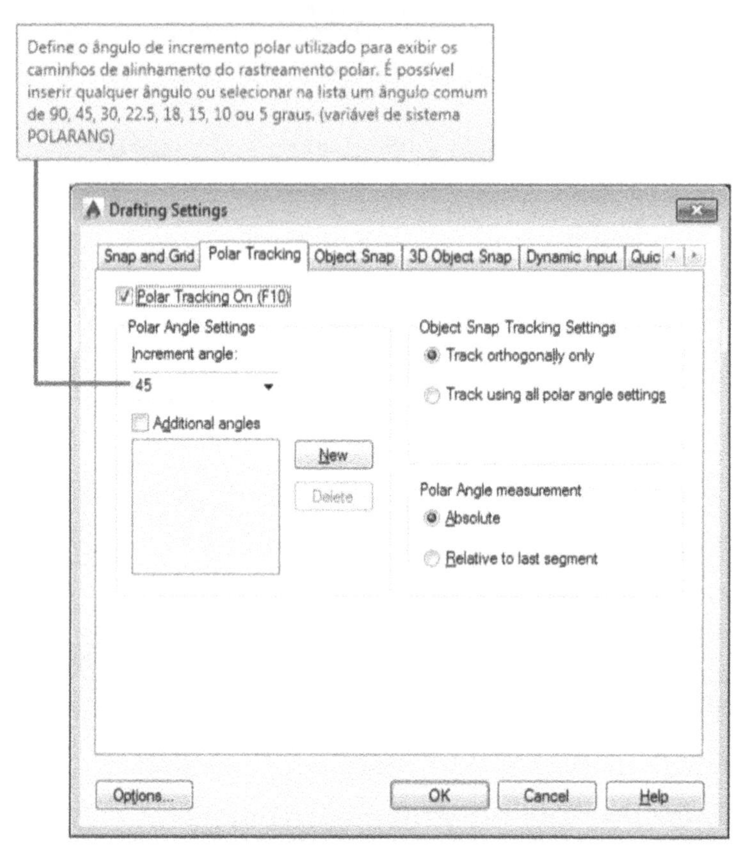

Figura 2.17 – Janela de *Drafting Settings (Configurações de desenho)* – Aba *Polar Tracking*.

3. Comandos II

Nesta aula, explicarei outros comandos dos painéis *Modify (Modificar)* e *Draw (Desenhar)*, ambos localizados na guia *Home (Padrão)*, conforme ilustrado na figura 2.2.

3.1. *Offset* (Deslocamento)

Atalho:
Comando: *Offset (o)*.

Este comando serve principalmente para duplicar uma linha numa distância específica. Além disso, você pode fazer uma cópia paralela de uma circunferência, retângulo, arco, etc.

Procedimento: *chame a função*.

Em seguida, você precisa digitar o valor da distância que deseja copiar a linha (objeto); logo após, pressione *Enter*. Clique com o botão esquerdo do mouse na linha que você deseja copiar, depois clique novamente com o botão esquerdo no lado em que a nova linha deve ser copiada. Caso você deseje somente uma linha, clique no botão direito para finalizar o comando; caso contrário, clique sobre a próxima linha a ser copiada com o botão esquerdo e repita o procedimento. Para os demais objetos (circunferência, retângulo, arco, etc.), você pode usar a mesma técnica.

No comando *Offset (Deslocamento)* a partir do AutoCAD 2006 foi adicionada uma nova ferramenta que torna mais rápida a edição dos desenhos. Através da opção *Multiple*, o usuário pode fazer uma série de cópias paralelas de um mesmo objeto usando a distância definida. O procedimento é o seguinte: chame o comando, especifique a distância das cópias e pressione *Enter*. Selecione o objeto desejado, digite *m* de *Multiple (Múltiplo)* e pressione *Enter*. Agora é necessário somente ir clicando com o botão esquerdo no lado que você deseja fazer as cópias do objeto. Para finalizar o comando, basta pressionar *Enter*. Esse procedimento é muito útil quando se desejar fazer os degraus de uma escada em planta, pois estes são cópias de linhas numa distância específica.

3.2. *Scale* (Escala)

Atalho:

Comando: *Scale (sc)*.

Com esta ferramenta podemos ampliar ou reduzir um objeto. Ela é muito útil quando você precisa mostrar detalhes de desenhos prontos. Para isso, você precisa somente fazer uma cópia do desenho e ampliar usando este comando.

Procedimento: *chame a função*.

Selecione com o botão esquerdo o objeto que será ampliado ou reduzido. Caso o objeto seja formado por vários desenhos, você pode selecionar todos; basta clicar com o botão esquerdo sobre eles. Logo em seguida, clique no botão direito para indicar que não deseja mais selecionar outros objetos ou pressione *Enter*. Agora você precisa definir o ponto de referência para o AutoCAD poder ampliar ou reduzir os objetos selecionados – para isso, clique com o botão esquerdo num ponto da área de trabalho, digite o valor da ampliação (maior que 1 amplia; menor que 1, reduz) e pressione *Enter* ou mova o cursor até ficar do tamanho desejado e clique no botão esquerdo. Para você compreender melhor como funciona este ponto de referência, seria interessante que você desenvolvesse alguns exemplos.

No comando *Scale (Escala)* do AutoCAD 2006 foi adicionada uma nova opção ao usuário, a qual facilita ainda mais a edição de desenhos no AutoCAD. Quando o comando pede para especificar a escala do objeto, o usuário tem a opção de digitar *C*, de *Copy (Copiar)*, para que o objeto ampliado ou reduzido possa ser uma cópia. Dessa forma, para ter dois objetos em tamanhos diferentes não é necessário copiar um e depois ampliá-lo.

3.3. *Trim* (Aparar)

Atalho:

Comando: *Trim (tr)*.

Com este comando você pode cortar um objeto com um ou dois pontos referenciais. Na figura 3.1 são apresentados dois exemplos do uso deste comando.

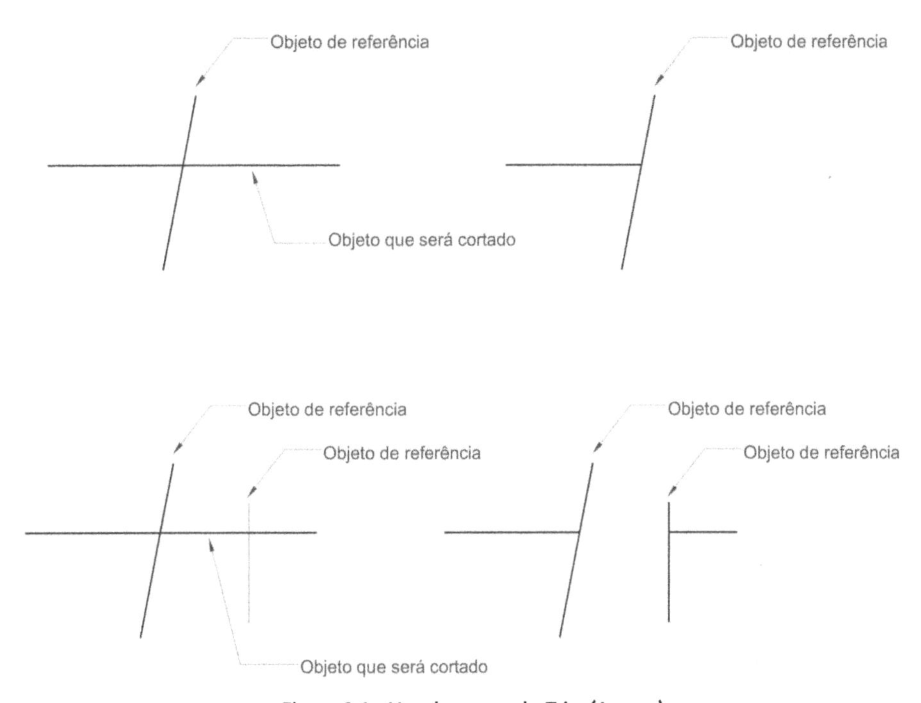

Figura 3.1 – Uso do comando *Trim (Aparar)*.

Procedimento: *chame a função*.

Primeiramente, você deve clicar com o botão esquerdo sobre o objeto de referência (este objeto pode ser uma linha, uma circunferência, um arco, etc., que intercepta o objeto que será cortado – ver figura 3.1). O objeto de referência serve para indicar até onde será cortado o objeto. Em seguida, clique no botão direito ou pressione *Enter* para indicar que não deseja mais nenhum ponto de referência (caso você queira selecionar mais de um objeto de referência, basta clicar com o botão esquerdo sobre os objetos até ter selecionado todos). Então clique com o botão esquerdo na parte que será cortada. Para finalizar, pressione *Enter*.

3.4. *Extend* (Estender)

Atalho:
Comando: *Extend (ex).*

Muito utilizado para estender uma linha até um objeto referencial. Além de linhas, você pode estender arcos e *polyline* (esta será explicada no item 12.2). O funcionamento deste comando é similar ao *Trim (Aparar)*, a única diferença é que o objeto será estendido até o limite selecionado e não cortado.

Além disso, o *Trim (Aparar)* e o *Extend (Estender)* foram fundidos num comando através da tecla *Shift*. Após você chamar um comando, *Trim* ou *Extend,* você poderá pressionar a tecla *Shift* no momento em que for selecionar o objeto para cortar ou estender. Quando isso for feito, o comando terá a função do comando não selecionado, ou seja, caso você acione o comando *Trim*, ao clicar no objeto com a tecla *Shift* pressionada, em vez de o objeto ser cortado, ele será estendido até o limite selecionado.

Procedimento: *chame a função.*

Selecione com o botão esquerdo o objeto que servirá de limite para a linha (ele indicará até onde deverá ser estendida). Clique no botão direito e, em seguida, clique com o botão esquerdo sobre a linha que será estendida. Para finalizar o comando, pressione *Enter.* O procedimento é o mesmo caso você deseje estender um arco ou uma *polyline*.

3.5. *Chamfer* (Chanfro)

Atalho:
Comando: *Chamfer (cha).*

Serve para fazer chanfros. Em outras palavras, transforma a união de duas linhas ortogonais em uma outra linha inclinada. A figura 3.2 deixa mais clara esta explicação.

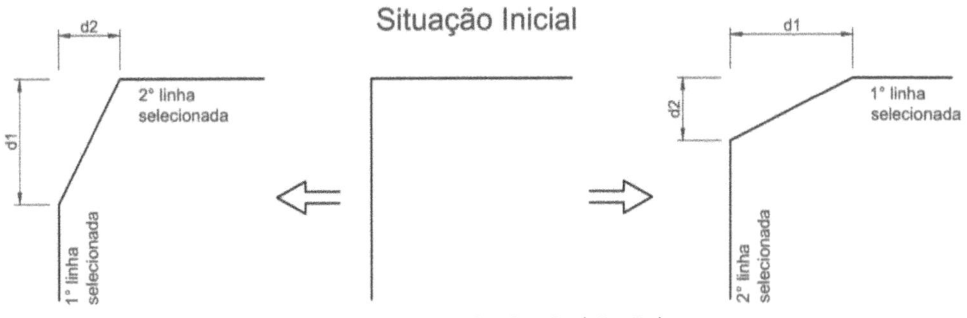

Figura 3.2 – Comando *Chamfer (Chanfro)*.

Procedimento: *chame a função.*

Aparecerão na linha de comando várias opções (neste momento, explicarei somente a *Distance (Distância)*, pois as demais opções você verá mais à frente). Conforme é apresentado na figura 3.2, é necessário definir duas distâncias: para isso, digite *d* ou *Distance (Distância)* e, em seguida, pressione *Enter.* Digite o valor da primeira distância do chanfro e pressione *Enter.* Digite o valor da segunda distância e pressione *Enter.* Agora você pode selecionar a primeira e a segunda linha com o botão esquerdo do mouse. Veja que, caso as distâncias definidas forem diferentes, você deverá ter cuidado ao selecionar as linhas, pois a ordem de seleção implicará em resultados diferentes.

3.6. *Fillet* (Concordância)

Atalho:
Comando: *Fillet (f).*

O comando *Fillet* (*concordância*) serve para confeccionar cantos redondos. Este comando é similar ao *Chamfer (Chanfro)*, com a pequena diferença de que, neste caso, os cantos são arredondados.

Procedimento: *chame a função.*

Aparecerão na linha de comando várias opções (neste texto, será explicada somente a *Radius (Raio)*). Pressione *r* ou digite *Radius* e, em seguida, pressione *Enter.* Digite o valor do raio e pressione *Enter.* Agora selecione com o botão esquerdo as linhas que serão arredondadas.

3.7. Exemplo

O objetivo deste exemplo é desenhar a figura 3.3.

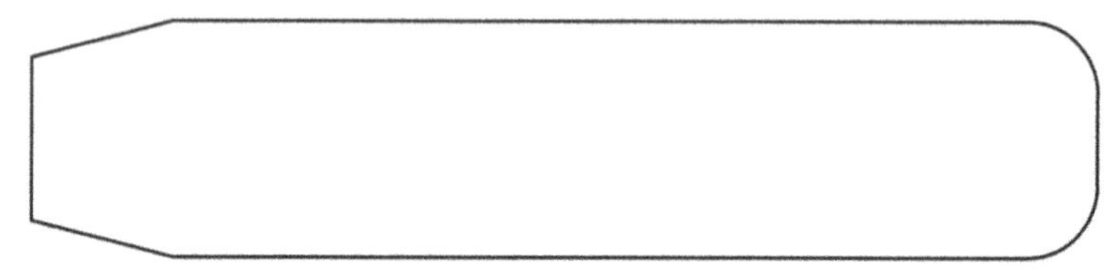

Figura 3.3 – Desenho do exemplo.

Os comandos que já foram explicados para você, daqui por diante, quando for necessário utilizá-los, não serão explicados passo a passo. Caso você tenha alguma dúvida em algum comando, você poderá voltar ao tópico específico que lhe explicarei novamente.

Primeiramente, entre no AutoCAD e crie um novo arquivo. Certifique-se de que o modo *ORTHO* está ativo. Em seguida, chame o comando *Line (Linha)* e clique no canto inferior esquerdo da tela para começar a linha. Se você clicar em outro ponto, a linha estará concluída; no entanto, vou explicar como fazer esta linha com um tamanho específico. Após definir o primeiro ponto da linha, mova o cursor para o lado direito da tela (o modo *ORTHO* precisa estar ativo) até onde você desejar, digite *300* e pressione *Enter* para definir o tamanho da linha e pressione *Enter* novamente para concluir o comando. Dessa forma você define uma linha horizontal com tamanho 300. Pode ser que ao digitar a linha fique maior do que a área exibida na tela. Para fazer com que a linha seja exibida por inteiro, usaremos o comando *Zoom*. Para tanto, digite Z (*Zoom*) e pressione *Enter*, digite E (*Extents*) e pressione *Enter*. O comando é automaticamente encerrado e a tela mostrará todo o desenho.

Para continuar o desenho, chame o comando *Offset (Deslocamento)*, digite *65* e pressione *Enter*. Selecione a linha com o botão esquerdo e clique acima ou abaixo da linha (a linha será copiada no lado que for clicado). Para finalizar o comando, você pode clicar no botão direito e selecionar *Enter* ou simplesmente pressionar a tecla *Enter*.

Agora chame a função *Line* e faça uma linha (ver figura 3.4) iniciando do ponto *A* (utilize *Shift* e o botão direito juntos e escolha *Endpoint (Ponto final)*, ou deixe o comando *OSNAP* ativo) indo para cima até a metade da distância de *AC*. Você certamente poderia usar *Shift* e o botão direito, selecionar *Endpoint (Ponto final)* e clicar direto no ponto *C*, assim a linha seria feita diretamente. No entanto, eu gostaria que você usasse o comando *Extend (Estender)*. Por isso, chame a função *Extend*, selecione com o botão esquerdo a linha *CD*, clique no botão direito, selecione com o botão esquerdo a linha vertical e clique com o botão direito para finalizar o comando.

Chame a função *Line* e faça uma linha vertical iniciando de *B* e que passe *D* (ver figura 3.4). Chame a função *Trim (Aparar)*, selecione com o botão esquerdo a linha *CD*, clique com o botão direito e, em seguida, com o botão esquerdo na linha vertical *BD*, mas na parte superior da linha *CD*. Para finalizar, clique no botão direito. O resultado desta etapa deverá ser um retângulo.

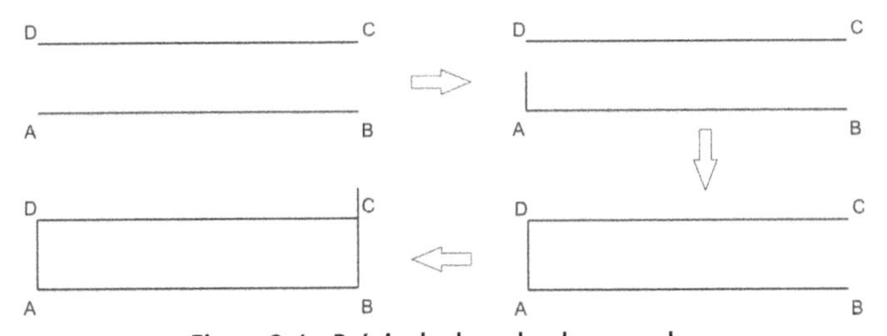

Figura 3.4 – Prévia do desenho do exemplo.

Para fazer as linhas inclinadas no retângulo, usaremos o comando *Chamfer (Chanfro)*; logo, chame a função *Chamfer*.

	Digite:	Pressione:
1)	*d*	*Enter*
2)	*10*	*Enter*
3)	*40*	*Enter*

Agora, clique primeiro na linha *AC* com o botão esquerdo e, em seguida, na linha *AB*. Faça o mesmo para as linhas *AC* e *CD*.

Chame a função *Fillet (Concordância)* e:

	Digite:	Pressione:
1)	*r*	*Enter*
2)	*20*	*Enter*

Clique na linha *CD* com o botão esquerdo e, em seguida, na linha *BD*. Faça o mesmo para as linhas *BD* e *AB*. No comando *Fillet (Concordância)*, não importa a ordem em que se clica nas linhas, mas no comando *Chamfer (Chanfro)* sim.

Chame a função *Copiar (Copy)* e faça uma cópia de todo o desenho. Chame a função *Scale (Escala)* e selecione toda a cópia. Clique no botão direito, clique com o botão esquerdo aproximadamente no centro do objeto selecionado, digite **2** e pressione *Enter*. Pronto, foi feita uma cópia **duas** vezes maior.

Só para lembrá-lo, você poderia ter feito uma cópia com o dobro do tamanho usando diretamente o comando *Scale*, sem ter que usar o comando *Copy*. Para tanto, basta você chamar o comando *Scale*, selecionar todo o desenho, clicar num ponto qualquer para definir o ponto de referência e digitar *C* de *Copy (Cópia)*. Na sequência, pressione *Enter*, digite o valor do fator de escala, *2*, e pressione *Enter*. O resultado será uma cópia com o dobro do tamanho da original.

3.8. Exemplo – Redução de dutos

Talvez você desconheça o que seja *redução de dutos*, mas esta expressão é muito popular na área de condicionamento de ar. A redução de dutos é usada para fazer a transição entre dutos de dimensões diferentes. Mesmo que você não tenha interesse nesta área, o ideal é que siga este exemplo, que deixará mais claro o uso de algumas ferramentas do AutoCAD.

Lembrando aos projetistas que o objetivo deste exemplo é mostrar como fazer o desenho de uma redução de dutos, sem se preocupar com o que diz respeito ao seu dimensionamento. O desenho é apresentado na figura 3.5.

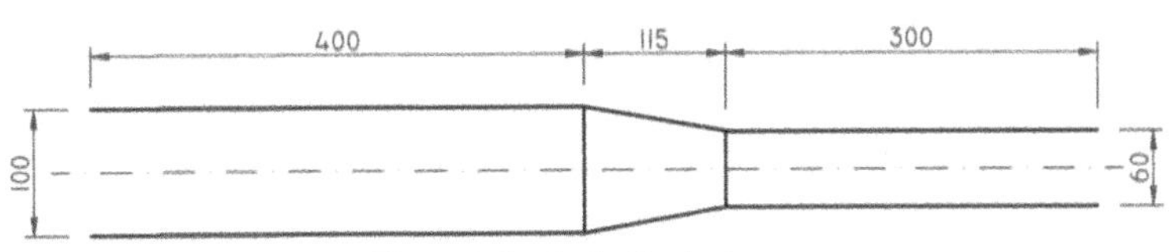

Figura 3.5 – Redução de dutos.

Supomos que haja um duto de 100 cm e é necessário fazer uma redução para 60 cm.

Você pode fazer este desenho de diversas formas, mas mostrarei somente um modo, o qual acho mais fácil.

Você começará desenhando a linha de centro do duto, já que este possui uma simetria horizontal. Logo, chame o comando *Line (Linha)* e clique com o botão esquerdo no lado esquerdo da tela para definir o primeiro ponto. Com o modo *ORTHO* ativo, mova o cursor para a direita, sem se preocupar com a distância. Logo em seguida, digite o comprimento do duto, que possui largura **100**, ou seja, digite **400** e pressione *Enter* (veja a figura 3.6). Você deve perceber que o AutoCAD fez uma linha horizontal com tamanho 400. Caso não seja possível visualizar a linha inteira, chame o comando *Zoom Realtime (Tempo real)* (conhecido também como *Lupa*). Mantendo o comando *Line (Linha)* ativo, segure o botão esquerdo do mouse e mova o cursor para baixo. Dessa forma, o desenho vai se afastando da tela e você pode visualizá-lo por inteiro. Para finalizar o comando *Zoom Realtime*, pressione *Enter*. Você pode também acessar o comando *Zoom Realtime* facilmente simplesmente girando diretamente o botão *scroll* do mouse. Pode ser que você tente usar o comando *Zoom Realtime* e mesmo assim não consiga visualizar toda a linha. Essa dificuldade é causada pelo fato de não termos definido o limite corretamente da área de trabalho, conforme vimos no item 1.3 – Definindo limites. Para resolver esse problema você pode seguir as orientações que vimos em "Definindo limites" ou usar o comando *Zoom Extents (Estendido)* – para tanto, simplesmente digite *Z*, pressione *Enter*, digite *E* e pressione *Enter* novamente para encerrar o comando.

Após fazer a linha de tamanho 400, mova o cursor para a direita e digite *115*; dessa forma você define o tamanho da redução (veja a figura 3.6). Caso você não esteja vendo a toda a linha, repita o procedimento com o comando *Zoom Realtime (Tempo real)* ou *Zoom Extents*.

Para fazer a linha de tamanho 300, o procedimento é o mesmo: mova o cursor para o lado direito, digite *300* e pressione *Enter*. Caso em algum momento você tenha saído do comando *Line*, deverá chamar o comando novamente e clicar no fim da última linha que criou (não se esqueça de usar *Shift* e o botão direito juntos e selecionar *Endpoint (Ponto final*). Se a função *OSNAP (Snap ao objeto)* estiver ativa, você pode ativar o *Endpoint* automaticamente. O resultado você pode ver na figura 3.6.

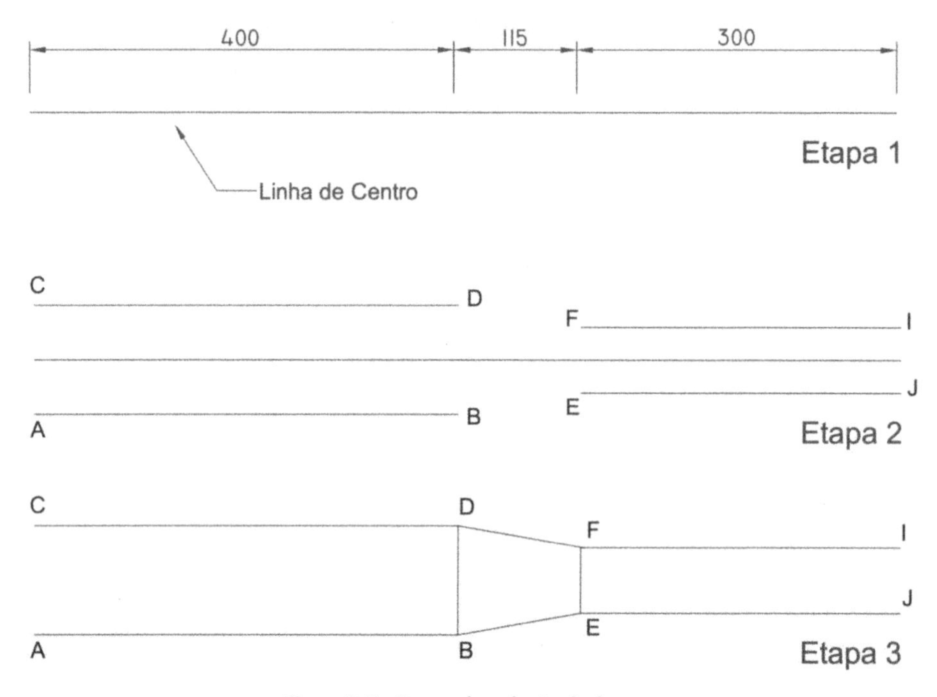

Figura 3.6 – Etapas da redução de dutos.

Agora vamos definir a largura dos dutos. Para isso, chame o comando *Offset (Deslocamento)* , digite *50* e pressione *Enter* (vamos começar pelo duto de largura 100). Selecione a linha de centro que define o duto de largura 100 e clique no lado superior da linha de centro. Automaticamente, o AutoCAD cria a linha *CD* e pede para você selecionar outro objeto. Neste caso, selecione novamente a mesma linha de centro e clique abaixo dela (a distância em relação à linha de centro não interessa, você pode clicar o mais afastado possível que o AutoCAD fará a cópia da linha na distância definida por você no começo do comando, neste caso, *50*). Para finalizar, pressione *Enter*.

Para você fazer o duto de seção 60, o procedimento é idêntico ao que você fez para o duto de largura 100, com uma pequena diferença no valor do *Offset (Deslocamento)*.

Logo, chame o comando *Offset*, digite *30* e pressione *Enter*. Selecione a linha de centro do duto de largura 60 e clique em qualquer ponto acima desta linha de centro. Em seguida, clique novamente na mesma linha de centro e clique num ponto logo abaixo dela. Pressione *Enter* para finalizar o comando.

O resultado será o apresentado na figura 3.6.

Precisamos fazer a redução propriamente dita. Para isso, chame o comando *Line (Linha)*, clique nos pontos *B* (use *Shift* e o botão direito juntos e selecione *Endpoint (Ponto final)* – ver figura 3.6), *D*, *F*, *E* e, por fim, clique novamente no ponto *B*. Para finalizar, pressione *Enter*.

Dessa forma você conclui a redução de duto. A linha de centro você pode apagar, para isso, chame o comando *Erase (Apagar)*, clique sobre as linhas de centro e pressione *Enter*. O resultado pode ser visto na figura 3.6.

3.9. Exemplo – Escada com patamar curvo

A figura 3.7 apresenta uma escada com um patamar curvo. Neste exemplo iremos fazê-la usando as ferramentas apresentadas até aqui.

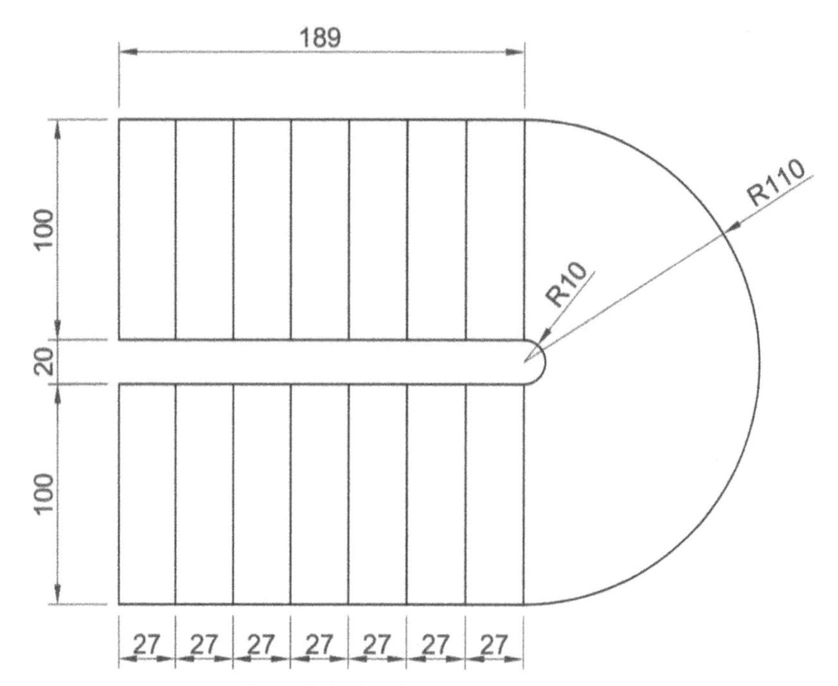

Figura 3.7 – Escada com patamar curvo.

Primeiramente, chame o comando *Line (Linha)*, depois clique num ponto qualquer para definir a linha *AB* – veja a figura 3.8(a). Na sequência, precisamos especificar o comprimento da linha. Para tanto, certifique-se de que o modo *ORTHO* ou o *Polar Tracking (Rastreamento polar)* estejam ativos e mova o cursor para a direita de forma a manter a linha no eixo horizontal. Em seguida, digite *199* e pressione *Enter*. O valor 199 é a soma da distância total dos degraus (189) com o raio da curva do patamar (10).

O próximo passo é fazer a linha *CD*. Para tanto, chame o comando *Offset (Deslocamento)*, digite *20* e pressione *Enter*. Na sequência, o AutoCAD pede para selecionar o objeto que deseja fazer uma cópia, logo, clique na linha *AB*. Por fim, o AutoCAD solicita que especifique um ponto no lado que deseja fazer a cópia. Neste caso, clique em qualquer ponto abaixo da linha *AB*. Pressione *Enter* para finalizar o comando. Dessa forma você conclui a linha *CD*. A distância 20 foi em função do raio do arco que liga os pontos *BD* ser 10. Por isso usa-se o dobro desse valor.

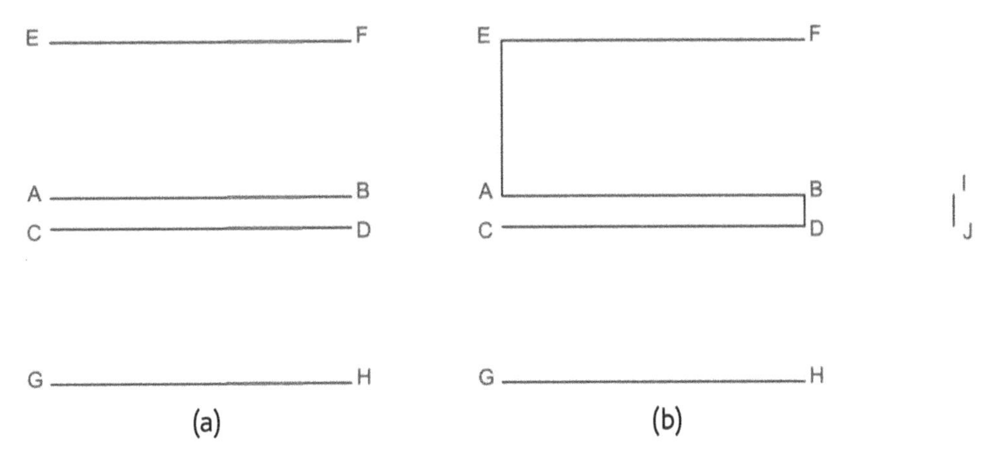

Figura 3.8 – Escada com patamar curvo, etapa 1.

Para concluirmos as linhas apresentadas na figura 3.8(a) precisamos fazer as linhas *EF* e *GH*. Para tanto, chame o comando *Offset (Deslocamento)*, digite *100* e pressione *Enter.* Em seguida, clique na linha *AB* e clique num ponto qualquer na parte superior da linha *AB*. Dessa forma você acaba de criar a linha *EF.* Para criar a linha *GH*, ainda com o comando *Offset (Deslocamento)* ativo, clique na linha *CD* e clique num ponto qualquer abaixo da linha selecionada. A linha *GH* acaba de ser criada. Pressione *Enter* para encerrar o comando.

Agora faremos as linhas *EA* e *BD* conforme ilustradas na figura 3.8(b). Para tanto, chame o comando *Line (Linha),* clique no ponto *E* (use *Shift* e o botão direito juntos e selecione *Endpoint (Ponto final)*) e no ponto *A*. Dessa forma, você acaba de fazer a linha *EA*. Pressione *Enter* para finalizar o comando e chame-o novamente. Você pode chamar o comando que acabou de usar simplesmente pressionando *Enter.* Então, com o comando *Line* ativo, clique no ponto *B* (use *Shift* e o botão direito juntos e selecione *Endpoint (Ponto final)*) e no ponto *D.*

Dessa forma, só falta fazer a linha *IJ* – para tanto, chame o comando *Offset (Deslocmento)*, digite *100* e pressione *Enter.* Clique na linha *BD* – veja figura 3.9(b). Neste momento o AutoCAD pede para você especificar o lado: clique num ponto qualquer no lado direito da linha *BD*. Pronto, a linha *IJ* já está criada, pressione *Enter* para encerrar o comando.

O próximo passo que faremos é construir os degraus. Para tanto, chame o comando *Offset (Deslocamento)*, digite *27* e pressione *Enter.* Clique na linha *AE* – veja figura 3.9(b). Neste momento o AutoCAD pede para você especificar o lado, mas não clique já. Observe primeiramente que aparecem algumas opções na linha de comando e uma delas é a *Multiple (Múltiplo)*; por isso, digite *M* e pressione *Enter*. Agora clique no lado direito da linha *AE*. Veja que o AutoCAD continua a pedir o ponto do lado. Clique no lado direito da linha que acabou de fazer. Continue a clicar no lado direito até concluir os degraus, conforme ilustrado na figura 3.9(a).

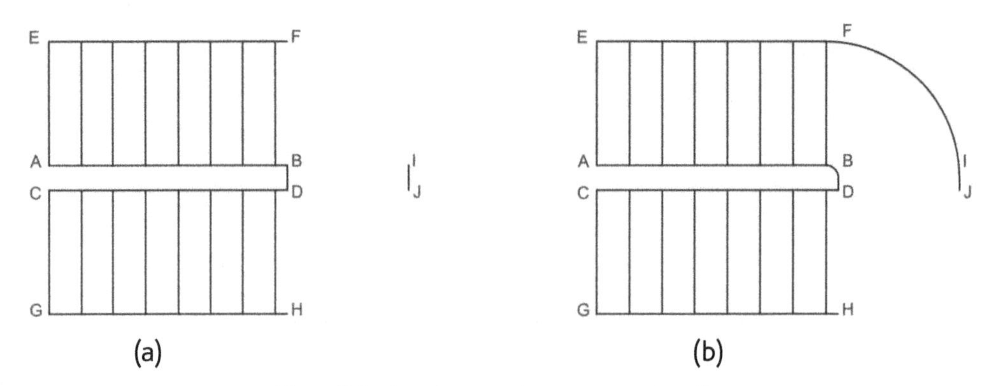

Figura 3.9 – Escada com patamar curvo, etapa 2.

Para construir os demais degraus da escada, poderíamos repetir o mesmo procedimento. No entanto, há uma forma mais simples de fazer isso. Basta copiarmos os degraus já feitos para o segundo lance de degraus. Então vamos lá. Chame o comando *Copy (Copiar)* . Neste ponto o AutoCAD pede para você selecionar os objetos que deseja copiar. Você pode clicar sobre os oitos degraus um por vez ou pode clicar num ponto qualquer entre os pontos F e B e abrir uma janela de seleção. Em seguida, mova o cursor para o lado esquerdo de forma a abrir um retângulo que corte todos os degraus, conforme ilustrado na figura 3.10. Clique num ponto qualquer entre os pontos *EA*. Dessa forma você acaba de selecionar todos os degraus com somente dois cliques. Pressione *Enter* para informar ao AutoCAD que não deseja selecionar mais objetos.

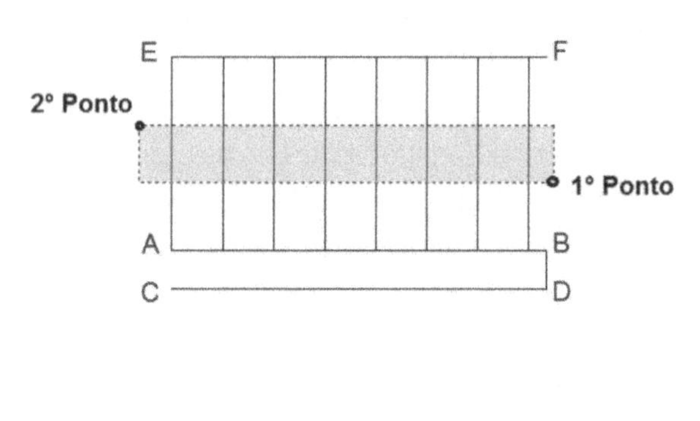

Figura 3.10 – Escada com patamar curvo, selecionando degraus.

Na sequência, você precisa especificar o ponto base para fazer a cópia – neste caso, clique no ponto *A* (utilize *Shift* e o botão direito juntos e escolha *Endpoint (Ponto final)*, ou deixe o comando *OSNAP* ativo). O próximo ponto você precisa visualizar antes para onde esses objetos serão copiados. Você precisa ver que o ponto *A* é equivalente ao ponto *G* no segundo conjunto de degraus. Sendo assim, clique no ponto *G*. O AutoCAD acaba de fazer uma cópia, mas continuará pedindo outro ponto base. Caso você desejasse fazer outra cópia, era só clicar no próximo ponto. Neste caso, simplesmente pressione *Enter* para concluir o processo.

O próximo passo será fazer os arcos do patamar da escada. Primeiramente faremos o arco com raio 10. Para tanto, chame o comando *Fillet (Concordância)* , digite *R* e pressione *Enter*. Digite *10* (valor do raio) e pressione *Enter*. Em seguida, clique num ponto qualquer nas linhas *AB* e *BD*. Não importa a distância e tampouco a ordem, simplesmente clique nelas. Você observará que aparecerá o arco apresentado na figura 3.9(b). Como o comando *Fillet (Concordância)* automaticamente é encerrado, você pode chamá-lo novamente ou simplesmente pressionar *Enter*. Observe que, após chamar o comando, o valor do raio que aparece é 10, pois foi o último valor que você usou. Então, simplesmente clique nas linhas *GH* e na metade da linha *BD* que sobrou, veja figura 3.9(b). Automaticamente é feito o segundo arco do patamar da escada.

Para concluir a escada, ainda falta fazer o arco com raio 110. Para tanto, chame o comando *Fillet (Concordância)*, digite *R* e pressione *Enter*. Digite *110* e pressione *Enter*. Dessa forma você acaba de especificar o valor do raio do arco. Agora o AutoCAD pede para você selecionar o primeiro objeto; clique nas linhas *EF* e *IJ* (figura 3.9). Você acaba de fazer o arco conforme ilustrado na figura 3.9(b). Pressione *Enter* novamente para chamar o comando *Fillet (Concordância)* e clique nas linhas *GH* e *IJ*. O resultado é o arco com raio 110 e a escada está concluída conforme apresentado na figura 3.7.

A linha IJ, se você procurar, verá que ficou somente um ponto.

Essa foi uma opção para fazermos a escada reforçando alguns comandos. No entanto, mostrarei agora a você que podemos fazer os dois arcos de forma bem mais simples. Para tanto, você pode apagar os arcos que fez usando o comando *Erase (Apagar)*. Clique nos dois arcos e pressione *Enter*. O resultado será similar à figura 3.9(a).

Para fazermos os arcos diretos a partir da figura 3.9(a), chame o comando *Fillet (Concordância)* e depois clique nas linhas *AB* e *CD*. Não se preocupe com o valor do raio do *Fillet*. O AutoCAD fará o menor arco para unir as duas linhas. Você pode repetir o procedimento para fazer o mesmo com as linhas *EF* e *GH*. Ou seja, chame o comando *Fillet (Concordância)* e clique nas linhas *EF* e *GH* que o resultado estará pronto.

4. Coordenadas

Nesta aula, além de você aprender como funciona o sistema de coordenadas do AutoCAD em 2D, verá um modo de definir linhas com tamanhos específicos. Além disso, as coordenadas são muito úteis para poder mover objetos para pontos específicos. Por isso, você precisará de muita dedicação.

Vamos ao que interessa. No AutoCAD, você pode especificar coordenadas cartesianas e polares. Pode entrar com valores absolutos e relativos, tanto para coordenadas retangulares quanto para as polares. A diferença entre coordenadas absolutas e relativas está na origem do sistema de coordenadas. Quando falamos de absoluta, a origem é um ponto fixo na tela do AutoCAD. Já nas relativas, a origem muda sempre. Ela é o ponto no qual você está naquele momento. Ou seja, o zero do sistema é o último ponto que você acabou de fazer. Por exemplo, se você está fazendo uma linha e clicou no primeiro ponto da linha (ponto A), para fazer o próximo ponto (ponto B), você deve considerar que o ponto A é a origem do sistema de coordenadas.

A forma de entrada das coordenadas no AutoCAD é bem simples. No sistema de coordenada cartesiana, você especifica as distâncias *X* e *Y* da origem. No sistema de coordenada polar, você especifica um ponto com uma distância e um ângulo em relação à origem. Nos itens seguintes explicarei mais detalhadamente como funcionam esses sistemas de coordenadas.

Antes de explicar individualmente como funcionam os sistemas de coordenadas, gostaria de comentar outro ponto que difere entre os sistemas de coordenadas absoluto e relativo: a forma de entrada da informação para o AutoCAD. Nas versões mais antigas, para entrarmos com as coordenadas absolutas bastava digitar os valores dela, por exemplo, 15,5, ou seja, X,Y (isso para coordenadas cartesianas). Se fosse coordenada relativa, teríamos que digitar o @ antes dela, por exemplo, @15,5, ou seja, @X,Y. Logo, a diferença estava simplesmente em digitar o @ antes das coordenadas absoluta ou relativa, sejam elas retangular ou polar.

No entanto, a Autodesk®, empresa que desenvolve o AutoCAD, percebeu que a coordenada relativa é muito mais usada do que a absoluta. Logo, ela desenvolveu uma possibilidade de entrarmos com as coordenadas relativas sem termos que ficar digitando o @ antes dela. Por isso, nessa versão do AutoCAD você não precisa digitar o @ antes para entrar com as coordenadas relativas, mas precisa digitar o # para entrar com as coordenadas absolutas.

Essa facilidade de não usar o @ antes das coordenadas relativas é graças ao modo *Dynamic Input (Entrada Dinâmica)*. Com ele você habilita ou desabilita essa função. Por exemplo, há situações em agrimensura que precisaremos entrar com as coordenadas absolutas. Nesse caso, não é interessante você ficar digitando o # na frente de todas as coordenadas absolutas, já que elas serão a maioria. Logo, você precisará desativar essa função de entrada dinâmica para que o AutoCAD entenda que, se você não digitar nada na frente da coordenada, ela é absoluta e não relativa.

Obs.: se você desejar entrar com coordenada relativa com a função *Dynamic Input* desabilitada, você terá que digitar o @ antes.

Para ativar ou desativar a *Dynamic Input*, basta você clicar no ícone correspondente à função, conforme indicado na figura 4.1. Porém, se você procurar no seu AutoCAD, provavelmente não o encontrará.

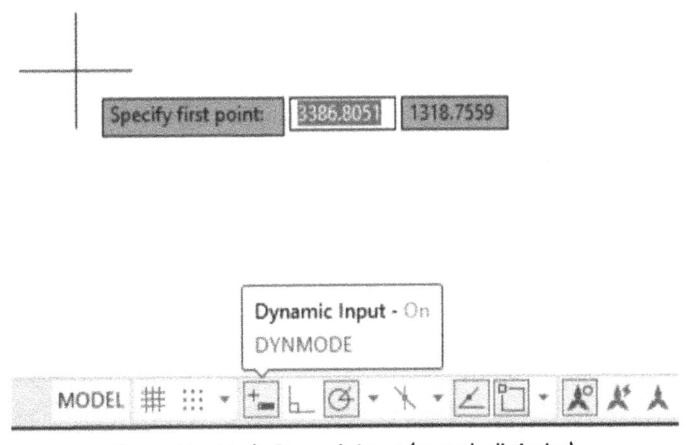

Figura 4.1 – Modo *Dynamic Input (entrada dinâmica)*.

Nesta versão do AutoCAD, a função *Dynamic Input* fica oculta. Para fazê-la aparecer, você precisa clicar com o botão esquerdo do mouse no primeiro ícone ☰ do canto inferior direito, conforme ilustrado na figura 4.2. Assim que você clicar lá, aparecerá um menu suspenso com vários itens, um pouco maior do que o apresentado na figura 4.2, sendo que um deles é o *Dynamic Input*. Observe que ele não tem o marcador ✓ na frente dele. Se você clicar nele com o botão esquerdo, a função *Dynamic Input* aparecerá, conforme ilustrado na figura 4.1.

Quando o ícone do *Dynamic Input* estiver com um tom azul, significa que está ativo.

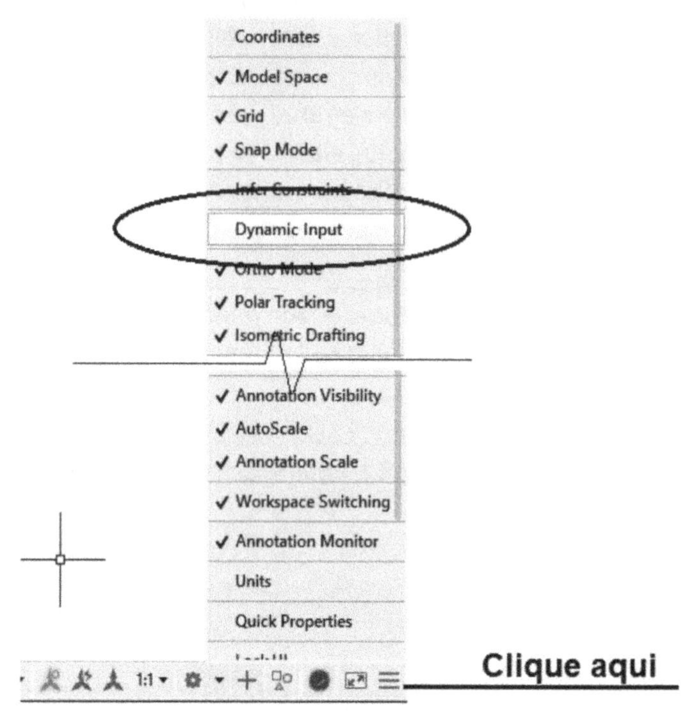

Figura 4.2 – Como fazer aparecer o ícone do modo *Dynamic Input (entrada dinâmica)*.

Para darmos sequência, consideraremos que a função *Dynamic Input* esteja ativada.

4.1. Coordenadas cartesianas

Conforme já conversamos, as coordenadas absolutas tomam como referência a origem que o AutoCAD criou na tela. Normalmente, essa origem fica no canto inferior esquerdo da tela do AutoCAD.

Para utilizar as coordenadas absolutas é muito simples, basta você digitar o valor da distância relativa do eixo *X* à origem (este eixo representa o afastamento horizontal da origem), a vírgula e, em seguida, digitar o valor da distância relativa do eixo *Y* à origem (este eixo representa o afastamento vertical da origem), ou seja, *X,Y*. Porém, lembre-se de que, com a função *Dynamic Input* ativada, é necessário digitar o # antes – logo, fica assim: *#X,Y*.

As coordenadas cartesianas funcionam como o plano cartesiano, no qual costuma-se fazer gráficos. Neste plano, quando você faz um gráfico, precisa de duas coordenadas, uma do eixo *X* e outra do eixo *Y*. No AutoCAD é a mesma coisa; a diferença está em como indicar para o programa qual é o ponto que você deseja.

Para visualizar a origem do AutoCAD, pode-se chamar a função *Line (Linha)* ⁄ e iniciar a linha dando coordenada 0,0, ou seja, simplesmente digite *0,0* e pressione *Enter*. Dessa forma, o início da linha será na origem do AutoCAD.

Na figura 4.3, você poderá ver mais claramente como funciona o sistema de coordenadas cartesiano. Conforme se pode ver na figura, o ponto *A* é localizado por uma distância horizontal, a qual é definida como *X*, e uma distância vertical, definida como *Y*. Essas distâncias representam as coordenadas cartesianas nos respectivos eixos. Dessa forma, o ponto *A* é localizado com as coordenadas *X,Y*.

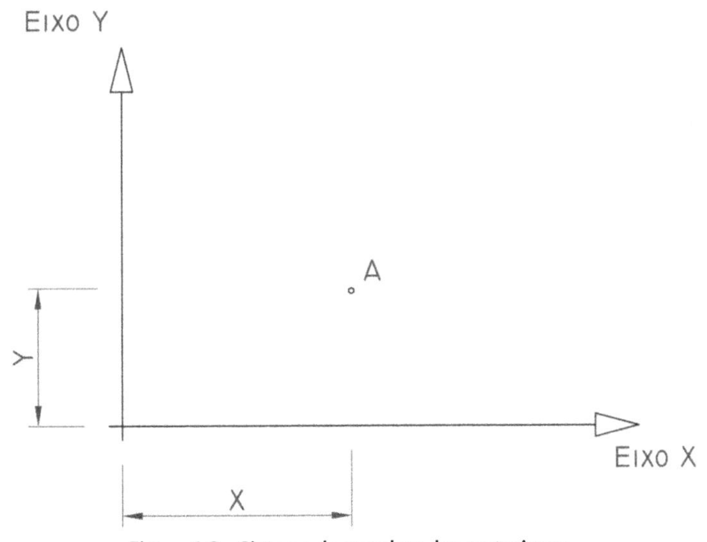

Figura 4.3 – Sistema de coordenadas cartesianas.

4.1.1. Exemplo – Absoluta

Neste exemplo, será feito um retângulo com um dos vértices na origem. Veja como será fácil:

Chame a função *Line (Linha)* .

	Digite:	Pressione:
1)	*0,0*	*Enter*
2)	*#0,50*	*Enter*
3)	*#70,50*	*Enter*

Se ao digitar *0,0* e pressionar *Enter* você não conseguir ver o início da linha, isso é normal. Nesse caso, basta você, depois de iniciar a linha na coordenada 0,0, clicar em qualquer ponto e encerrar o comando pressionando *Enter*. Em seguida, digite *Z*, pressione *Enter*, digite *E* e pressione *Enter* novamente. Assim você chama o comando *Zoom Extents (Estendido)*. Uma forma mais prática de fazer isso é simplesmente clicar duas vezes bem rápido no botão *scroll* do mouse. Você pode fazer isso no meio de qualquer comando. Uma vez localizado o início da linha, você pode girar o botão *scroll* do mouse para aproximar mais a visão (*Zoom Realtime/Tempo real)*.

Observe que foi preciso digitar o # antes dos valores *X,Y* porque estamos trabalhando com coordenadas absolutas e com a função *Dynamic Input* ativada. Dessa forma, o AutoCAD entende que esse ponto é de coordenada absoluta.

Como você deve estar vendo na tela do AutoCAD, acabou de ser feito um *L* invertido. Agora é preciso terminar o retângulo. Se você está com o comando *Line (Linha)* ativo e acabou de fazer o último ponto com coordenada *#70,50*, basta você seguir os seguintes passos:

	Digite:	Pressione:
1)	*#70,0*	*Enter*
2)	*#0,0*	*Enter* duas vezes

Porém, se você precisou sair do comando por algum motivo, chame o *Line (Linha)* novamente, clique no final da última linha que você fez com a coordenada *#70,50* e siga os passos informados no quadro anterior.

A figura 4.4 ilustra para você o resultado do desenho.

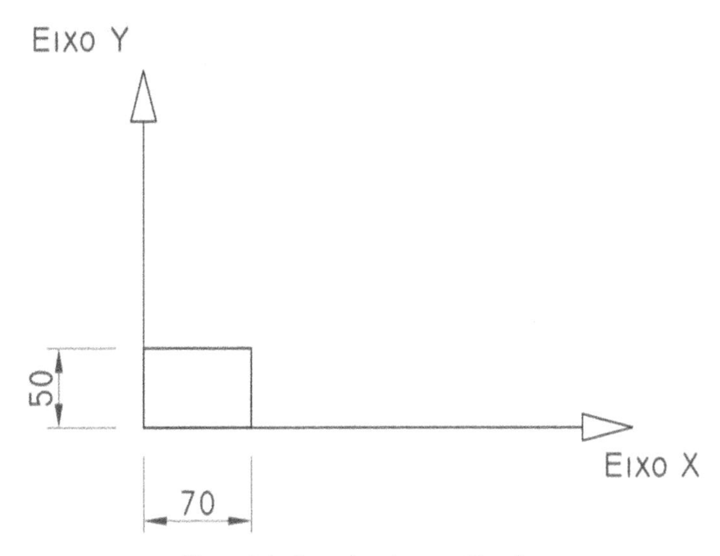

Figura 4.4 – Desenhando um retângulo.

Dessa forma, você pode produzir retângulos e qualquer outro objeto que envolva somente linhas. Neste exemplo, foi possível construir todo o retângulo sem fazer uma pausa.

Imagine agora que se deseja fazer um triângulo com um de seus vértices coincidindo com um vértice do retângulo e com base *75* e altura *65*, conforme ilustrado na figura 4.5. Então vamos fazê-lo: primeiro, chame a função *Line (Linha)*. Em seguida, você poderia utilizar a função *Endpoint (Ponto final)* ou *Intersection* (*Interseção*) (apresentado no Capítulo 2, item 2.12 – Exemplo I) para dar início à linha, mas serão utilizadas coordenadas, para fixar mais o comando.

Chame a função *Line (Linha)*.

	Digite:	Pressione:
1)	*#70,50*	*Enter*
2)	*#145,50*	*Enter*
3)	*#107.5,115*	*Enter*
4)	*#70,50*	*Enter* duas vezes

Tenha cuidado para não trocar vírgula por ponto. No AutoCAD o uso do ponto é para decimal, já a vírgula separa a coordenada *X* da *Y*. Observe como ficou o resultado na figura 4.5.

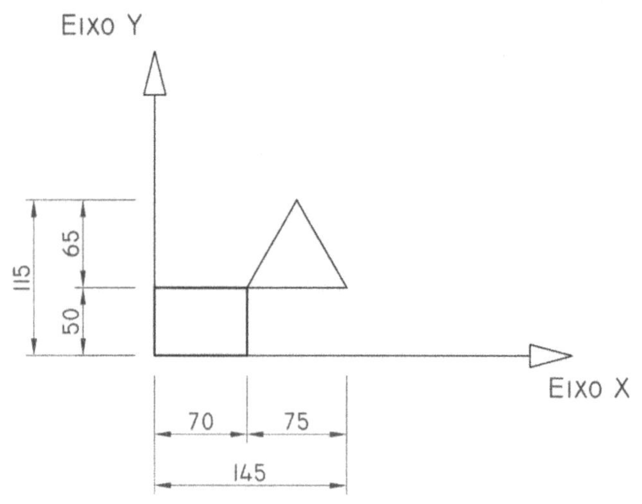

Figura 4.5 – Desenhando um triângulo.

Como você pode perceber, o uso da coordenada absoluta já começa a ficar mais difícil, pois, para podermos construir o desenho, é necessário fazer alguns cálculos para descobrir as coordenadas. Essa dificuldade tende a aumentar à medida que o desenho vai tomando maiores proporções. Como exemplo, tente fazer outro triângulo no topo do triângulo que você acabou de criar. Faça com base 125 e altura 79, e você verá que dará muito trabalho.

Vamos relembrar um pouco, só para deixar ainda mais claro. Conforme nós já conversamos, o uso da coordenada cartesiana relativa é similar ao uso da absoluta. A principal diferença é que, na relativa, a origem será sempre o ponto em que o cursor já se encontra, enquanto na absoluta será sempre a origem definida pelo AutoCAD. Portanto, é necessário, antes de utilizar coordenadas relativas, clicar num ponto desejado. Não entendeu? O exemplo seguinte deixará mais claro para você.

Para especificar uma coordenada relativa com a função *Dynamic Input* ativa não é necessário acrescentar @ antes das coordenadas, ou seja, basta você digitar *X,Y*. Veja como se pode fazer o mesmo retângulo utilizando coordenadas relativas.

4.1.2. Exemplo – Relativa

Para definir o primeiro ponto, vamos utilizar coordenadas absolutas.

Chame a função *Linha (Line)*.

	Digite:	Pressione:
1)	*0,0*	*Enter*
2)	*0,50*	*Enter*
3)	*70,0*	*Enter*
4)	*0,-50**	*Enter*
5)	*-70,0*	*Enter* duas vezes

Observe que em todas as coordenadas relativas há pelo menos uma variável, zero, o que facilitará muito quando for necessário fazer um quadrado e sua origem não for *0,0*. Por exemplo, você pode chamar o comando *Line (Linha)* e clicar em qualquer local da tela com o botão esquerdo e depois seguir os passos indicados no quadro acima continuando do item 2. O resultado será o mesmo, porém o retângulo ficará em outro local.

Vamos fazer o mesmo triângulo do exemplo feito na coordenada absoluta. Para isso, chame o comando *Line (Linha)*, clique no vértice superior direito do retângulo (use ferramenta de precisão *Endpoint (Ponto final)*) e siga os seguintes passos:

---

* O sinal de menos antes do 50 é necessário porque se deseja que a linha vá para baixo e não para cima, como seria caso o sinal de menos não fosse usado.

	Digite:	Pressione:
1)	*75,0*	*Enter*
2)	*-37.5,65*	*Enter*
3)	*-37.5,-65*	*Enter* duas vezes

Dessa forma, você fez o mesmo triângulo do exemplo anterior, porém não precisou ficar calculando as distâncias até a origem.

Você não deve esquecer que, na coordenada relativa, a origem é o ponto em que você está quando a usa.

4.2. Coordenadas polares

Assim como as coordenadas cartesianas, a polar pode ser tanto absoluta quanto relativa, sendo do tipo *comprimento < ângulo*. O ângulo é medido a partir do eixo *X* (horizontal), no sentido anti-horário, e o comprimento pode ser medido a partir da origem do AutoCAD (mesma origem da coordenada absoluta) ou do ponto no qual o cursor está.

Esse tipo de coordenada é muito utilizado quando se precisa fazer linhas com comprimentos e ângulos definidos. É o caso de uma perspectiva; se você desejar fazer uma, poderá utilizar este comando.

Para facilitar o entendimento, faremos um exemplo utilizando coordenadas relativas e absolutas levando em consideração que a função *Dynamic Input* está ativa.

4.2.1. Exemplo – Coordenadas polares

O primeiro ponto será feito na origem do AutoCAD.

Chame a função *Line (Linha)*. Digite *0,0* e pressione *Enter.* Agora vamos utilizar coordenada polar absoluta. Digite *#150<30* e pressione *Enter.* O próximo ponto fica praticamente impossível de ser feito através da coordenada absoluta, visto que seria necessário descobrir o ângulo que o próximo ponto faz com o eixo *X* e também a distância que este ponto está da origem. Por isso, vamos usar a coordenada polar relativa. Como estamos com a função *Dynamic Input* ativa, não utilizaremos o @ para indicar que é uma coordenada relativa, do mesmo modo que fizemos para coordenada cartesiana relativa.

	Digite:	Pressione:
1)	*100<90*	*Enter*
2)	*150<210*	*Enter*
3)	*100<270*	*Enter* duas vezes

Até agora foi feita simplesmente a parte do desenho representado com linhas contínuas, o qual pode ser visto na figura 4.6.

Produziremos, então, a parte feita com linhas tracejadas. Para isso, chame a função *Line (Linha)*.

	Digite:	Pressione:
1)	*0,0*	*Enter*
2)	*50<150*	*Enter*
3)	*100<90*	*Enter*
4)	*50<330*	*Enter* duas vezes

Acabamos de construir a parte tracejada e iniciaremos a parte feita com linhas traço-ponto.

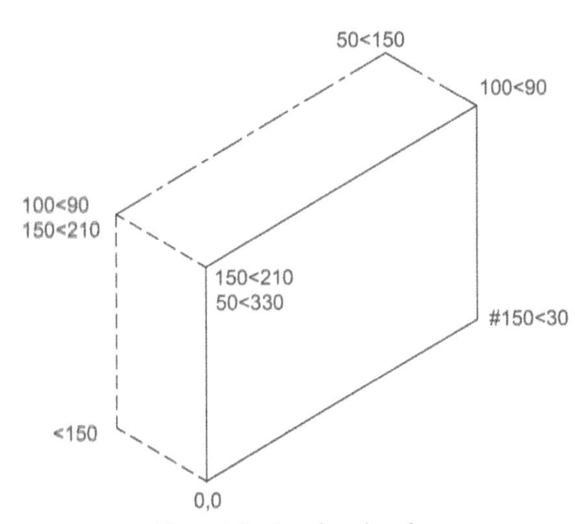

Figura 4.6 – Coordenada polar

Novamente, chame a função *Line (Linha)*. Agora surge uma questão: qual a melhor maneira de continuar?

A forma mais prática é utilizarmos o comando apresentado no Capítulo 2, no tópico "Exemplo I", o *Endpoint (Ponto final)*. Dessa forma, assim que chamar a função *Line*

(Linha), pressione *Shift* e o botão direito ao mesmo tempo. Observe que na caixa de diálogo que apareceu há a opção *Endpoint*. Clique com o botão esquerdo sobre ela e mova o cursor para o ponto *100<90* do lado direito da figura (poderia ser escolhido qualquer um dos dois). Veja que, quando o cursor fica sobre a linha, aparece um quadradinho no final dela (normalmente é amarelo). Assim que o quadrado ficar sobre o ponto desejado, clique com o botão esquerdo e, em seguida, siga os passos apresentados no quadro a seguir:

	Digite:	Pressione:
1)	*50<150*	*Enter*
2)	*150<210*	*Enter* duas vezes

Finalmente, o desenho deverá estar como o apresentado na figura 4.6.

Outro modo de se fazer o mesmo desenho é utilizando o comando *Copy (Copiar)* . Primeiramente crie as três linhas principais: *0,0* até *50<150; 0,0* até *150<30;* e *0,0* até *100<90*. Tente fazer o desenho utilizando somente essas três linhas e o comando *Copy (Copiar)*. Lembre-se de usar o comando *Shift* e o botão direito do mouse.

5. Comandos III

Agora que você já sabe trabalhar com coordenadas, explicarei alguns comandos que facilitarão muito a construção de determinados desenhos.

Só para que você possa recordar, para usar coordenada relativa, você pode usar o @ antes da coordenada ou não. Como a versão do AutoCAD 2020 vem com a entrada dinâmica *(Dynamic Input)* ativa, continuaremos com os nossos exemplos não usando o @ antes. Para tanto, certifique-se de que a *Dynamic Input* esteja ligada – veja figura 4.1.

5.1. *Rectangle* (Retângulo)

Atalho:
Comando: *Rectangle (rec).*

Através deste comando, é possível criar retângulos ou quadrados com muita facilidade e rapidez.

Procedimento: *chame a função.*

Especifique com o botão esquerdo do mouse o início do retângulo. Novamente com o botão esquerdo, defina o final do retângulo. Dessa maneira, não é possível definir um tamanho específico para o retângulo. Para podermos fazer um retângulo definindo os dois lados dele, precisaremos usar coordenadas relativas.

Vamos supor que desejemos fazer um retângulo no tamanho de uma folha A4 (210 x 297). Então, clique com o botão esquerdo no ícone do comando *Rectangle (Retângulo)* e clique com o mesmo botão num ponto qualquer da tela, de preferência para o canto inferior esquerdo da tela. Agora precisamos definir o tamanho do retângulo.

Digite *210,297* e pressione *Enter*. O *210* representa o tamanho da base do retângulo, enquanto o *297* representa a altura. Com isso, o retângulo já está pronto.

Caso tenha ficado alguma dúvida sobre o uso das coordenadas, você pode voltar ao item "Coordenadas cartesianas" (4.1).

Além de você poder criar um retângulo com as dimensões dos dois lados, você pode definir uma área para o retângulo e especificar uma das dimensões que o AutoCAD calcula o outro lado do retângulo. A iteração é simples, basta, após definir o primeiro ponto do retângulo, digitar *A* de *Área* e pressionar *Enter*; em seguida, entre com o valor da área desejada e pressione *Enter*. O próximo passo é definir qual dimensão será especificada, se é largura (*width*) ou comprimento (*length*). Para escolher, você precisa somente digitar a inicial da opção desejada e pressionar *Enter*. Em seguida, o AutoCAD pede o valor da dimensão escolhida. Entre com o valor e pressione *Enter*.

Os comandos que veremos em seguida estão localizados no painel *Block (Bloco)* e *Block Definition (Definição de bloco)* da guia *Insert (Inserir)* – veja a figura 5.1.

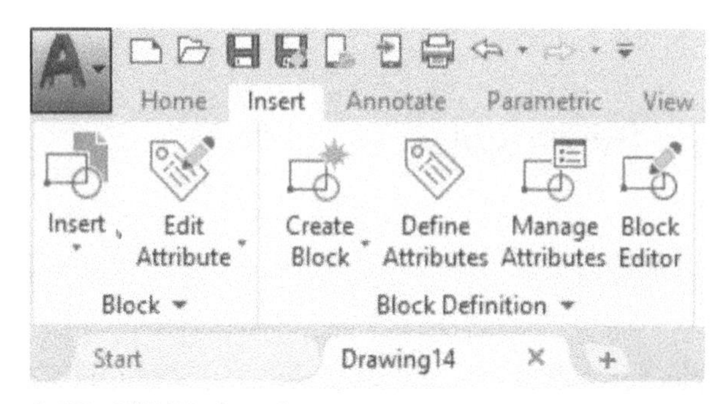

Figura 5.1 – Painel *Block (Bloco)* e *Block Definition (Definição de bloco)* da guia *Insert (Inserir)*.

5.2. *Create block* (Criar bloco)

Atalho:

Comando: *Block (b)*.

Este comando permite criar blocos. O uso dos blocos deixa muito mais rápida a execução de um desenho. Além disso, o tamanho do arquivo no qual será salvo o desenho pode ficar muito menor caso sejam usados os blocos, pois o AutoCAD entende um bloco como uma única entidade.

Se, por exemplo, desenharmos uma cadeira e a transformarmos em um bloco, apesar de ela ter sido construída com várias linhas, para o AutoCAD será entendida como um único objeto. Além disso, se inserirmos várias cadeiras no desenho, o AutoCAD entenderá que todas são cópias de um único objeto, a cadeira.

Antes de inserirmos blocos, é necessário que haja um desenho já pronto para poder transformá-lo em bloco; então, crie um desenho qualquer. Por exemplo, vamos transformar num bloco uma circunferência com duas linhas cortando-a, sendo a primeira dividindo-a na metade e a segunda em um quarto. Este é usado como símbolo de uma lâmpada. Na prévia do bloco na figura 5.2 você poderá ver como ficou esse desenho.

Procedimento: *chame a função.*

A caixa de diálogo *Block Definition (Definição de bloco)* aparecerá (ver figura 5.2).

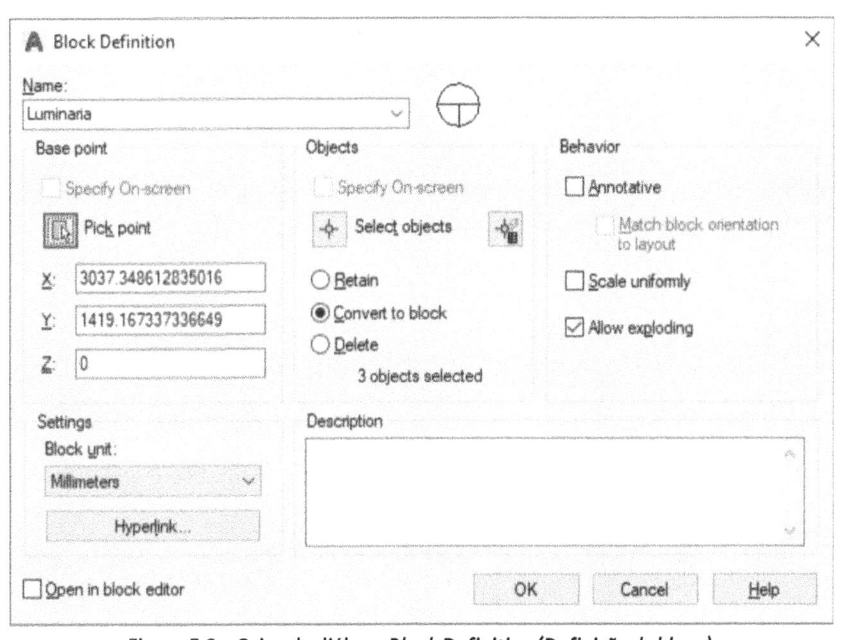

Figura 5.2 – Caixa de diálogo *Block Definition (Definição de bloco)*.

Em *Name (Nome)*, digite o nome que deseja dar para o bloco. Neste exemplo vamos dar o nome de *Luminaria*. Agora precisamos selecionar os objetos para o bloco, então clique em *Select objects (Selecionar objetos)*. Com o botão esquerdo, selecione os objetos que farão parte do bloco e, em seguida, clique no botão direito ou pressione *Enter* para voltar à caixa de diálogo *Block Definition (Definição de bloco)*.

O próximo passo é definir o ponto de referência para inserir o bloco. Isto é, quando for inserir o bloco, você precisará de um ponto de referência; caso não altere o valor de *Pick point (Selecionar ponto)*, o ponto de referência será a origem do sistema de coordenada. Caso a opção a opção *Specify On-screen* esteja com um *check* ☑, clique nela para desabilitar essa opção. Na sequência, clique em *Pick point (Selecionar ponto)* e especifique o ponto desejado. Neste caso, o melhor ponto seria o centro da circunferência. Para especificar o ponto, basta clicar no local desejado que automaticamente o AutoCAD retorna para a caixa de diálogo *Block Definition.*

Antes de terminar de criar o bloco, você precisa escolher uma das seguintes opções:

- ***Retain (Manter)*** – Mantém o objeto que serviu para criar o bloco do mesmo modo que estava antes de usar o comando *Block (Criar bloco).*
- ***Convert to block (Converter para bloco)*** – Transforma o objeto original também em um bloco.
- ***Delete (Excluir)*** – Apaga o objeto que deu origem ao bloco.

Realizada a escolha, clique com o botão esquerdo em *OK* para finalizar o comando.

5.3. *Insert block* (Inserir bloco)

Atalho:
Comando: *Insert (i).*

Será através deste comando que iremos inserir os blocos criados com o comando *Block (Bloco).*

Procedimento: *chame a função.*

Se você clicar com o botão esquerdo sobre o ícone do *Insert (Inserir)* aparecerá uma janela logo abaixo dele, conforme apresentado na figura 5.3. Se você digitar *i* e pressionar *Enter*, aparecerá a janela apresentada na figura 5.4(a).

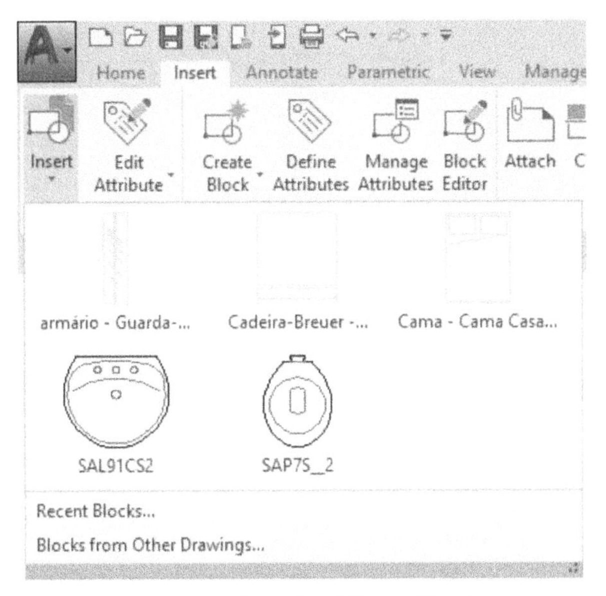

Figura 5.3 – *Insert Block (Inserir bloco).*

Observe a figura 5.3 e veja que são apresentadas miniaturas dos blocos. Se você só tem o bloco que criamos, deverá aparecer somente uma prévia dele. Nesse exemplo há quatro blocos para ilustrar como fica com vários blocos.

Para inserir um bloco no desenho, basta você clicar sobre a opção desejada e clicar no local a ser inserido. Se você quiser, assim que selecionar o bloco desejado, o AutoCAD oferece algumas opções a você, veja:

Specify insertion point or [Basepoint/Scale/X/Y/Z/Rotate]:

Dentro dessas opções a mais importante é a escala. Isso será muito útil quando você importar blocos feitos com unidades diferentes. Para selecionar, basta digitar *S* e pressionar *Enter.* Em seguida, digite o valor da escala, por exemplo *10*, e pressione *Enter.* Por fim, clique no ponto onde deseja inserir o bloco.

Na figura 5.3 você pode observar também que, na última linha, tem a opção *Blocks from Other Drawings*. Essa opção permite inserir blocos de outro arquivo. Ela é muito utilizada quando copiamos blocos da internet e desejamos inserir no nosso desenho.

Assim que você clicar, aparecerá a janela da figura 5.4(b).

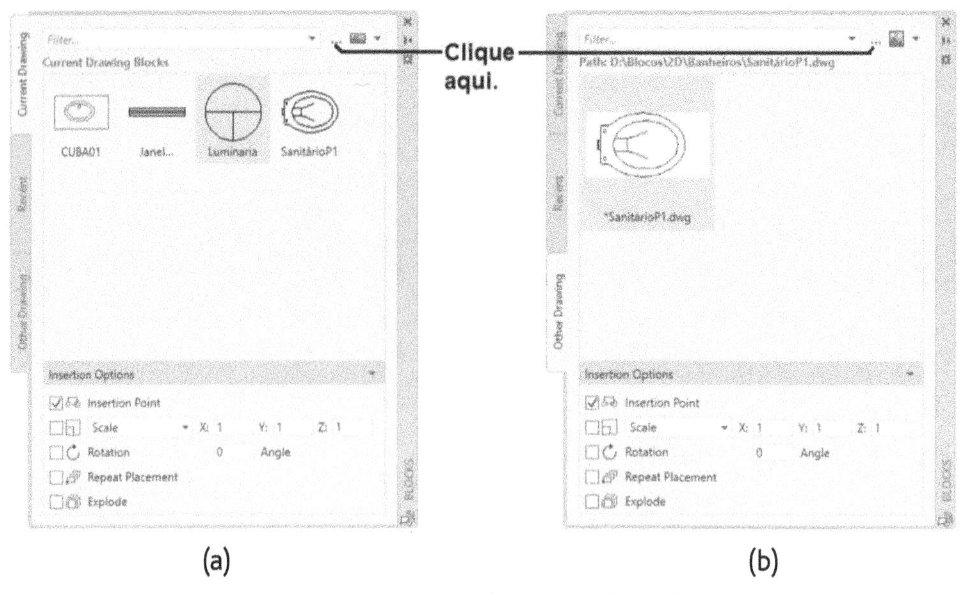

Figura 5.4 – Caixa de diálogo *Insert block (Inserir bloco)*.

A figura 5.4 apresenta duas telas da caixa de diálogo *Insert block (Inserir bloco)*. Em ambas as janelas você pode clicar nos três pontinhos ··· que abrirá a caixa padrão do Windows para localizar o arquivo. Se você tiver dúvida sobre ela, você pode ver a figura 1.5.

Observe na figura 5.4 que há três abas laterais: *Current Drawing*, *Recent* e *Other Drawing*. Essas abas são similares, como ilustrado nas figuras 5.4(a) e 5.4(b). Em todas as abas, tem as *Insertion Options (opções de inserção)*. Vejamos para que servem elas.

- ***Scale (Escala)*** : podemos definir um valor de escala para cada eixo das coordenadas. Se você desejar que a escala seja a mesma para todas as direções, é só digitar os mesmos valores para cada eixo ou simplesmente selecionar a opção *Uniform Scale (Escala uniforme)*, clicando sobre *Scale*.
- ***Rotation (Rotação)*** : podemos definir um ângulo de rotação para inserirmos o bloco. Caso desejar, você pode clicar no quadradinho ☐ ao lado de que o AutoCAD pedirá o ângulo de rotação somente após você clicar no ponto para a inserção do bloco selecionado. Assim, você poderá usar o próprio mouse para definir o ângulo ou digitar um valor com o teclado.
- ***Explode (Explosão)*** : aqui você poderá inserir os blocos explodidos, ou seja, desagrupados.

Uma vez inserido o bloco, clique com o botão esquerdo do mouse sobre ele e observe que será selecionado todo o conjunto de objeto que constitui o bloco, ou seja, ele não é mais duas linhas e uma circunferência, ele é uma entidade só, o bloco.

5.4. *Explode* (Explodir)

Atalho:
Comando: *Explode (x)*.

Com este comando, podemos explodir blocos, ou seja, podemos desagrupar os blocos, visto que cada bloco é uma única entidade, não permitindo por isso ser editado igual aos demais objetos. Normalmente, usamos este comando quando é necessário fazer alguma alteração no bloco, isso se você não desejar usar o comando específico para editar blocos. Além de blocos, você pode explodir polilinhas e retângulos.

Procedimento: *chame a função*.

Selecione o bloco que deseja explodir com o botão esquerdo e, em seguida, clique no botão direito. O bloco já foi explodido. Observe que, agora, ao contrário de quando ele era um bloco, se selecionarmos com o botão esquerdo um objeto que constituía o bloco, não serão mais selecionados os demais objetos.

Agora você pode editar o desenho e transformá-lo novamente em bloco. No entanto, quando você estiver concluindo o comando *Create block (Criar bloco)*, caso use o mesmo nome para o bloco, o AutoCAD perguntará se você deseja redefinir o bloco (*Update the definition and the block references?*). Você deverá responder que *Sim*. Dessa forma, você atualiza o bloco existente.

5.5. Exemplo I – Bloco de um refrigerador

O objetivo deste exemplo é desenhar um refrigerador e transformá-lo num bloco. O desenho ficará como o apresentado na figura 5.5.

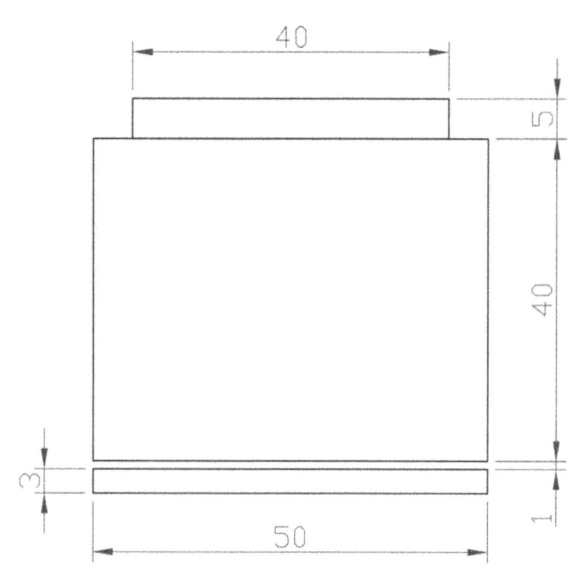

Figura 5.5 – Desenho esquemático de um refrigerador.

Há várias formas de você fazer este refrigerador. Faremos do modo mais prático e rápido usando o comando *Rectangle (Retângulo)* . Para fazer isso, vamos usar coordenadas relativas cartesianas. Caso você ainda não esteja muito bem familiarizado com as coordenadas, fique tranquilo que reviso este assunto quantas vezes você desejar – para tanto, volte ao Capítulo 4, "Coordenadas".

Primeiramente, faremos os três retângulos que constituem o refrigerador, iniciando pelo menor, o superior (ver figura 5.5). Para isso, chame a função *Rectangle (Retângulo)* e clique com o botão esquerdo num ponto qualquer da tela. Lembrando que este retângulo tem uma base de 40 e uma altura de 5. Logo, o valor correspondente ao eixo *X* é de 40 e ao eixo *Y* é de 5. Por isso, o próximo ponto terá como coordenada relativa cartesiana *40,5*. Então, para definir o próximo ponto do retângulo, digite esta coordenada e pressione *Enter*. Lembre-se de que estamos considerando que a função *Dynamic Input* (*Entrada Dinâmica)* está ativa.

O próximo retângulo que faremos será o do meio (ver figura 5.5). Chame a função *Rectangle (Retângulo)* e clique em outro ponto qualquer da tela. Como este retângulo tem base de 50 e altura de 40, isso implica que a coordenada do ponto seguinte será *50,40*. Digite esta coordenada e pressione *Enter*.

O último retângulo tem base 50 e altura 3, o que podemos representar com a seguinte coordenada: *50,3*. Chame a função *Rectangle (Retângulo)*, clique com o botão esquerdo em outro ponto qualquer da tela, defina o tamanho do retângulo digitando a coordenada correspondente dele e, em seguida, pressione *Enter*.

Agora temos três retângulos com dimensões definidas; porém, não estão ordenados de forma correta.

Para podermos colocar os retângulos nas posições apresentadas na figura 5.5, precisamos utilizar o comando *Move (Mover)* ✥.

Primeiramente, vamos mover o retângulo de tamanho 50x40 para a posição correta. Então, chame o comando *Move (Mover)* e clique com o botão esquerdo sobre o retângulo 50x40. Clique com o botão direito para indicar que não deseja mais selecionar nenhum objeto.

Agora é necessário selecionar o ponto de referência para movê-lo. Precisamos escolher um ponto que seja comum entre este e o retângulo 40x5. Como podemos ver na figura 5.5, um dos pontos é o meio da base superior do retângulo 50x40 e o meio da base inferior do retângulo 40x5. Por isso, o primeiro ponto de referência será o ponto *A* – ver figura 5.6(a). Então pressione *Shift* e o botão direito do mouse ao mesmo tempo e selecione a opção *Midpoint (Ponto do meio)*. Com o botão esquerdo, clique no ponto *A*. Pressione novamente *Shift* e o botão direito juntos e selecione a opção *Midpoint (Ponto do meio)*; clique com o botão esquerdo no ponto *B*. O resultado deverá ser como o apresentado na figura 5.6(b).

Agora, vamos mover o retângulo 50x3 para a posição correta. Para isso, chame a função *Move (Mover)* e selecione este retângulo com o botão esquerdo. Clique com o botão direito do mouse para indicar que não deseja selecionar mais nenhum objeto. Neste caso, deseja-se mover este retângulo para a posição indicada na figura 5.6(b). Por isso, há vários pontos de referência que poderíamos escolher.

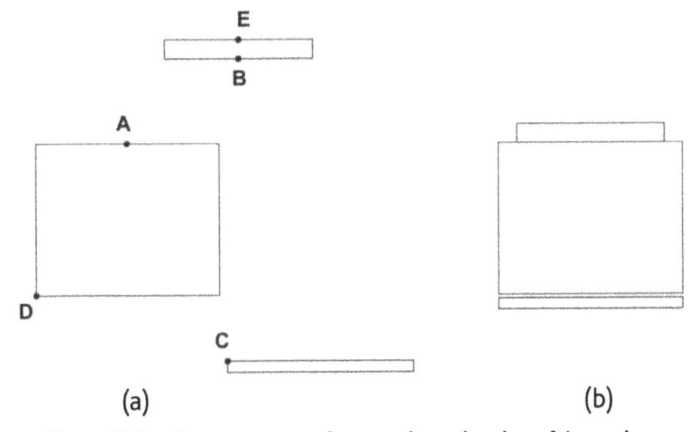

Figura 5.6 – Etapas para se fazer o desenho do refrigerador.

Para este caso, o ponto escolhido foi o ponto *C* – ver figura 5.6(a). Então, para definirmos o ponto de referência, pressione *Shift* e o botão direito do mouse ao mesmo tempo. Escolha a opção *Midpoint (Ponto do meio)* e clique no ponto *C*. O próximo ponto será o *D*. Pressione novamente *Shift* e o botão direito juntos e selecione *Midpoint (Ponto do meio)*. Caso a função *OSNAP* (*Snap ao objeto*) esteja ativa e a opção *Midpoint (Ponto do meio)* selecionada, você pode mover o cursor direto para o vértice do retângulo que será selecionada a opção *Midpoint (Ponto do meio)*. Clique com o botão esquerdo no ponto *D*. O resultado pode ser visto na figura 5.6(b).

Para o desenho ficar como apresentado na figura 5.5, precisamos mover o retângulo 50x3 uma unidade para baixo. Dessa forma, chame o comando *Move (Mover)* e selecione esse retângulo com o botão esquerdo. Clique no botão direito para indicar que não deseja selecionar mais nenhum objeto para mover. Agora precisamos definir um ponto de referência – e como vamos usar coordenadas cartesianas relativas, podemos escolher qualquer ponto. Logo, clique com o botão esquerdo em qualquer ponto da tela.

O próximo ponto será definido através de uma coordenada. Mas qual será essa coordenada? Vejamos: precisamos deslocar o retângulo uma unidade para baixo; isso quer dizer que vamos mover uma casa no sentido do eixo *Y* negativo. Por isso o valor correspondente à coordenada *Y* é -1. Como vamos mover somente no sentido do eixo *Y*, isso implica que a coordenada referente ao eixo *X* é 0. Lembrando que uma coordenada cartesiana relativa sem a função *Dynamic Input* ativa é representada da seguinte forma: @*X,Y* e com ela ativa não precisamos usar o @. Por isso a coordenada correspondente é *0,-1*. Digite esta coordenada e pressione *Enter*. O resultado final será como apresentado na figura 5.5.

Uma forma mais prática de você fazer o mesmo movimento deste retângulo é usar o modo *ORTHO* ou *Polar Tracking (Rastreamento polar)*. Você pode deixar um desses modos ligados e, após especificar o primeiro ponto, você deve movimentar o cursor no eixo *Y*, de cima para baixo. Na sequência é só você digitar o valor do deslocamento, neste caso é 1, e pressionar *Enter*.

Dessa forma, o desenho está pronto e precisamos transformá-lo em um bloco. Para isso, chame o comando *Create block (Criar bloco)* que automaticamente aparecerá a caixa de diálogo *Block Definition (Definição de bloco)*, apresentada na figura 5.2. No campo *Name (Nome)*, digite: *refrigerador*.

Agora é necessário definir quais objetos farão parte do bloco chamado *refrigerador*. Clique com o botão esquerdo em *Select objects (Selecionar objetos)*. Com o mesmo botão, selecione todo o refrigerador. Selecionado tudo, clique no botão direito ou simplesmente pressione *Enter*. Caso simplesmente clicássemos em *OK*, o bloco seria criado. Porém, o ponto de referência que seria usado quando fôssemos inserir seria a origem do AutoCAD (0,0). Por isso, vamos mudar o ponto de referência para um ponto específico no refrigerador. Neste caso, vamos escolher o meio do fundo do refrigerador (retângulo 40x5), ponto *E* – ver figura 5.6(a). Então, clique com o botão esquerdo em *Pick point (Selecionar ponto)*; em seguida, pressione *Shift* e o botão direito juntos e selecione *Midpoint (Ponto do meio)*; clique com o botão esquerdo no ponto *E*. Finalmente, clique em *OK* e o bloco será criado.

Agora desejamos inserir este bloco. Para isso, chame o comando *Insert block (Inserir bloco)* e observe que aparece uma prévia dos blocos disponíveis, como ilustrado na figura 5.3. Se você clicar em um deles agora, o AutoCAD irá inserir o bloco selecionado usando as configurações que estão definidas, sem que você tenha a possibilidade de alterá-las. Para que você possa conhecer antes as opções disponíveis, clique em *Recent Blocks (Blocos recentes)*, figura 5.3, que aparecerá a caixa de diálogo *Insert (Inserir)*, figura 5.4.

Antes de você clicar no bloco que acabamos de criar, observe as opções logo abaixo de *Insertion Options*. No campo *Scale (Escala)*, temos a possibilidade de definir uma escala para este bloco. Se desejar, digite o valor correspondente da escala, mas lembre-se de que você precisa colocar o mesmo valor da escala para *X* e para *Y*, caso contrário, o bloco será distorcido. Experimente colocar valores diferentes e verifique o resultado. Além de poder especificar uma escala, podemos definir um ângulo de rotação. Se desejar rotacionar o bloco, digite o valor do ângulo no campo *Angle (Ângulo)*. Após definido tudo isso, clique com o botão esquerdo sobre o bloco desejado. Para finalizar, clique com o mesmo botão no ponto em que deseja inserir o bloco.

Conforme comentei anteriormente, você também tem a opção de inserir o bloco sem ter que abrir a janela *Insert (Inserir)* fazendo diretamente no painel *Block (Bloco)*. Para tanto, observe que, quando você clica no comando *Insert (Inserir)*, aparece uma aba embaixo do comando apresentando uma pré-visualização dos blocos existentes, conforme podemos ver na figura 5.3. Clique com o botão esquerdo no bloco desejado que o AutoCAD pedirá um ponto de inserção do bloco. Na sequência, o AutoCAD pedirá o ângulo de rotação do bloco ou não – dependerá de como está especificado na caixa *Insert Block (Inserir Bloco)* em *Insertion Options*, figura 5.4. Caso o campo *Rotation (Rotação)* também estiver desabilitado, o AutoCAD não solicitará o ângulo de rotação.

Agora vamos supor que você deseje afastar um pouco o retângulo 40x5 do 50x40. Tente fazer isso no bloco que acabou de inserir, ou seja, chame o comando *Move (Mover)* e clique com o botão esquerdo no retângulo 40x5. Você verá que não consegue selecionar somente o retângulo desejado, mas o bloco inteiro.

Para podermos selecionar somente um retângulo e fazermos qualquer alteração no bloco, precisamos desagrupá-lo, ou seja, explodir o bloco. Isso é feito com o comando *Explode (Explodir)*. Então chame o comando *Explode (Explodir)* e clique com o botão esquerdo em qualquer parte do bloco. Em seguida, clique no botão direito. Agora, estando o bloco desagrupado, tente novamente mover o retângulo 40x5. Você verá que é possível selecionar somente um retângulo. Essa é a diferença em termos um bloco unido, agrupado, e termos um bloco explodido, desagrupado.

Mais à frente, no item 7.3.2, veremos como editar blocos com o comando específico chamado *Block Editor (Editor de bloco)*.

5.6. Exemplo II – Folha A3

Neste exemplo, vamos desenhar uma folha A3 com margens. Na figura 5.7, é apresentada a folha com todas as medidas necessárias para a sua construção.

No desenvolvimento deste exemplo, usaremos os comandos *Rectangle (Retângulo)*, *Offset (Deslocamento)*, *Explode (Explodir)*, *Move (Mover)* e *Trim (Aparar)*. Além disso, será necessário novamente o conhecimento de coordenadas cartesianas relativas. Caso tenha alguma dúvida nos comandos citados, sugiro que faça uma revisão antes de dar continuidade a esse exemplo.

Primeiramente, vamos fazer o limite da folha. Para isso, chame o comando *Rectangle (Retângulo)* e clique com o botão esquerdo num ponto qualquer da folha. Agora precisamos definir o próximo ponto, o qual limitará o tamanho do retângulo. Como a folha possui 420 na horizontal, isto implica que ela possui 420 no eixo *X*. Na vertical ela possui 297, logo, o valor correspondente no eixo *Y* é 297. Lembrando que uma coordenada cartesiana relativa é definida por um valor correspondente no eixo *X* e outro no eixo *Y*, sendo que representamos na forma *X,Y*, considerando que a função *Dynamic Input* está ativa. Então, a coordenada do próximo ponto é *420,297*. Sendo assim, digite esta coordenada e pressione *Enter*.

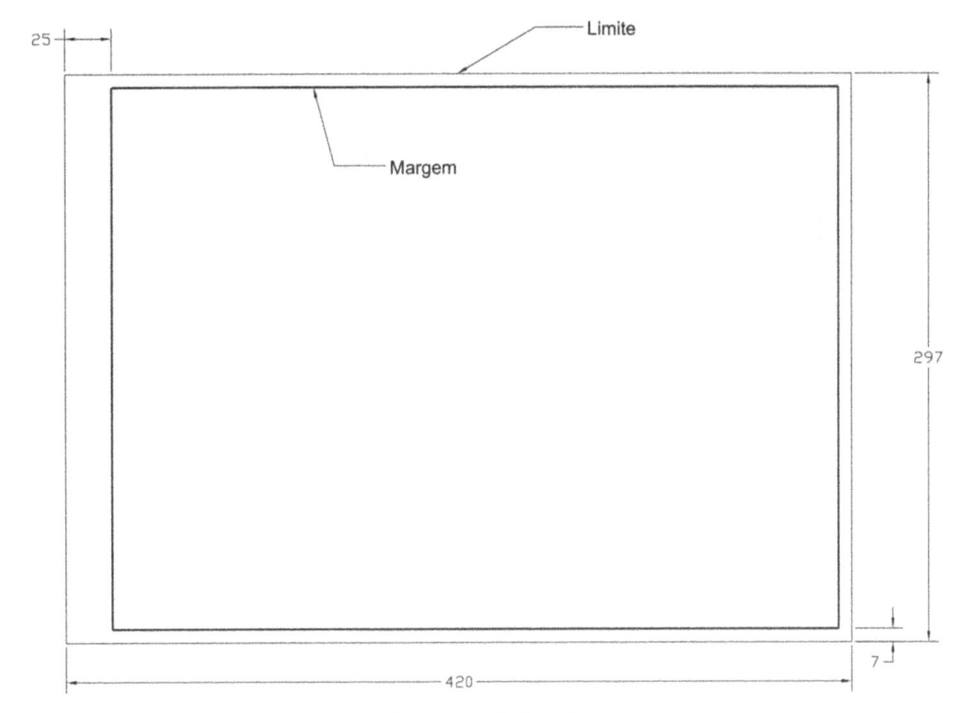

Figura 5.7 – Folha A3.

O próximo passo é fazer a margem da folha. Para isso, usaremos o comando *Offset (Deslocamento)*. Precisamos definir a distância para a cópia. O valor correspondente será a menor distância entre o limite da folha e a margem. Neste caso, o valor correspondente é 7, então digite *7* e pressione *Enter*.

Agora, clique com o botão esquerdo do mouse sobre o limite da folha (retângulo 420x297). Esse clique pode ser em qualquer lugar sobre o retângulo. Em seguida, é preciso definir de qual lado será feita a cópia. Como a margem da folha fica no interior da margem do retângulo, o lado que devemos escolher é o lado de dentro do retângulo, por isso clique com o botão esquerdo em qualquer ponto dentro do retângulo. O resultado será outro retângulo no interior do retângulo 420x297. Como a distância definida para *Offset (Deslocamento)* foi 7, o retângulo interno possui a dimensão igual a 406x283.

Definimos toda a margem da folha, porém a margem vertical esquerda não está com a distância correta (25). Assim, precisamos mover esta margem de 18 unidades para a direita, visto que ela já está 7 unidades afastada do limite da folha. Para isso, vamos usar o comando *Move (Mover)*. Porém, se fôssemos tentar mover somente a linha vertical esquerda da margem, perceberíamos que é impossível movê-la sem mover toda a margem, visto que o retângulo está unido, ou seja, agrupado. Dessa forma, o próximo passo é explodi-lo e, na sequência, mover a linha desejada.

Chame o comando *Explode (Explodir)* e clique com o botão esquerdo em qualquer ponto sobre a margem interna da folha (retângulo 406x283) e, em seguida, clique com o botão direito do mouse.

Agora podemos mover a linha. Chame o comando *Move (Mover)* e clique com o botão esquerdo sobre a linha esquerda da margem. Clique com o botão direito para definir que não deseja selecionar mais nenhum objeto para mover. Como usaremos coordenadas relativas para definir o próximo ponto, não precisamos de um ponto específico para a base de referência. Logo, clique com o botão esquerdo em qualquer lugar da tela para definir a base de referência. Lembrando que a linha precisa ser deslocada 18 unidades para a direita – isso implica que o valor correspondente do eixo *X* é 18, enquanto o valor correspondente do eixo *Y* é 0, pois não há deslocamento na direção vertical. Dessa forma, a coordenada do próximo ponto será *18,00*. Assim, digite esta coordenada e pressione *Enter*.

A linha vertical esquerda da margem está na posição correta, porém as duas linhas horizontais da margem ficaram com o comprimento um pouco maior que o desejado, por isso precisamos cortá-las. Para isso, chame o comando *Trim (Aparar)*. Primeiramente, precisamos definir o objeto que servirá como referência para o corte. Como as linhas horizontais não devem passar da linha esquerda da margem, esta linha será o limite.

Então, clique com o botão esquerdo sobre a linha. Clique com o botão direito para definir que não deseja especificar mais algum objeto como limite. Em seguida, clique com o botão esquerdo na parte das linhas que deseja apagar, ou seja, clique nas extremidades esquerdas das linhas horizontais da margem. Feito isso, pressione *Enter* para finalizar o comando. O resultado será como o apresentado na figura 5.7.

O que você achou desta simples tarefa? Deu muito trabalho? Fique tranquilo que tenho uma outra forma para apresentá-lo que será muito mais fácil, veja o item seguinte.

5.7. Exemplo III – Folha A3 – Sem explodir o retângulo

Vamos fazer novamente a folha A3, porém sem explodir os retângulos.

Primeiro você realizará todo o procedimento explicado no exemplo anterior para fazer a folha (retângulo 420x297) e a margem interna (retângulo 406x283). Ou seja, chame o comando *Rectangle (Retângulo)*, clique num ponto qualquer do canto inferior esquerdo, digite a coordenada *420,297* e pressione *Enter*. Chame o comando *Offset (Deslocamento)* e digite *7* para definir a margem interna, pressione *Enter* e selecione o retângulo da folha. Clique em qualquer ponto no lado de dentro do retângulo e pressione *Enter* para finalizar o comando. Assim você fica com dois retângulos, o do limite da folha e o da margem interna. Porém, a margem interna esquerda está errada, precisa ser alterada para 25.

Para isso, você pode simplesmente clicar sobre o retângulo interno (margem interna da folha) – veja a figura 5.8 –, mas você não deverá estar com nenhum comando ativo. Portanto, antes de você selecionar a margem interna da folha, pressione a tecla *Esc* duas vezes. Logo após, clique sobre a margem interna da folha e veja que ela ficou com a linha pontilhada e com um quadradinho azul nos vértices do retângulo (veja a figura 5.8).

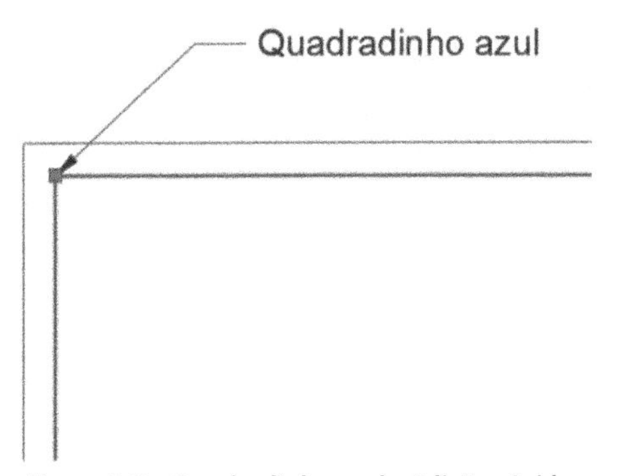

Figura 5.8 – Quadradinho azul – Edição rápida.

Agora você vai clicar sobre o quadradinho azul do canto superior esquerdo, já que esta margem está errada. Ao clicar sobre o quadradinho azul, você pode mover o cursor e observar que o vértice do retângulo está se movendo junto. Dessa forma, você poderá definir uma nova posição para este vértice. Para isso, vamos usar a coordenada. Neste caso, é necessário somente mover o vértice 18 unidades para a direita, visto que ele já está afastado 7 unidades do limite da folha e precisa estar afastado 25 unidades. Para isso, digite *18,0* e pressione *Enter*. Você verá que o vértice está em outra posição.

Você pode também especificar o deslocamento simplesmente digitando o valor dele. Basta, ao clicar no ponto, estar com o modo POLAR ou ORTHO ligado e movimentar o cursor para a direita de forma a mantê-lo na horizontal. Na sequência é só digitar *18* e pressionar *Enter*.

Precisamos fazer o mesmo para o vértice inferior esquerdo. Logo, clique sobre o quadradinho azul do vértice inferior esquerdo, digite a coordenada *18,00* e pressione *Enter*. Dessa maneira, a margem esquerda volta a ficar vertical e a folha A3 está concluída. Observe que você poderia novamente, usando o modo ORTHO ou POLAR, movimentar o cursor para a esquerda, mantendo o alinhamento horizontal e digitar *18*. Em seguida é só pressionar *Enter*.

Talvez para você não tenha ficado muito claro, mas fique tranquilo que explicarei novamente.

Esses quadradinhos azuis são muito úteis para você ter acesso a modos de edição mais rápidos – e não aparecem somente em retângulos, aparecem em qualquer outro objeto, porém com funções distintas. No caso de linhas, em vez de você usar o comando *Extend (Estender)* ou *Trim (Aparar)*, você poderá selecionar o quadradinho azul e definir um novo início ou fim da linha que você fez.

Além dos quadradinhos azuis há também os retangulozinhos azuis. Eles aparecerão sempre no meio de cada segmento de uma polilinha (no item 12.2 será explicado o que são polilinhas (*polylines*)). No caso da nossa margem interna, ao clicar nela aparecem um quadrado azul em cada canto e um retângulo em cada metade dos lados. Clique com o botão esquerdo sobre o retângulo azul e você verá que ele se movimenta junto. Dessa forma, você poderá facilmente mover o lado da margem interna com somente um movimento. Ou seja, você não precisaria ter movido os dois quadradinhos azuis, bastaria ter movido o retangulozinho azul da seguinte forma: clique sobre o retângulo azul da margem interna vertical esquerda. Em seguida digite *18,0* e pressione *Enter*.

Além dessa função, se você posicionar o cursor sobre o retangulozinho azul, em seguida aparecerá um menu rápido, veja a figura 5.9. Ele permite que você selecione entre três opções. A primeira é a *Stretch (Esticar)*: é a mesma coisa que clicar diretamente sobre o retângulo azul, irá movê-lo. A segunda (*Add Vertex*) permite adicionar um vértice. A terceira transforma o segmento de reta num arco (*Convert to Arc*).

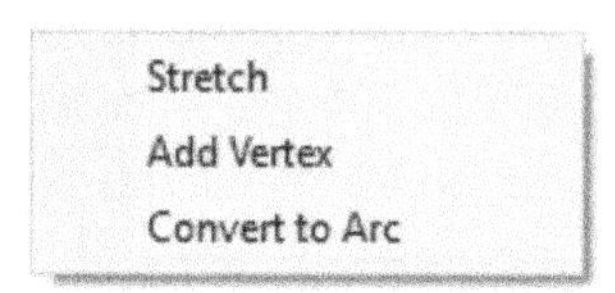

Figura 5.9 – Retangulozinho azul – Menu rápido.

Pratique um pouco essa nova função e, caso tenha dúvida, basta voltar a esta aula que eu esclarecerei para você com prazer.

5.8. Exemplo IV – Bloco de uma luminária

Neste exemplo, você aprenderá a fazer um bloco de uma luminária para projetos elétricos residenciais.

Na figura 5.10, é apresentado o bloco da luminária.

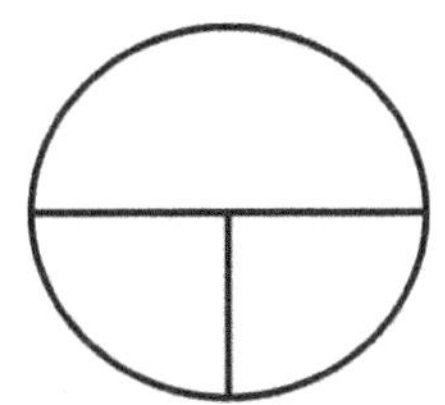

Figura 5.10 – Luminária para projetos elétricos residenciais.

Primeiramente, será feita a circunferência. Para isso, chame o comando *Circle (Círculo)* e clique num ponto para definir o seu centro. Em seguida, digite *25* e pressione *Enter*. O número 25 define o valor do raio da circunferência – neste caso, estamos considerando que a unidade de medida do desenho será em centímetros. Caso você faça o seu desenho em metros, digite *0.25*.

Agora vamos fazer as linhas. Portanto, chame o comando *Line (Linha)* e clique no ponto *A* (veja a figura 5.11). Caso a opção *Quadrant (Quadrante)* do modo *OSNAP (Snap ao objeto)* não esteja ativa, você pode proceder da seguinte forma para selecionar o ponto *A*: pressione a tecla *Shift* e o botão direito do mouse ao mesmo tempo, selecione a opção *Quadrant (Quadrante)* e clique no ponto *A*. Assim você define o início da linha *AB*; para definir o fim você pode proceder da mesma forma, ou seja: pressione a tecla *Shift* e o botão direito juntos, selecione a opção *Quadrant (Quadrante)* e clique no ponto *B*. Para finalizar o comando *Line (Linha)*, pressione *Enter*.

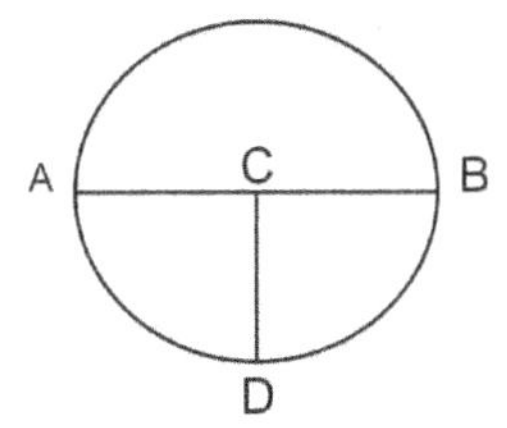

Figura 5.11 – Pontos para construção da luminária.

Assim fica definida a linha *AB*. Agora precisamos fazer a linha *CD*. Chame o comando *Line (Linha)* e clique no ponto *C*. Neste caso você precisará usar a opção *Endpoint*

(Ponto final) do modo *OSNAP (Snap ao objeto)*. Para isso, caso esta opção não esteja ativa, pressione a tecla *Shift* e o botão direito juntos, selecione a opção *Midpoint (Ponto do meio)* e clique no ponto *C*. Para definir o fim da linha, você precisa clicar no ponto *D*, então vamos repetir o mesmo procedimento realizado para a linha *AB*. Para tanto, pressione a tecla *Shift* e o botão direito do mouse ao mesmo tempo, selecione a opção *Quadrant (Quadrante)* e clique no ponto *C*. Para finalizar o comando *Linha (Line)*, pressione *Enter*.

Com esta etapa concluída, você termina a parte do desenho da luminária. Agora vamos transformar esse desenho em um bloco.

Chame o comando *Create block (Criar bloco)* e a caixa de diálogo da figura 5.2 aparecerá. No campo *Name (Nome)*, digite o nome que você deseja dar a este bloco. Como exemplo, use *Luminaria* (evite usar acentos). Para selecionar o desenho que compõe este bloco, clique em *Select objects (Selecionar objetos)*. Selecione a circunferência e as duas linhas. Para finalizar, pressione *Enter*.

O ponto base para inserir o bloco será definido no centro da luminária. Clique em *Pick point (Selecionar ponto)* e no centro da luminária (pressione *Shift* e o botão direito juntos e selecione *Midpoint (Ponto do meio)* ou *Intersection (Interseção)* ou *Center (Centro)*, etc.). Assim que você clicar no ponto, automaticamente o AutoCAD volta para a caixa de diálogo. Caso você tenha definido o ponto errado, clique novamente em *Pick point (Selecionar ponto)* e escolha o ponto certo.

Após realizar essas etapas, você pode clicar em *OK* que o bloco estará criado.

Para inserir o bloco na planta, você pode chamar o comando *Insert block (Inserir bloco)* (veja a figura 5.3) clicando em *More Options (Mais opções)*. Na caixa de diálogo *Insert (Inserir)*, clique com o botão esquerdo sobre a miniatura do bloco luminária, em seguida é só clicar no ponto desejado com o botão esquerdo e pronto.

Dessa forma você pode inserir e construir quantos blocos desejar.

5.9. Exemplo V – Bloco do lavatório de coluna

Neste exemplo mostrarei a você como fazer um desenho de um lavatório de coluna. Na figura 5.12 é apresentado o desenho com todas as cotas necessárias.

O primeiro passo para desenharmos é chamar o comando *Rectangle (Retângulo)* , clicar num ponto qualquer para definir o ponto inicial do retângulo, digitar *50,35* e pressionar *Enter*. Lembre-se de que estamos com a entrada dinâmica (*Dynamic Input*) ativa, por isso você pode omitir o @ que o AutoCAD automaticamente entende como coordenada relativa.

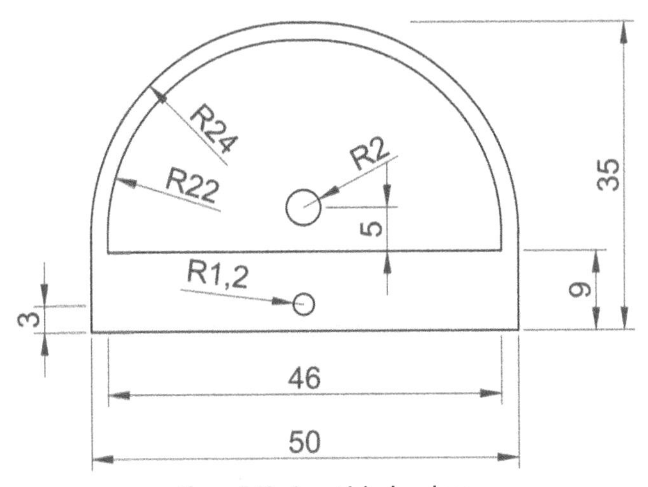

Figura 5.12 – Lavatório de coluna.

Definido o retângulo que dará origem ao lavatório, vamos arredondar os seus dois cantos superiores. Para isso, acione o comando *Fillet (Concordância)* , digite *r*, pressione *Enter*, digite *24* e pressione *Enter* novamente. Clique na linha horizontal superior e depois na vertical esquerda; automaticamente o AutoCAD encerra o comando *Fillet (Concordância)*. Pressione *Enter* para o AutoCAD chamar o comando *Fillet (Concordância)* novamente e clique nas linhas horizontal superior e na vertical direita. O resultado deverá ser conforme o apresentado na figura 5.13(a).

Agora vamos definir a borda interna do lavatório. Para tanto, chame o comando *Offset (Deslocamento)* , digite *2* e pressione *Enter*. Clique em qualquer parte do desenho apresentado na figura 5.13(a). Em seguida o desenho deverá ficar tracejado, indicando que você o selecionou. Clique num ponto qualquer no interior do desenho e pressione *Enter*. O resultado deverá ser conforme o apresentado na figura 5.13(b).

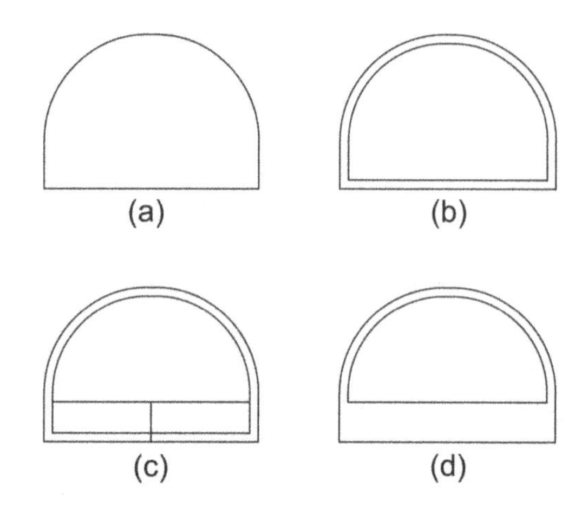

Figura 5.13 – Etapas do desenho de um lavatório de coluna.

Agora vamos fazer uma linha vertical com comprimento 9, iniciando no meio da base do lavatório – veja a figura 5.13(c). Então, chame o comando *Line (Linha)* , clique no meio da linha horizontal inferior (use *Shift* e o botão direito do mouse ao mesmo tempo e selecione *Midpoint*), digite *0,9* e pressione *Enter*. Digite *-23,0* e pressione *Enter* duas vezes para finalizar o comando. Para o desenho ficar similar ao apresentado na figura 5.13(c), falta estender a última linha criada até a borda interna direita do lavatório.

Para estender a linha, chame o comando *Extend (Estender)* , clique num ponto qualquer da borda interna do lavatório, pressione *Enter*, clique sobre a linha a estender e pressione novamente *Enter* para finalizar o comando. O resultado deverá ser conforme o apresentado na figura 5.13(c).

Concluída essa etapa, você pode apagar a linha com comprimento 9 e cortar a borda interna inferior do lavatório. Para isso, acione o comando *Trim (Aparar)*, clique na linha horizontal com comprimento 46 que você criou na figura 5.13(c) e pressione *Enter.* Clique num ponto qualquer sobre a borda interna do lavatório abaixo da linha horizontal com tamanho 46 e pressione *Enter.* Automaticamente o comando *Trim (Aparar)* é encerrado e o resultado é conforme o apresentado na figura 5.13(d).

Outra forma prática de a partir do desenho da figura 5.13(b) chegar na figura 5.13(d) é usar o retangulozinho azul. Você precisa somente selecionar o desenho interno e depois movê-lo 7 cm para cima. A figura 5.14 ilustra como o objeto fica selecionado e o movimento do cursor na vertical.

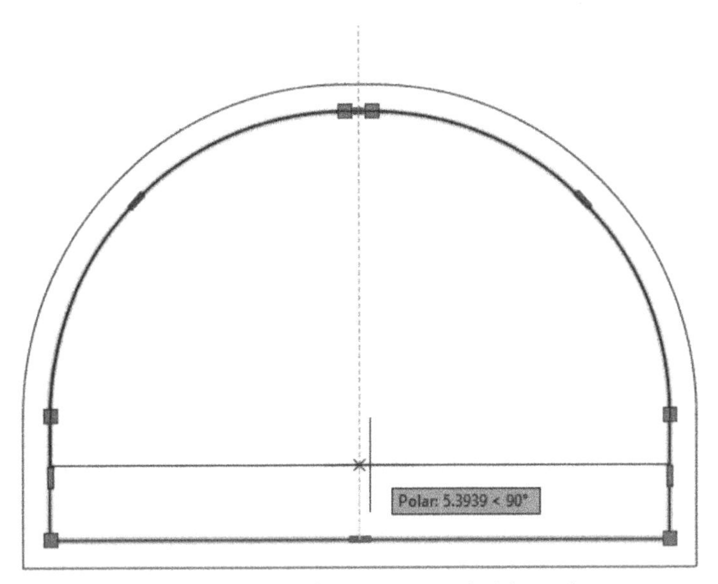

Figura 5.14 – Editando com o retangulozinho azul.

Veja também na figura 5.14 que, neste caso, o modo *OSNAP (Snap ao objeto)* estava ativo, e por isso ao mover o cursor na vertical para cima o AutoCAD apresenta a distância instantânea do deslocamento (6.7518). Neste exemplo o deslocamento que precisamos é 7. Por isso, digite *7* e pressione *Enter.* Desta forma se conclui sem precisar usar os diversos comandos apresentados anteriormente.

Para concluir o desenho do lavatório, está faltando somente desenharmos o furo da torneira e do esgoto. Usaremos o comando *Circle (Círculo)* e, para facilitar, certifique-se de que os modos de rastreamento polar (POLAR) e rastreamento de Snap ao objeto (OTRACK) estejam ativadas, bem como *OSNAP (Snap ao objeto)* com a opção *Midpoint (Ponto do meio)* ativa. Para verificar se esta opção está ativada, clique com o botão direito em *OSNAP (Snap ao objeto).*

Vamos iniciar desenhando o furo da torneira. Chame o comando *Circle (Círculo)*, mova o cursor para o meio da linha da base do lavatório (linha horizontal inferior), em seguida movimente o cursor vagarosamente na direção vertical com sentido para cima. Automaticamente o AutoCAD irá à coordenada polar que você está usando. Veja na figura 5.15(a) a indicação da coordenada polar. Observe que, ao fazer isso, além de aparecer a coordenada em uso, surge uma linha pontilhada indicando o eixo em uso, neste caso é o vertical (ou *Y*). Uma vez que o AutoCAD está indicando a você o uso da coordenada polar, simplesmente digite a distância com que deseja iniciar a circunferência. Nesse caso a distância é 3, portanto digite *3* e pressione *Enter*. Em seguida, digite *1.2* para definir o raio da circunferência e pressione *Enter*.

Figura 5.15 – Desenhando os furos da torneira e do esgoto do lavatório.

O furo da válvula de descarga terá o mesmo procedimento realizado no furo da torneira. Dessa forma, chame o comando *Circle (Círculo)* e movimente o cursor para o meio da linha da base da borda interna. Movimente o cursor vagarosamente na vertical para cima até que o AutoCAD indique o uso da coordenada polar – veja a figura 5.15(b). Digite *5* para indicar o centro da circunferência e pressione *Enter*. Digite *2* para especificar o raio do furo do esgoto e pressione *Enter*.

Concluída essa etapa, o desenho deverá ficar conforme o apresentado na figura 5.12 (sem as cotas).

Agora que o desenho do lavatório já está pronto, podemos transformá-lo num bloco. Para tanto, chame o comando *Create block (Criar bloco)* , e a figura 5.2 aparecerá. No campo *Name (Nome)*, especifique o nome desejado para este bloco. Neste caso usaremos lavatório. Em seguida, clique em *Select objects (Selecionar objetos)* . A janela desaparecerá e o AutoCAD pede para você selecionar os objetos desejados. Com o botão esquerdo, clique sobre todos os desenhos do lavatório. Assim que selecioná-los, pressione *Enter* para reaparecer a janela *Block Definition (Definição de bloco)*. O próximo passo é especificar o ponto de referência. Para tanto, clique em *Pick point (Selecionar ponto)* e clique no ponto do meio da linha inferior do lavatório – veja a figura 5.16.

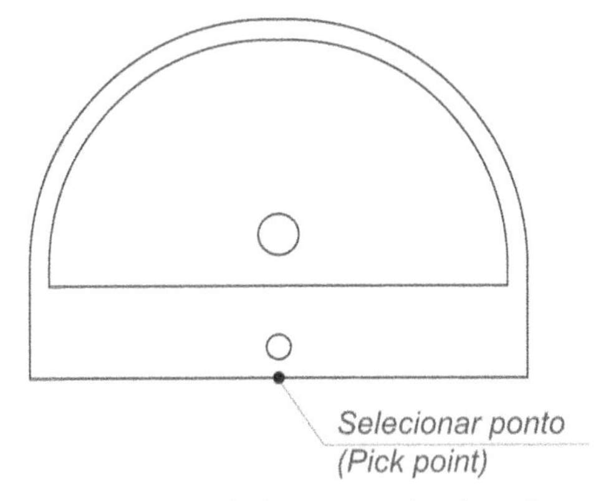

Figura 5.16 – Selecionar ponto de referência.

Definido o ponto de referência, é só clicar em *OK* para finalizar a criação do bloco.

5.10. Exportando bloco

Até o momento vimos como fazer os blocos e como inserir, mas como fazer para que esses blocos fiquem disponíveis para usar em outros arquivos? No final do exemplo luminária eu já dei uma dica simples. Você pode salvar o arquivo sem criar o bloco. No entanto, o ponto de referência para a inserção do bloco será a origem do sistema de coordenada. Você precisará colocar o desenho de forma que o ponto de referência esteja na origem do sistema de coordenadas.

Uma forma melhor de criar os blocos e transformá-los em arquivos é exportá-los como blocos. Para tanto, clique em aplicativo , na sequência clique em *Export (Exportar)* e selecione a última opção *Other Formats* (Outros formatos) – veja a figura 5.17.

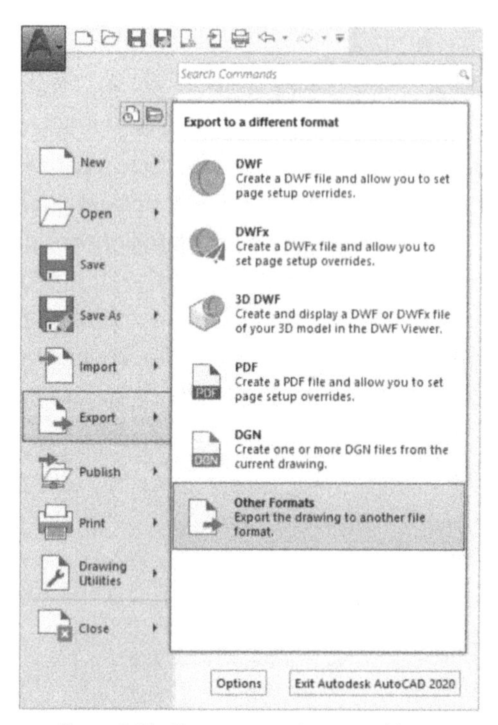

Figura 5.17 – Exportar arquivo como bloco.

Na sequência, o AutoCAD abre a janela padrão do Windows para salvar o arquivo. Primeiramente, observe que na parte inferior da janela *Export Data (Exportar Dados)* tem a opção *File of type (Tipo de arquivo)* – selecione a opção *Block (*.dwg)*. Em seguida especifique o nome e o local em que você deseja salvar o bloco e clique em

Save (Salvar). Na sequência o AutoCAD apresenta umas informações na linha de comando, simplesmente pressione *Enter*. No próximo passo o AutoCAD pergunta a você o ponto de referência para inserção. Clique no ponto desejado. No nosso caso do lavatório é o ponto indicado na figura 5.16. Por último, selecione os objetos que formam o bloco. Assim que selecioná-los, pressione *Enter*. Automaticamente o AutoCAD elimina a figura do arquivo e encerra o comando.

Para você inserir o bloco o passo é idêntico ao apresentado no item *Insert block*. Após chamar o comando *Insert block (Inserir bloco)*, clique em *Blocks from Other Drawings...* – veja a figura 5.3. Aparecerá a caixa de diálogo *Insert Block (Inserir bloco)* – figura 5.4. Clique nos três pontinhos indicado na figura 5.4, que o AutoCAD abrirá a janela padrão do Windows para abrir/localizar um arquivo. Localize o arquivo que você exportou e depois clique em *Open (Abrir)*. Em seguida o AutoCAD retorna para a janela *Insert (Inserir)*, figura 5.18, e apresenta uma prévia dos blocos que estão dentro do arquivo selecionado. Clique com o botão esquerdo sobre a prévia desejada e clique no ponto desejado para inserir o bloco.

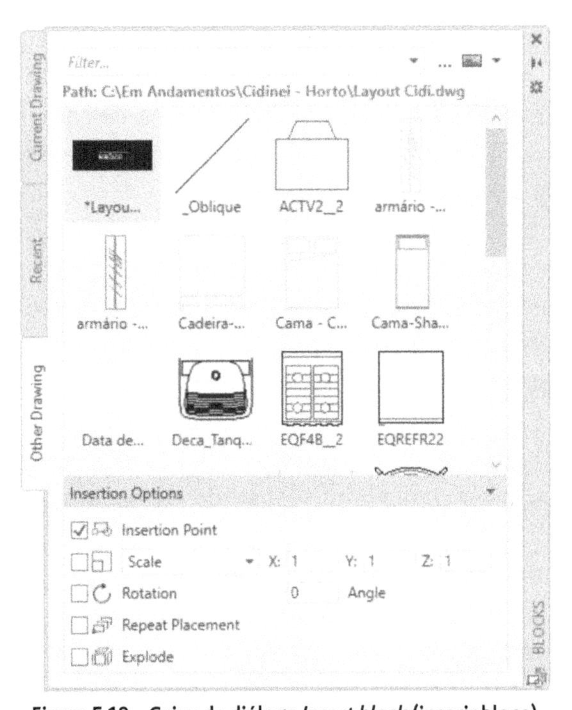

Figura 5.18 – Caixa de diálogo *Insert block* (inserir bloco).

Nessa figura 5.18 foi importado um arquivo com vários blocos. Assim, basta clicar sobre um deles e depois clicar no local desejado para inserir o bloco.

6. Dimensionamento

Nesta etapa do nosso aprendizado, você verá como dimensionar (cotar) os desenhos que você fez. A edição dos estilos de cotas veremos no item 6.8 – *Dimension style* (Estilo de cota).

Os comandos de dimensionamento possibilitam dimensionar os desenhos e possuem uma série de variáveis que controlam a aparência das cotas e que podem ser alteradas a qualquer instante. Isso permite ao usuário uma grande facilidade em alterar as características das cotas, dependendo da sua aplicação.

Os elementos que constituem uma cota (setas, linha de cota, linha de chamada, textos, etc.), quando criados como uma só entidade, são interpretados pelo AutoCAD como uma única entidade (bloco).

Numa operação de dimensionamento, as *Polylines (Polilinhas)* são tratadas como linhas e arcos separados (no item 12.2 será explicado o que são *polylines*). Para *polylines* com espessura, o dimensionamento sempre irá se referir à linha central, sendo a espessura ignorada.

Para você chamar a função de dimensionamento, basta digitar o respectivo comando e pressionar *Enter* ou clicar com o botão esquerdo no ícone.

Os comandos de dimensionamento são divididos em três categorias: comandos de desenho de cotas, comandos de criação de estilo de dimensionamento e comandos de edição de dimensionamento. Eles podem ser acessados através do teclado ou pelos ícones.

A seguir, você verá cada um desses comandos separadamente, começando pelos comandos de desenho de cotas.

Para você visualizar os comandos de dimensionamento, clique na guia *Annotate (Anotação)*. Automaticamente a tela de comandos será alterada e ficará conforme ilustrado na figura 6.1. Na guia *Home (Padrão)* também tem o painel *Annotation*, porém com menos opções. Depois de conhecermos um pouco os comandos apresentados na guia *Annotate (Anotação)*, você poderá usá-los diretamente na guia *Home (Padrão)*.

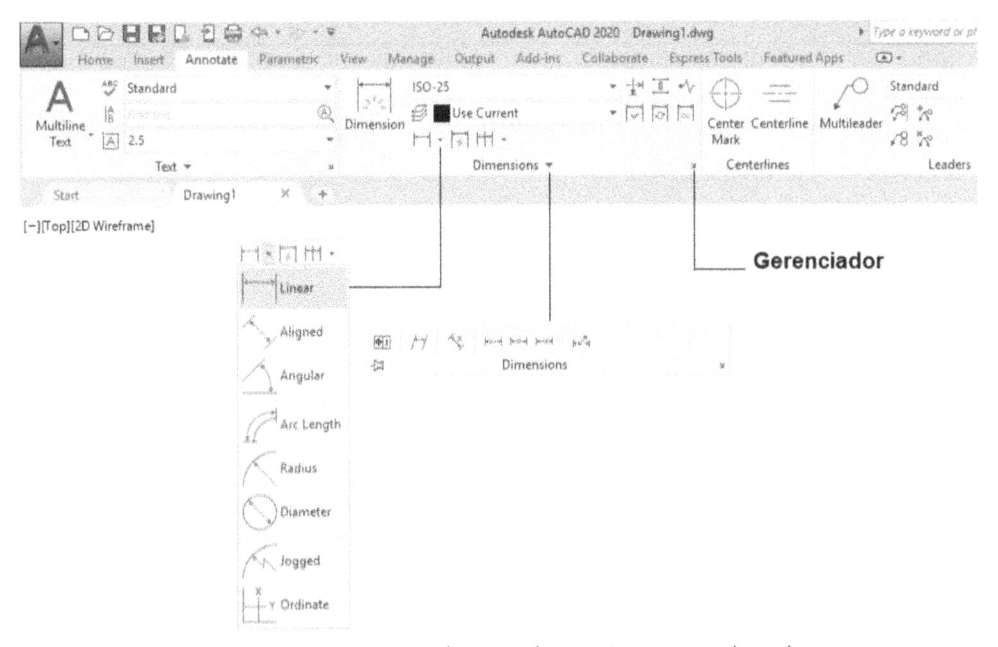

Figura 6.1 – Guia *Annotate (Anotação)* e painel *Dimensions (Cotas)*.

Observe na figura 6.1 que há ícones ocultos. Para você acessá-los precisa clicar com o botão esquerdo do mouse no triângulo que aparece ao lado da cota *Linear*. Em seguida o painel de cotas se expande. Mova o cursor até o comando que você deseja usar e clique na opção desejada que o comando é acionado.

Na sequência, você verá a explicação detalhada dos principais comandos de desenho de cotas.

6.1. *DimLinear* (Cotas lineares)

Atalho:
Comando: *Dimlinear (Cotalinear).*

Todas as cotas lineares estão agrupadas no comando *Dimlinear (Cotalinear)*, o qual faz cotas tanto horizontais quanto verticais. Você poderá observar que as opções vertical e horizontal são dadas pela posição do cursor no desenho. Por exemplo, se o cursor está acima ou abaixo da linha selecionada, então é assumida a posição horizontal, e se o cursor está à esquerda ou à direita da linha selecionada, ele assume a vertical. Veja como funciona este comando:

Procedimento: *chame a função.*

Nesse momento, você tem duas opções: ou pressiona *Return* (tecla do espaço ou *Enter*) e o AutoCAD pede a você que selecione uma linha e mede o seu tamanho para fazer a cota, ou informa os dois pontos, inicial e final, da cota.

Caso pressione *Enter,* o próximo passo será selecionar uma linha, polilinha ou arco com o botão esquerdo. Se optar por clicar num ponto (então não pressione *Enter* após chamar o comando), este deverá ser uma das extremidades da entidade a ser dimensionada e o próximo ponto deverá ser a outra extremidade.

Qualquer das duas opções que você escolher, o próximo *prompt* será:

[Mtext/Text/Angle/Horizontal/Vertical/Rotated]
ou em português:
[textoM/Texto/Ângulo/Horizontal/ Vertical/Rotacionada]/

Dê a localização da linha de cota ou escolha uma das opções a seguir; esse ponto poderá ser informado com o cursor ou através de coordenadas.

Sendo:

- ***Mtext*** – Entra no *Text Editor (Editor de texto)*. Permite alterar o texto, a fonte, o tamanho, enfim, personalizar o texto da cota.
- ***Text*** – Permite alterar o texto diretamente, bastando digitá-lo e pressionar *Enter.*
- ***Angle*** – Define um ângulo para o texto.

- ***Horizontal/Vertical*** – Permite escolher se a cota será horizontal ou vertical.
- ***Rotated*** – Rotaciona a linha de cota com um ângulo especificado pelo usuário.

Caso você não deseje nenhuma das opções apresentadas, basta clicar no ponto onde você queira que a cota seja posicionada. Com isso você finaliza o comando. Na figura 6.2, você poderá visualizar mais facilmente como indicar a cota de uma linha clicando no início e no fim dela.

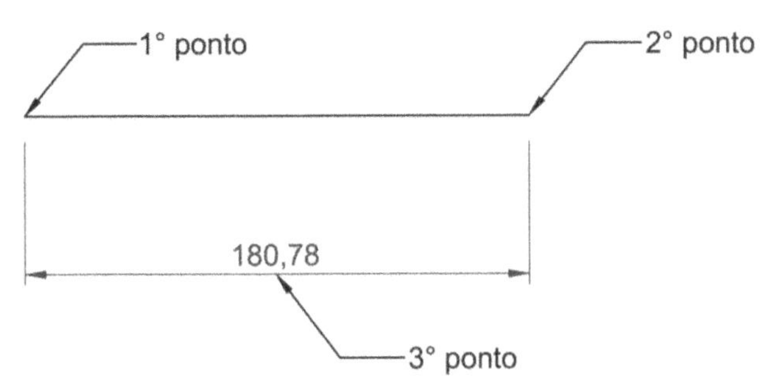

Figura 6.2 – Dimensionando uma linha.

Vamos ver um exemplo de como cotar alterando o valor da cota.

Chame o comando *Dimlinear (Cotalinear)*, clique no início da linha e, em seguida, no seu fim. Agora você precisa dizer para o AutoCAD que deseja alterar o texto; para isso digite *m* e pressione *Enter*. Assim, o AutoCAD pede para você entrar com o texto que deseja para a cota. Portanto, digite o que você deseja que apareça no lugar da cota (neste exemplo foi digitado *X*). Após digitar, pressione *Enter*. Logo em seguida o AutoCAD pede para você definir a posição da cota, então clique no ponto em que a cota deve ficar. O resultado você pode observar na figura 6.3.

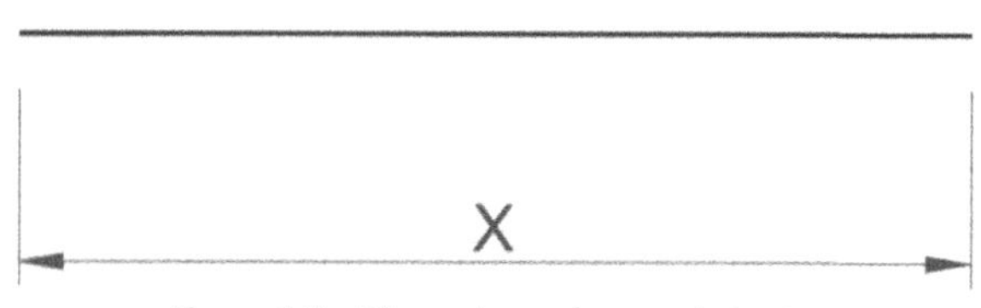

Figura 6.3 – Dimensionando usando texto.

6.2. *Dimaligned* (Cotas inclinadas)

Atalho:
Comando: *Dimaligned (Cotaalin)*.

Este comando serve para cotar linhas que não sejam nem verticais nem horizontais. Sua interação é quase a mesma do comando *Dimlinear (Cotalinear)*, mas ao selecionar uma linha inclinada, por exemplo, ele vai gerar uma cota paralela a ela mesma. Assim você obtém o valor do tamanho da linha (seu módulo) e não as suas projeções, o que aconteceria caso usasse o comando *Dimlinear (Cotalinear)*.

Como o procedimento é o mesmo, não entrarei em detalhes com você sobre o uso deste comando, darei apenas uma simples explicação: chame a função, clique no início da linha, clique no fim da linha e clique no ponto em que você deseja posicionar o texto.

6.3. *Dimangular* (Cotas de ângulo)

Atalho:
Comando: *Dimangular (Cotaang)*.

O comando *Dimangular (Cotaang)* é usado para cotar ângulos. Este comando pode ser usado de duas maneiras diferentes:

- Selecionando um arco ou uma circunferência.
- Selecionando duas linhas não paralelas.

O dimensionamento angular baseado num arco terá como resposta o ângulo descrito por ele. Você pode aceitar esta resposta com *Return* ou entrar na opção *Text* e inserir outro ângulo de sua preferência. A opção *Angle (ângulo)* é a mesma vista no comando *Dimlinear (Cotalinear)*, no qual se dá o ângulo do texto.

O dimensionamento angular utilizando uma circunferência usa o ponto de seleção como o primeiro ponto de definição do ângulo a ser cotado. O segundo ponto de definição é determinado pela resposta à pergunta: *Specify second angle endpoint (Especificar segunda extremidade do ângulo)*. Após isso, você deverá definir a localização do arco de dimensão ou entrar nas opções *[Mtext/Text/Angle/Quadrant]*, já vistas no comando *Dimlinear (Cotalinear)*.

No caso do dimensionamento angular baseado em linhas, use o ponto de seleção da primeira linha como o primeiro ponto de definição do ângulo (veja a figura 6.4) a ser cotado. O segundo ponto de definição é determinado pela resposta à pergunta *Select second line (Selecionar a segunda linha)*. Após isso, você deverá definir a localização do arco de dimensão.

Procedimento: *chame a função.*

Supondo que se deseja cotar o ângulo entre duas linhas, clique com o botão esquerdo na primeira e, depois, na segunda linha. Defina a posição da cota com o botão esquerdo do mouse.

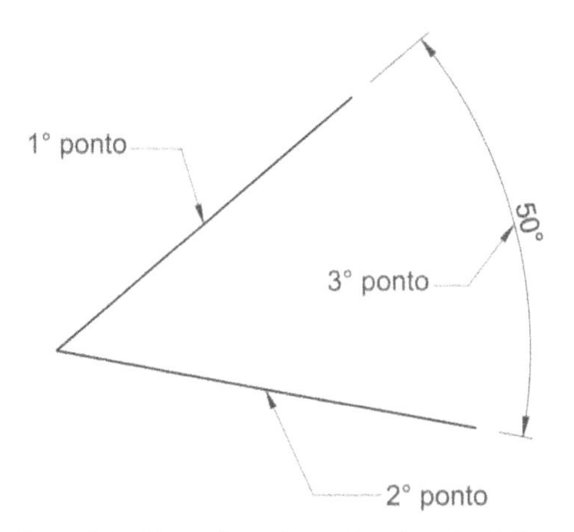

Figura 6.4 – Dimensionando um ângulo entre linhas.

6.4. *Dimarc* (Cotas de arco)

Atalho:
Comando: *Dimarc (Cotaarco).*

O comando *Dimarc (Cotaarco)* serve para adicionar cotas aos arcos. Sua iteração é muito simples, veja:

Procedimento: *chame a função.*

Em seguida o AutoCAD pede que você selecione um arco ou uma polilinha. Clique com o botão esquerdo no arco; em seguida, aparecerá a cota com a respectiva dimensão do arco selecionado. Clique no ponto em que você deseja inserir a cota do arco.

6.5. *Dimradius* (Cotas de raios)

Atalho:
Comando: *Dimradius (cotaraios).*

O comando *Dimradius (cotaraios)* poderá ser usado para dimensionamento de raios de arcos ou círculos, sendo que o símbolo de raio R é desenhado automaticamente.

Procedimento: *chame a função.*

Selecione com o botão esquerdo o arco ou a circunferência. Caso deseje modificar o texto da cota, observe que as opções já apresentadas no comando *Dimlinear (Cotalinear)* também aparecem. Em seguida, clique com o botão esquerdo para definir a posição da cota.

6.6. *Dimdiameter* (Cotas de diâmetro)

Atalho:
Comando: *Dimdiameter (Cotadiametro).*

Este comando é usado para dimensionamento de diâmetros. Sua interação é semelhante à do comando *Dimradius (cotaraios).*

6.7. *Leader* (Chamadas de detalhes)

Observe que na figura 6.1 há o painel *Leaders (Chamadas de detalhes)*. Mesmo estando cortado, ele mostra todos os comandos disponíveis nesse painel. Através deste comando você pode adicionar informações ao desenho com setas indicando o ponto de referência.

Atalho:
Comando: *Leader (linhachamr)*.

O comando *Leader (linhachamr)* desenha uma linha com uma seta na ponta e pode ser usado para fazer observações no desenho ou para cotar um objeto sem usar os comandos de dimensionamento. O comando *Leader (linhachamr)* possui opções para criação, modificação e edição de setas.

Procedimento: *chame a função.*

Clique com o botão esquerdo do mouse no ponto onde deseja que a seta fique. Especifique outro ponto para a linha de chamada da seta e um terceiro ponto para traçar a linha horizontal. Pressione *Enter* e entre com o texto. Após digitar o texto desejado, pressione *Enter.* O comando ainda não terminou, ele simplesmente mudou para uma nova linha de texto. Se desejar, você pode digitar algo mais; caso contrário, clique em *Close text editor (Fechar editor de texto)* .

Veremos detalhadamente como fazer a identificação do primeiro ponto especificado na figura 6.4.

Chame o comando *Leader (linhachamr)* e clique no meio da linha. Em seguida, mova o cursor e clique num ponto para definir o tamanho da linha de chamada do texto (linha inclinada). Digite o texto que você deseja que apareça na tela. No caso de primeiro ponto, digite o número *1*, pressione as teclas *Ctrl*, *Alt* e *:* (dois pontos ou a tecla que possuir o símbolo °) juntas – normalmente essas teclas são o atalho para adicionar este caractere. Após digitar o texto desejado, clique em *Close text editor (Fechar editor de texto)* .

Caso você deseje editar o estilo do texto, não feche o editor de texto. Observe que os painéis alteraram e agora apresentam informações como tamanho de fonte, estilo, parágrafo, etc. Para você não ficar com dúvidas sobre como funciona essa caixa de diálogo, vá até o item 7.2.5.1 – *Multiline text* (Texto multilinha) e veja detalhadamente a explicação. Após você digitar o texto, simplesmente feche o *Text Editor (editor de texto)*. Dessa forma a identificação do primeiro ponto é finalizada.

6.8. *Dimension style* (Estilo de cota)

Atalho:

Comando: *dimstyle (estilocota)*

Você está lembrado que comentei que explicaria detalhadamente como editar as cotas, como alterar o tamanho dos textos, das setas, dos afastamentos do desenho, enfim, como editar as propriedades das cotas. Será neste tópico que explicarei detalhadamente para você tudo isso.

Para acessar o editor de cotas você precisa clicar aonde está indicado na figura 6.1 como "Gerenciador", ou seja, na seta que aparece no canto inferior direito do painel *Dimensions (Cotas)* . Você também pode acessar usando o ícone que está na guia *Home (Padrão)*, no painel *Annotation (Anotação)*. Lembrando que você também pode simplesmente digitar *dimstyle (estilocota)* e pressionar Enter.

Assim que chamar o comando *Dimension style (Estilo de cota)*, a caixa de diálogo *Dimension Style Manager (Gerenciador de estilo de cota)* aparecerá. Observe a figura 6.5.

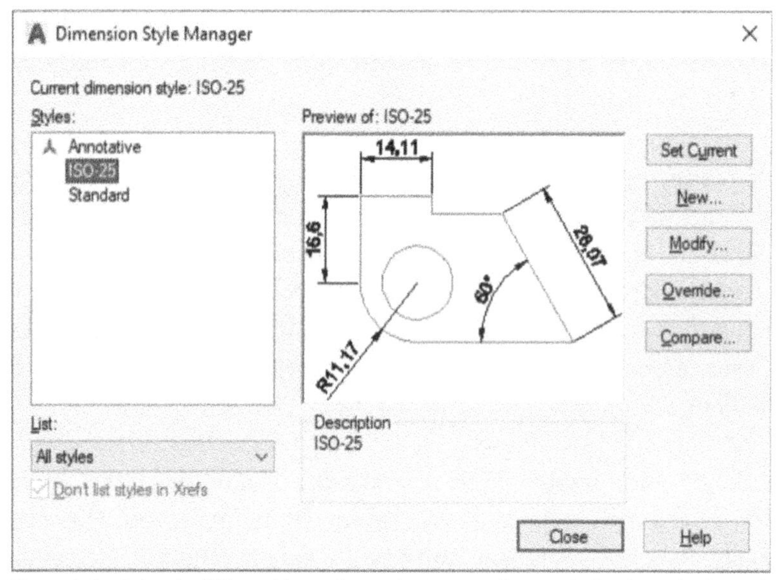

Figura 6.5 – Caixa de diálogo *Dimension Style Manager (Gerenciador de estilo de cota)*.

Vejamos as explicações dos seus principais campos:

Styles (Estilos) – Mostra os nomes dos estilos de dimensionamento. Mais abaixo, em *List (Relacionar)*, é possível selecionar entre mostrar todos os estilos (*All styles*) e apenas os em uso (*Styles in use*). Para tanto, clique com o botão esquerdo na seta abaixo de *List (Relacionar)* e selecione a opção desejada com o mesmo botão.

Esses estilos são na verdade modelos de cotas que você pode criar. Quando você for imprimir desenhos com cotas em escalas diferentes, você deve usar também cotas com escalas diferentes. Dessa forma os textos podem ser impressos com o mesmo tamanho.

Preview of (Visualização de) – Apresenta uma visualização rápida do estilo de dimensionamento selecionado.

Set Current (Definir atual) – Serve para definir o estilo das dimensões que será usado. Caso tenha mais de um estilo, clique com o botão esquerdo sobre o estilo desejado. Em seguida clique com o botão esquerdo em *Set Current (Definir atual)* que a informação *Current dimstyle (Estilo de cota atual)* mudará para o estilo selecionado.

New (Novo) – Cria um novo estilo de dimensionamento.

Modify (Modificar) – Permite modificar as características do estilo de dimensionamento. Este comando abre a caixa de diálogo *Modify Dimension Style (Modificar estilo de cota)*, a qual pode ser vista na figura 6.6. Quando você desejar usar somente um estilo, será desta forma que modificará o estilo de cotas. Por isso você precisa prestar muita atenção para não ter dificuldades.

Vejamos resumidamente a explicação de cada guia da caixa de diálogo *Modify Dimension Style (Modificar estilo de cota)*.

6.8.1. Guia *Lines* (Linhas)

Aparece automaticamente quando se seleciona a opção *Modify* na figura 6.5. Essa é a janela padrão que o AutoCAD abre. Caso você já tenha entrado nesta janela, o AutoCAD abrirá a última opção que você usou entre as sete possíveis. Caso não esteja aparecendo esta, clique na guia *Lines (Linhas)* que aparece no canto superior direito dessa caixa de diálogo (figura 6.6).

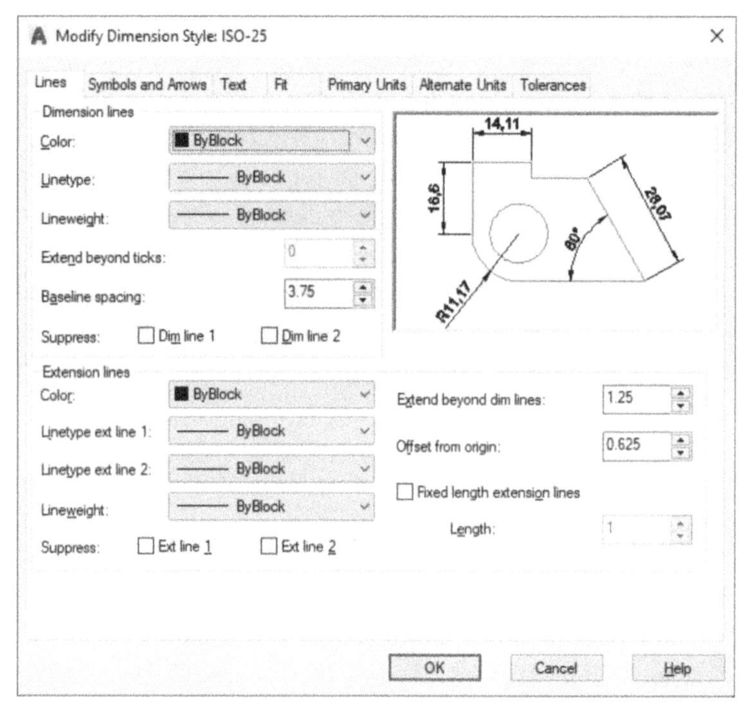

Figura 6.6 – Caixa de diálogo *Modify Dimension Style (Modificar estilo de cota)* – Guia *Lines (Linhas)*.

Extend beyond dim lines (Estender além das linhas de cota) – Especifica o valor da distância que a linha de chamada deverá passar da seta.

Offset from origin (Deslocar da origem) – Mostra o valor da distância que a linha de chamada deverá começar em relação ao objeto dimensionado. O resultado será o produto deste valor por um fator indicado no campo *Use overall scale (Usar escala global*) da guia *Fit (Ajustar)* – mais à frente explicarei com detalhes seu funcionamento. Para você fazer uma boa cota, este será um dos campos que precisará alterar. Portanto, destaque este campo para facilitar mais tarde.

Dimension lines (Linhas de cotas) – Permite definir a cor, o tipo, bem como a espessura da linha de cota.

6.8.2. Guia *Symbols and Arrows* (Símbolos e setas)

Localizado ao lado da opção *Lines (Linhas)*, canto superior esquerdo da caixa de diálogo *Modify Dimension Style (Modificar estilo de cota)*, conforme ilustrado na figura 6.7, permite principalmente definir o tipo de extremidade das cotas.

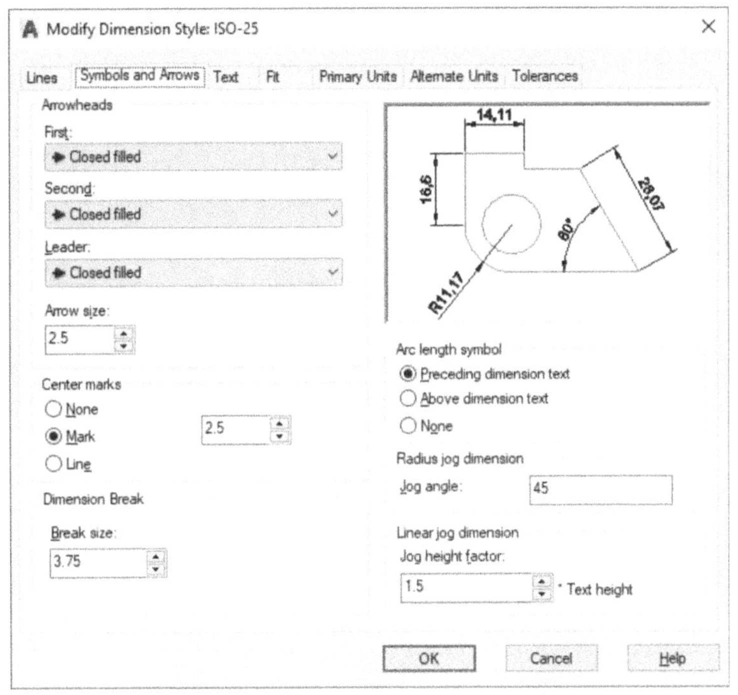

Figura 6.7 - Caixa de diálogo *Modify Dimension Style (Modificar estilo de cota)* - Guia *Symbols and Arrows (Símbolos e setas)*.

Arrowheads (Pontas de seta) - Permite alterar o modelo de símbolos das extremidades das cotas. Clique com o botão esquerdo do mouse na seta ao lado de *First (Primeiro)* e selecione com o mesmo botão o modelo desejado. Observe que após selecionar para o *First (Primeiro)*, o *Second (Segundo)* também modificou. Caso deseje que um lado seja diferente do outro, selecione o *Second (Segundo)* do mesmo modo que fez para o *First (Primeiro)*.

6.8.3. Guia *Text* (Texto)

Está localizado ao lado da opção *Symbols and Arrows (Símbolos e setas)*. Quando selecionada, a caixa de diálogo *Modify Dimension Style (Modificar estilo de cota)* muda as propriedades. O resultado pode ser visto na figura 6.8.

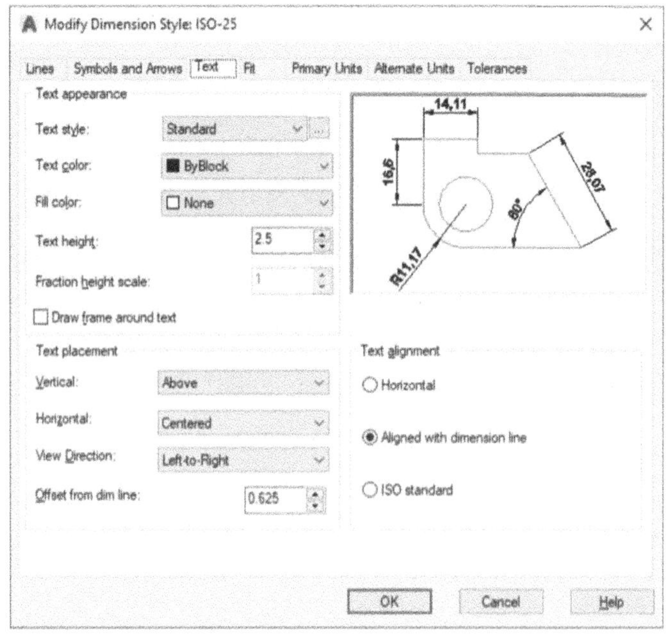

Figura 6.8 – Caixa de diálogo *Modify Dimension Style (Modificar estilo de cota)* – Guia *Text (Texto)*.

Text style (Estilo de texto) – Permite selecionar o estilo do texto que será usado para fazer as cotas. Ao clicar na seta ao lado de *Text style (Estilo de texto)* ▾, você poderá selecionar outro estilo de texto. Para poder aparecer outras opções é necessário que você crie outro estilo de texto.

Isso pode ser feito da seguinte maneira: clique com o botão esquerdo em [...] (fica ao lado da seta do *Text style (Estilo de texto)*). Na sequência, abrirá a caixa de diálogo *Text style (Estilo de texto)*, a qual nós veremos na figura 7.29. Caso tenha alguma dúvida sobre o estilo de texto, reveja a explicação sobre o assunto.

Na caixa de diálogo *Modify Dimension Style (Modificar estilo de cota)*, figura 6.8, no quadro inferior esquerdo, tem-se as opções do *Text placement (Posicionamento do texto), Horizontal* e *Vertical*. Ao clicar com o botão esquerdo na seta ao lado de *Vertical*, bem como em *Horizontal*, aparecem algumas opções. Clique com o botão esquerdo sobre elas e veja o resultado na pré-visualização apresentada no quadro superior direito da mesma caixa de diálogo.

Na região do *Text alignment (Alinhamento do texto)*, quadro inferior direito, pode-se definir para o texto ficar sempre na posição horizontal. Para isso, clique com o botão esquerdo em horizontal. Outra opção é manter o texto alinhado com a linha da cota, podendo-se fazer isso selecionando com o botão esquerdo na opção *Aligned with dimension line (Alinhado com a linha de cota).* Em ambos os casos as alterações são possíveis de ser verificadas na pré-visualização mostrada no quadro superior direito.

Text height (Altura do texto) – Permite definir a altura do texto. O resultado será o produto deste valor por um fator que será apresentado na aba *Fit (Ajustar).*

6.8.4. Guia *Fit* (Ajustar)

Está localizada ao lado da guia *Text (Texto).* Quando selecionada, a caixa de diálogo *Modify Dimension Style (Modificar estilo de cota)* muda as propriedades e o resultado podemos ver na figura 6.9.

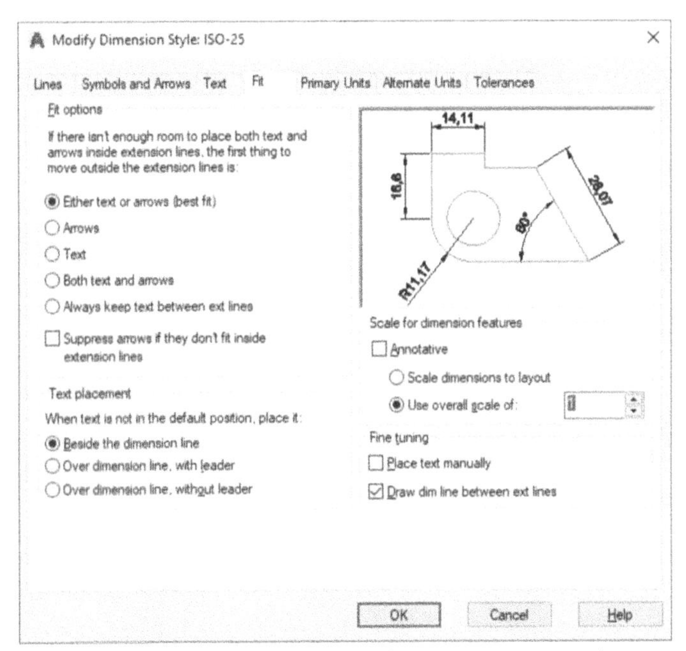

Figura 6.9 – Caixa de diálogo *Modify Dimension Style (Modificar estilo de cota)* – Guia *Fit (Ajustar).*

Conforme já citado anteriormente, é nesta guia que será visto um fator que permitirá fazer as alterações das demais propriedades. Por isso, explicaremos somente este campo dessa caixa de diálogo.

Use overall scale of (Usar escala global de) – Indica o valor da escala da dimensão que será visualizada. Essa escala não altera o valor da dimensão, mas o tamanho do texto e das setas. Esse valor vai variar conforme o tamanho do desenho. Quanto maior for o desenho, maior será o valor da *overall scale (escala global)*. Para definir o valor é muito simples, basta você clicar com o botão esquerdo nas setas ao lado do *overall scale (escala global)* e especificar. Outra forma bem mais rápida é clicar com o botão esquerdo na caixa e alterar o valor para o desejado. Para confirmar é só pressionar *Enter*.

O que precisa ficar bem claro para você é que este fator alterará todos os valores que você definiu nas propriedades anteriores, ou melhor, o resultado final será o produto desse fator pelos valores que você especificou em cada propriedade. Por exemplo, vamos supor que você alterou o valor de *Offset from origin (Deslocar da origem)* na guia *Lines (Linhas)* para *4* e alterou o valor do campo *Use overall scale of (Usar escala global de)* para *5*; dessa forma, o afastamento total da linha de chamada da cota em relação ao desenho será 20. Caso você não tenha alterado o valor da opção *Text height (Altura do texto)* na guia *Text (Texto)*, ou seja, deixou *2.5*, o resultado da altura do texto na cota será 10, já que 2.5 vezes 4 é igual a 10.

6.8.5. Guia *Primary Units* (Unidades primárias)

Está localizada ao lado da opção *Fit (Ajustar)*. Quando selecionada, a caixa de diálogo *Modify Dimension Style (Modificar estilo de cota)* muda as propriedades. O resultado pode ser visto na figura 6.10.

Esta guia controla a apresentação das unidades de medida primárias e quaisquer prefixos e sufixos para o texto de dimensionamento.

Linear dimensions (Cotas lineares)

Unit format (Formato de unidade) – Apresenta e define o formato atual de unidades para todos os membros da família de dimensionamento, exceto angular. As opções de formato incluem *Scientific (Científica), Decimal, Engineering (Engenharia), Architectural (Arquitetura)* e *Fractional (Fracionária)*.

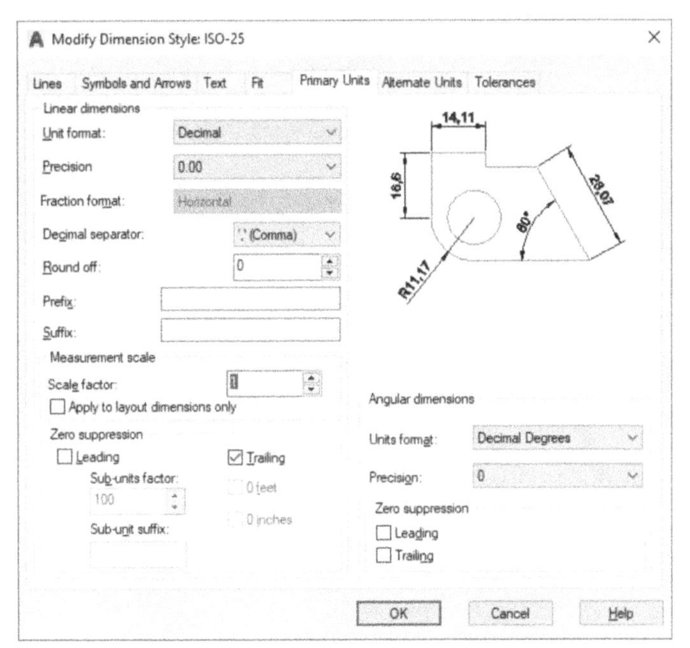

Figura 6.10 – Caixa de diálogo *Modify Dimension Style (Modificar estilo de cota)* – Guia *Primary Units (Unidades primárias)*.

Precision (Precisão) – Indica a precisão na qual as cotas lineares serão cotadas. Selecione o número de zeros conforme a quantidade de casas decimais que você desejar.

Decimal separator (Separador decimal) – Neste campo você pode alterar o formato com que o AutoCAD representa a separação decimal. Se desejar usar o sistema americano, no qual a separação é feita com ponto, basta você selecionar a opção *Period (Ponto)*. No entanto, se você desejar adotar o sistema brasileiro, basta você selecionar *Comma (Vírgula)*. Além dessas duas opções, você pode selecionar *Space (Espaço)*.

Measurement scale (Escala de medida)

Scale fator (Fator de escala) – Indica o valor da escala no qual será cotada a dimensão. Se deixar *1*, será dimensionado o mesmo valor em que foi feito o desenho. Caso coloque *2*, por exemplo, o valor que vai aparecer será duas vezes maior do que o correto. Isso quer dizer que podemos fazer um desenho de tamanho 10, por exemplo, e dimensionar 25. Para isso basta mudar o valor do *Scale fator (Fator de escala)* para *2.5*.

Angular Dimension (Cotas angulares)

Units format (Formato de unidades) – Apresenta e define o formato atual de unidades para todos os membros da família de dimensionamento angular. As opções de formato de *Units (Unidades)* incluem: *Decimal Degrees (Graus decimais), Degrees Minutes Seconds (Graus minutos segundos), Gradians (Gradianos)* e *Radians (Radianos).*

Precision (Precisão) – Indica a precisão na qual as cotas angulares serão cotadas.

Os outros dois itens da caixa de diálogo, *Modify Dimension Style (Modificar estilo de cota), Alternate Units (Unidades alternativas)* e *Tolerances (Tolerâncias)*, não serão descritos devido ao pouco uso dessas funções.

Realizadas todas as configurações para as cotas, deve-se clicar em *OK* para voltar à caixa de diálogo *Dimension Style Manager (Gerenciador de estilo de cota)* e em seguida clicar com o botão esquerdo em *Close (Fechar).*

Agora já está tudo pronto para podermos começar a cotar.

7. Guias e painéis

Nesta lição você verá uma breve explicação das guias e dos principais painéis do AutoCAD com o objetivo de informar o que estes podem fazer, permitindo, assim, que você fique mais apto a utilizá-los quando sentir necessidade.

Como você ainda está dando os primeiros passos, deve ler essas explicações com atenção, mas não precisa se preocupar caso não consiga utilizar os comandos, pois explicarei os mais importantes para você com detalhes nos capítulos seguintes.

Sempre que aparecer um triângulo como esse ao lado de um nome ou ícone, você pode clicar que aparecerão mais opções de comandos.

Para facilitar a ilustração, algumas guias foram divididas em duas partes para serem representadas aqui, pois elas são compridas e por isso a sua representação em uma única linha ficaria muito pequena.

Vamos então conhecer um pouco mais o AutoCAD.

7.1. Botão Aplicativo e barra de acesso rápido

A figura 7.1 apresenta as localizações do botão Aplicativo , bem como da barra de acesso rápido.

Figura 7.1 – Botão Aplicativo e barra de acesso rápido.

Primeiramente veremos as explicações dos comandos na barra de acesso rápido. Essa barra fica localizada acima da guia *Home (Padrão)*; vejamos uma breve explicação dos atalhos:

New (Novo) – Abre um novo desenho.

Open (Abrir) – Abre um desenho já existente.

Save (Salvar) – Salva o desenho que está aberto. Se o arquivo ainda não foi salvo nenhuma vez, ele funcionará como o *Save As (Salvar como).*

Save As (Salvar como) – Salva um desenho com a possibilidade de alterar o nome atual e seu local de gravação. Antes de salvar, este comando abre a caixa de diálogo padrão do Windows para salvar arquivos.

Undo (Desfazer) – Desfaz os comandos. Muito utilizado quando se fez alguma coisa errada e deseja-se voltar rapidamente. Você pode usar também pressionar simultaneamente as teclas *Ctrl + Z*.

Redo (Refazer) – Desfaz o último comando do *Undo (Desfazer)*.

Plot (Plotar) – Abre a caixa de diálogo para configuração da impressão ou plotagem do desenho. Neste caso o AutoCAD não manda imprimir diretamente o desenho, mas abre a caixa de diálogo *Plot (Plotar)*, conforme veremos no Capítulo 9 – Imprimir (*Plot*).

Na sequência veremos as principais funções que aparecem ao clicar no notão Aplicativo , o qual está localizado no canto superior esquerdo da tela do AutoCAD. Oberve a figura 7.2.

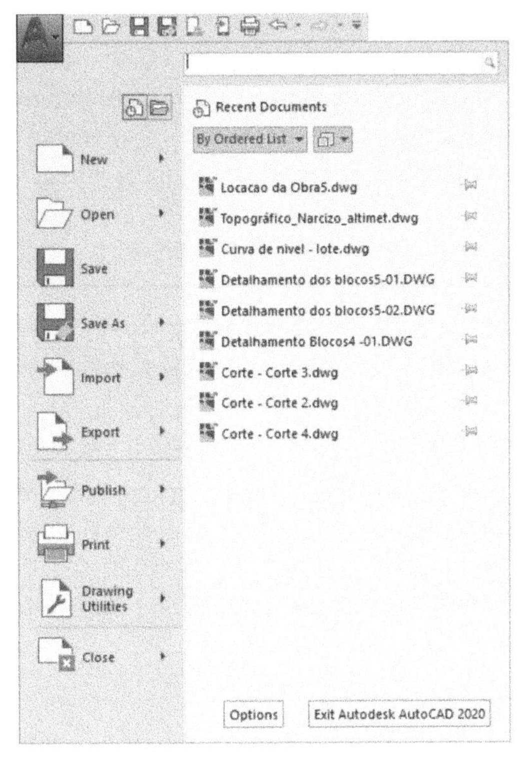

Figura 7.2 – Botão Aplicativo.

Export (Exportar) – Permite exportar desenhos.

Publish (Publicar) – Envia arquivos para impressora 3D, para e-mails e outros.

Print (Imprimir) – Permite imprimir.

Se você clicar na seta ao lado de *Print (Imprimir)*, aparecerão mais opções. Vejamos as principais delas:

- ***Page Setup (Configuração da página)*** – Permite modificar o tipo de folha na qual será impressa.
- ***Manage Plotters (Gerenciar plotadoras)*** – Abre uma caixa de diálogo que permite modificar e adicionar um *driver* de impressão. Normalmente o AutoCAD utiliza a impressora padrão corrente no Windows. Este assunto nós veremos na aula do Capítulo 9.
- ***Manage Plot Styles (Gerenciar estilos de plotagem)*** – Apresenta o gerenciador de estilo de plotagem. Nele é possível alterar as propriedades do

estilo de impressão por cores. Veremos detalhadamente como fazer essas configurações na aula do Capítulo 9.

- ***Plot Preview (Visualizar plotagem)*** – Permite a visualização da impressão.
- ***Drawing Utilites (Utilitários de desenho)*** – Permite analisar os arquivos: verificar erros, limpar blocos, *layers* não usados, verificar ou definir a unidade do desenho, etc.
- ***Close (Publish)*** – Fecha o arquivo atual.

Na coluna da direita temos os últimos arquivos abertos *(Recent documents)* que são identificados com o logo na frente do respectivo nome do arquivo.

Oberve na área superior direita da figura 7.2 que aparece um campo para você digitar . Aqui você pode escrever o nome do comando que você procura que o AutoCAD apresentará um lista de comandos associados ao termo digitado.

Options (Opções) Options – Abre a caixa de diálogo *Options (Opções)*, a qual você pode ver na figura 7.3.

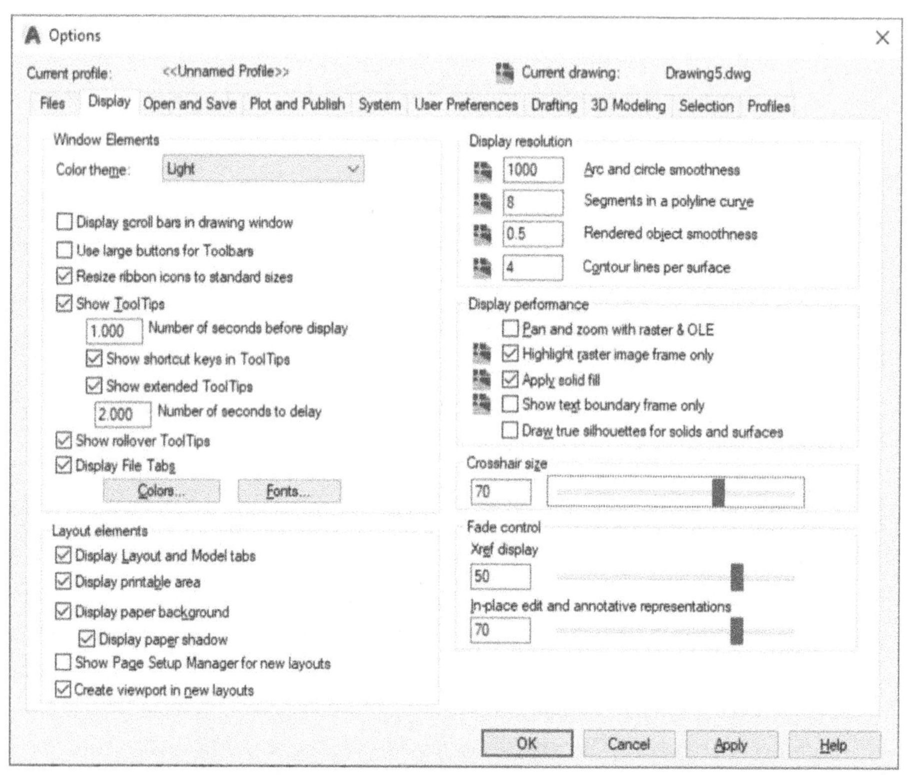

Figura 7.3 – Caixa de diálogo *Options (Opções)* – Guia *Display (Exibir)*.

Vejamos as principais funções desta caixa de diálogo:

- ***Color theme (cor da tela):*** aqui você pode alterar o tom da tela do AutoCAD. O padrão é *Dark*, porém estou usando *Light* para que as imagens coletadas para mostrar a você não fiquem tão escuras. Assim facilita a visualização no livro.
- ***Colors... (Cores...):*** permite alterar a cor da tela do AutoCAD. Assim que selecionar esta opção, aparecerá uma nova janela na qual você poderá especificar a cor do fundo da área de trabalho, bem como das demais áreas. Para alterar a cor do fundo da área de trabalho atual, basta clicar no campo *Color (Cor)* que aparecerá na nova caixa de diálogo após clicar em *Colors... (Cores...)*. Veja a figura 7.4.

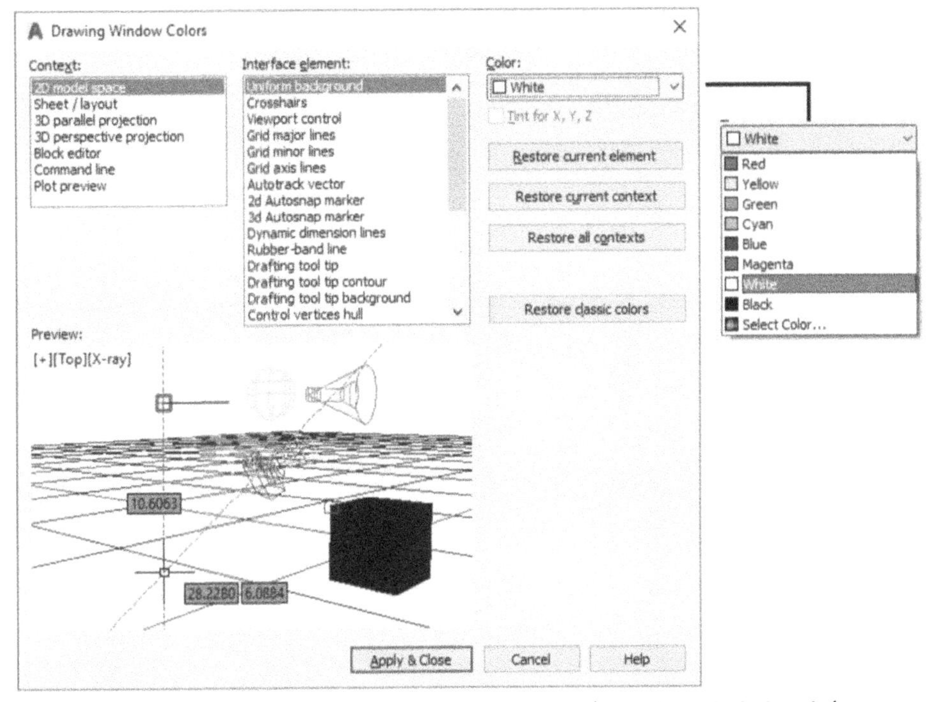

Figura 7.4 – Caixa de diálogo *Drawing Windows Colors (Cores da janela de desenho).*

No campo *Context (Contexto)*, canto superior esquerdo da caixa de diálogo da figura 7.4, você pode selecionar os locais que você gostaria de alterar a cor de fundo da tela. Normalmente eu não altero ali, mantenho em *2D model space* mesmo. Mantendo esta opção selecionada, basta você clicar em *Color (cor)*, canto superior direito, e selecionar a cor desejada. Costumo trabalhar no branco ou preto. O branco uso principalmente para fazer imagens para trabalhar com apresentações e livros e o preto eu uso para trabalhar com os projetos. Uma vez que você definiu a cor desejada, basta clicar em

Apply & Close (Aplicar e fechar) para fechar a janela atual. Caso o seu objetivo seja só alterar a cor da tela, basta clicar em *OK* na figura 7.3.

Voltando à caixa de diálogo da figura 7.3, temos ainda:

Fonts... (Fontes...) – Abre uma caixa de diálogo na qual pode-se alterar a fonte da barra de status.

Crosshair size (Tamanho do cursor de mira) – Altera o tamanho das linhas de referência do cursor. O valor indicado ali é um percentual da tela. Eu costumo usar 70%. Desta forma, facilita a comparação do alinhamento de desenhos.

7.2. Guia *Home* (Padrão)

A figura 7.5 apresenta a guia *Home (Padrão)*. Ela foi cortada em duas partes por conta da sua extensão horizontal. Essa guia é a que mais usamos no AutoCAD. Desse modo, dedicaremos um tempo maior a ela. Isso porque você perceberá que nela há vários comandos que existem nas demais guias.

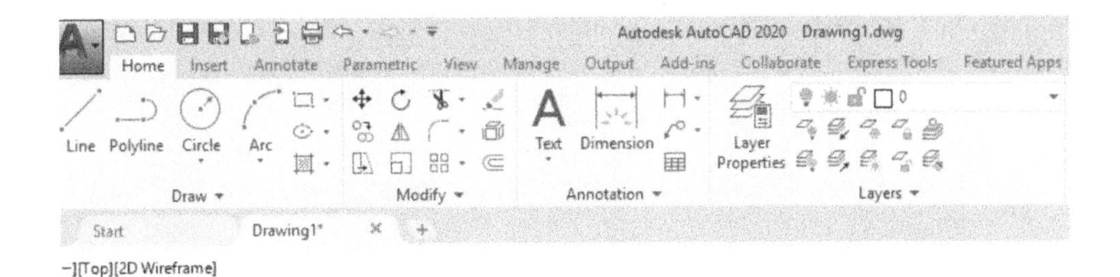

Figura 7.5 – Guia *Home (Padrão)*.

A seguir apresentarei uma explicação breve dos principais painéis da guia *Home (Padrão)*.

7.2.1. Painel *Draw* (Desenhar)

A figura 7.6 apresenta o painel *Draw (Desenhar)*.

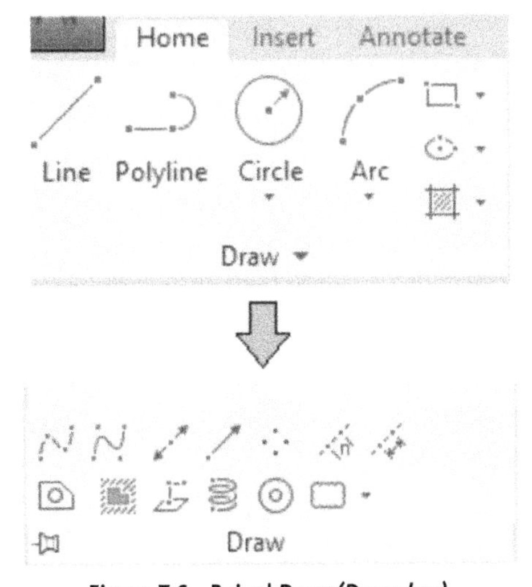

Figura 7.6 – Painel *Draw (Desenhar)*.

Para não ficar muito maçante a nossa aula, serão apresentados resumidamente os principais comandos. Muitos deles nós já vimos ou conversaremos melhor sobre eles mais à frente. Vamos lá:

- ***Line (Linha)*** – Cria uma linha. Se desejar relembrar, veja o Capítulo 2 – Comandos I.
- ***Arc (Arco)*** – Cria um arco. Há várias opções para você. A mais usada é a três pontos. Isto é, para você criar o arco, basta clicar em três pontos que o arco será criado. Caso você desejar criar um arco e definir o centro primeiro, basta, ao chamar o comando *Arc (Arco)* através do atalho , digitar *C (Center)* e pressionar *Enter*. Assim, o AutoCAD pergunta o centro primeiro e depois o início e o fim do arco.
- ***Polyline (Polilinha)*** – Cria uma polilinha. Cria múltiplas linhas integradas. Este assunto nós conversaremos detalhadamente na aula do Capítulo 12.
- ***Rectangle (Retângulo)*** – Cria um retângulo. Clique com o botão esquerdo para definir o primeiro ponto. Em seguida, com o mesmo botão, clique o segundo ponto. Este comando nós vimos na aula do Capítulo 5.
- ***Spline (Spline)*** – Adapta uma curva contínua a uma sequência de pontos dentro de uma determinada tolerância. Este assunto nós veremos detalhadamente na aula do Capítulo 12, item 12.7.
- ***Polygon (Polígono)*** – Constrói um polígono. A primeira impressão é de que este comando não está no painel *Draw (Desenhar)*, entretanto você pode acessá-lo clicando com o botão esquerdo do mouse no triângulo que aparece ao lado do comando *Rectangle (Retângulo)*. O procedimento para construir polígonos é bem simples: assim que chamar o comando, digite o número de lados que deseja e pressione *Enter*. Especifique o centro com o botão esquerdo. Digite *I* para inscrito e *C* para circunscrito e pressione *Enter*. Digite o valor do raio e pressione *Enter* para finalizar ou simplesmente clique num ponto qualquer para especificar o raio.
- ***Construction line (Linha de construção)*** – Cria uma linha de comprimento infinito. Você pode usá-la para criar linhas de construção e de referência.

Além desses comandos, o *hatch* (hachura) também está presente no painel *Draw (Desenhar)*. Para ele será necessário dedicarmos um pouco mais de tempo. Logo, abriremos um tópico só para ele.

7.2.2. *Hatch* (Hachura)

Atalho:

Comando: *Hatch (h).*

Preenche o limite especificado com uma hachura.

Na figura 7.7 você pode ver como fica a guia quando o comando hachura é selecionado. Observe que essa guia só aparece quando você chama o comando *Hatch (Hachura).* Na sequência explicarei os principais comandos para você poder fazer as hachuras.

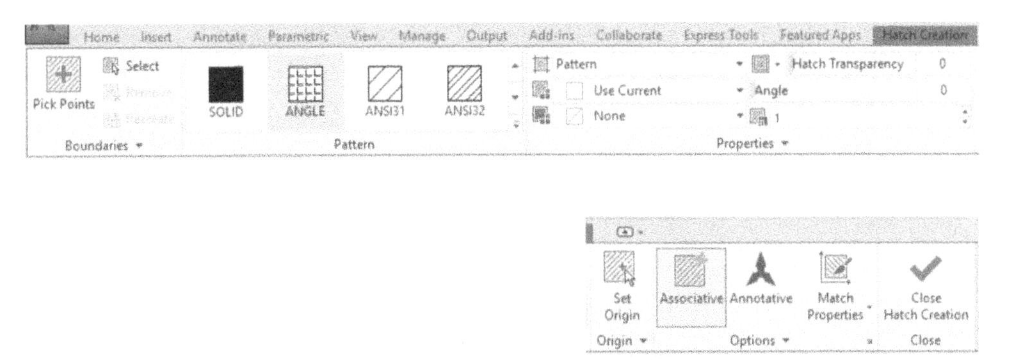

Figura 7.7 – Guia *Hatch Creation (Criação de hachura).*

Assim que o comando *Hatch (Hachura)* for acionado, automaticamente o AutoCAD pede para você selecionar um ponto interno. Passe o cursor sobre uma área fechada, como em um retângulo ou círculo, e veja que já é feita uma pré-visualização da hachura. Clique dentro de um ambiente fechado com o botão esquerdo do mouse para confirmar a indicação da área a ser hachurada. Vejamos os principais comandos:

Painel *Boundaries (Limites)* – Você pode manter a opção padrão *Pick Points (Selecionar pontos)* ativa (dessa forma a hachura é feita dentro de um espaço fechado, basta clicar com o botão esquerdo dentro dele. Nesta opção a área deverá estar totalmente fechada) ou ativar a opção *Select (Selecionar)* . Através dela você pode selecionar os objetos que serão hachurados.

Painel *Pattern (Padrão)* – Determina o padrão de hachura a ser utilizado. Clique com o botão esquerdo sobre o modelo desejado. Para aparecer mais modelos de hachuras, clique na seta que aparece no painel *Pattern (Padrão)* e escolha o tipo de hachura, também com o botão esquerdo. A figura 7.8 ilustra os modelos disponíveis.

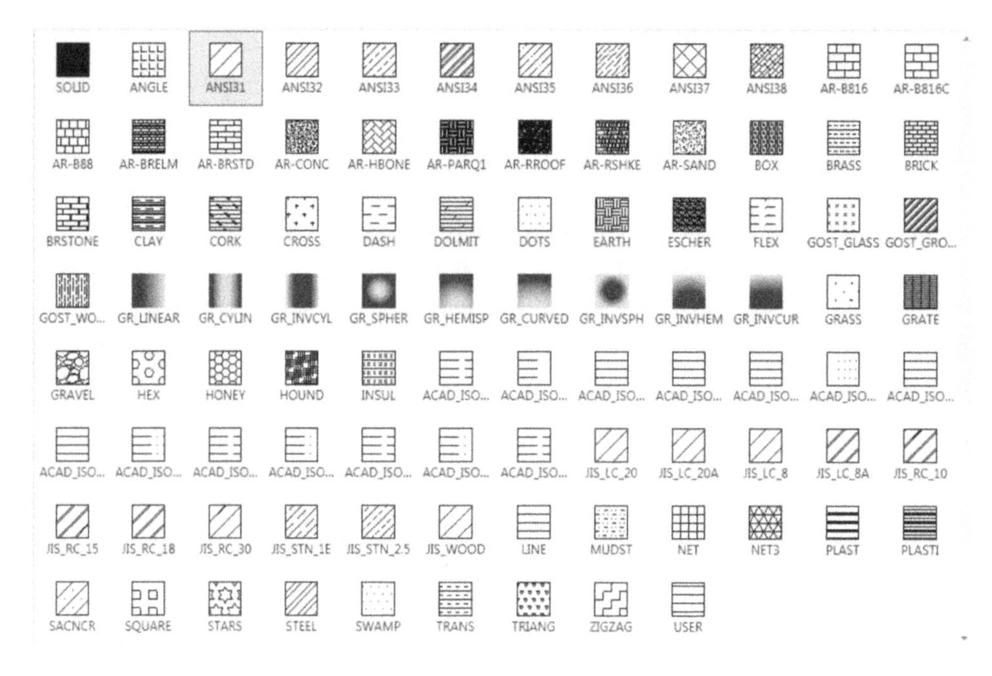

Figura 7.8 – Modelos de hachura.

Painel *Properties (Propriedades)* – Especifica as propriedades da hachura.

- ***Scale (Escala)*** – Permite o ajuste da escala do padrão de hachura. Dessa forma você pode aumentar ou diminuir o tamanho dos espaços entre as linhas. Quando você começar a fazer as hachuras verá que em alguns casos não dá para perceber qual tipo de hachura foi escolhida, pois as linhas ficaram tão próximas que tudo ficou pintado. Para resolver este caso e outros, você deverá alterar o valor do fator escala. O valor você deverá fazer por tentativa e erro. Aumente o valor inicialmente e observe como fica o resultado. Depois aumente ou diminua até chegar na forma que você desejar.
- ***Angle (Ângulo)*** – Controla o ângulo de aplicação da hachura em relação ao eixo *X* da UCS[*] atual. Será através deste campo que você poderá definir se os pisos de uma determinada área serão paralelos à parede ou, por exemplo, 45°.
- ***Transparency (Transparência)*** – Controla a transparência da hachura.
- ***Type (Tipo)*** – Este campo restringe as opções disponíveis no painel *Pattern (Padrão)*, facilitando assim a escolha da hachura. As opções disponíveis

* O UCS é o Sistema de Coordenadas do Usuário. Ele controla o plano XY e o eixo Z do sistema de coordenadas cartesianas.

são: *solid (sólido), gradient (gradiente), pattern (padrão)* ou uma definida por você *(user defined)*. O tipo sólido pinta a área definida com uma única cor. O modelo padrão permite escolher entre as diversas opções existentes no AutoCAD – veja a figura 7.8. A opção gradiente será explicada mais à frente.

Painel *Origin (Origem)* – Permite especificar a origem da hachura. Isso é muito usado quando se deseja fazer paginação de pisos. Após você clicar no comando , o AutoCAD pede para você indicar um ponto onde será o início da hachura. Dessa forma, você pode facilmente especificar o início do piso.

Painel *Options (Opções)* – Permite definir algumas opções das hachuras.

- ***Associative (associativo)*** – Clicando nesta opção você especifica que a hachura terá seus limites associados com os limites do objeto hachurado. Dessa forma, ao mover um limite do objeto hachurado, a hachura será refeita automaticamente. Recomendo que você mantenha esta opção ativa.
- ***Annotative (Anotativa)*** – Especifica que a escala do padrão de hachura se ajusta automaticamente à escala da *viewport*.
- ***Match Properties (Corresponder propriedades)*** – Permite especificar uma propriedade igual a outra hachura já criada. Ao clicar no comando o AutoCAD pede para você selecionar uma hachura existente, na sequência é só você clicar na área a ser hachurada. É muito útil quando revisamos um desenho e não sabemos as características da hachura feita porque basta você clicar em *Match Properties* e depois clicar na hachura que você gostaria de usar como referência. Pronto, o AutoCAD já pega as propriedades da hachura em que você clicou e transfere para a hachura que você está fazendo.

Além dessas opções, se você clicar na seta que aparece no canto direito inferior do painel *Options (Opções)* , aparecerá a caixa de diálogo *Hatch and Gradient (Hachura e Gradiente)* – veja a figura 7.9.

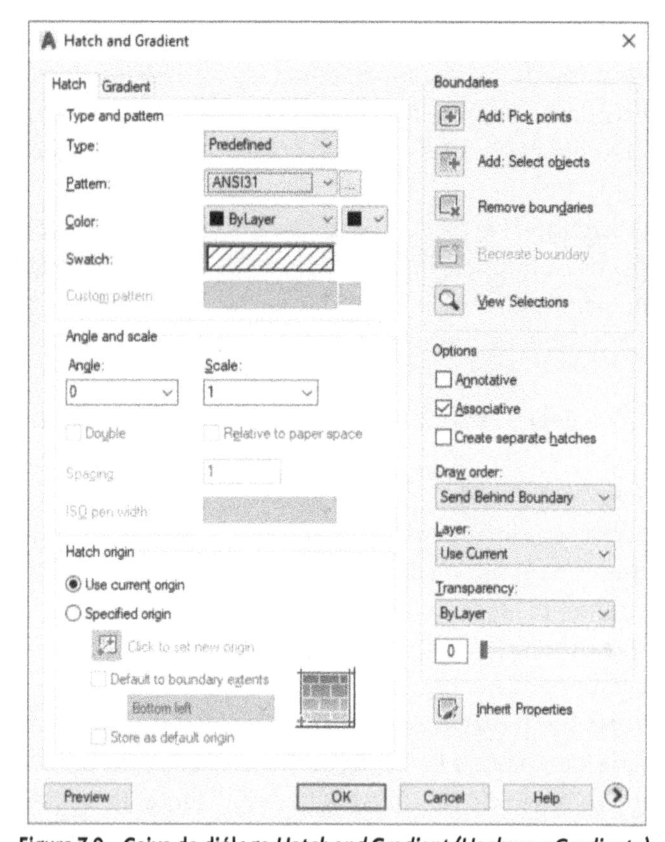

Figura 7.9 – Caixa de diálogo *Hatch and Gradient (Hachura e Gradiente)*.

Esta caixa de diálogo apresenta praticamente as mesmas opções já citadas, porém organizadas de forma diferente.

No canto inferior direito da caixa de diálogo apresentada na figura 7.9, há mais opções avançadas de configuração de hachuras . Para não passar muita informação a você nesse momento, não veremos essas opções.

7.2.2.1. Exemplo – Hachura

Essas definições são muito boas para tirar algumas dúvidas, mas você deve estar se perguntando: como fica tudo isso na prática? Apresentarei um meio prático para poder hachurar uma área.

Primeiramente, certifique-se de que a região a ser hachurada está totalmente fechada, isto é, será necessário fechar um polígono para poder selecionar uma área. Caso você deseje hachurar uma área que não esteja totalmente fechada, feche-a com uma linha e após hachurada você poderá apagá-la sem problemas.

Suponha que se deseje hachurar o desenho apresentado na figura 3.3.

Chame o comando *Hatch (Hachura)* localizado no painel *Draw (Desenho)* da guia *Home (Padrão)*. Na sequência, a guia *Home (Padrão)* é alterada para *Hatch (hachura)*, conforme ilustrado na figura 7.7.

O primeiro passo será definir o tipo de hachura que iremos usar. Para tanto, no painel *Pattern (Padrão)* há uma série de modelos de hachuras. Clique no modelo que você desejar. No nosso exemplo selecionarei a opção ANSI33.

O próximo passo é especificar o local que será hachurado. Nesse caso, simplesmente posicione o cursor sobre a área que você deseja hachurar. Assim que definir a área, caso ela esteja totalmente fechada, o AutoCAD apresentará uma pré-visualização da hachura. Clique no botão esquerdo para confirmar a área que será hachurada. Observe que logo em seguida o contorno da área indicada ficou em destaque com um tom de azul.

Caso o resultado seja como desejado, clique com o botão esquerdo em *Close Hatch Creation (Fechar criação de hachura)* ; se não, você pode mudar o valor da *Scale (Escala)* para que fique da forma correta. O valor da escala varia para cada tamanho do limite do desenho, então digite outro valor e em seguida pressione *Enter*. O AutoCAD automaticamente altera a pré-visualização da hachura. Se desejar, poderá fazer outras alterações, como o ângulo. Finalmente, concluídas as especificações, clique em *Close Hatch Creation (Fechar criação de hachura)* para concluir a hachura ou simplesmente pressione *Enter*. A figura 7.10 apresenta o resultado da hachura.

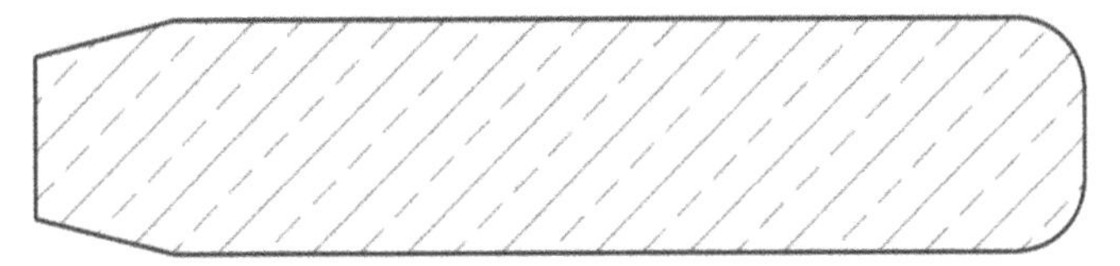

Figura 7.10 – Hachura da figura 3.3.

7.2.2.2. Exemplo – Desenhando os pisos com hachura

Neste exemplo mostrarei detalhadamente como hachurar uma área de um banheiro e de uma sala-cozinha de forma a representar o piso, sendo que serão mantidos os textos de identificação.

Na figura 7.11 é apresentada a planta baixa de uma casa. Caso você desejar fazê-la e encontrar dificuldades, vá para o Capítulo 10 (Exemplos de planta de uma casa) que explicarei detalhadamente para você como fazer essa planta.

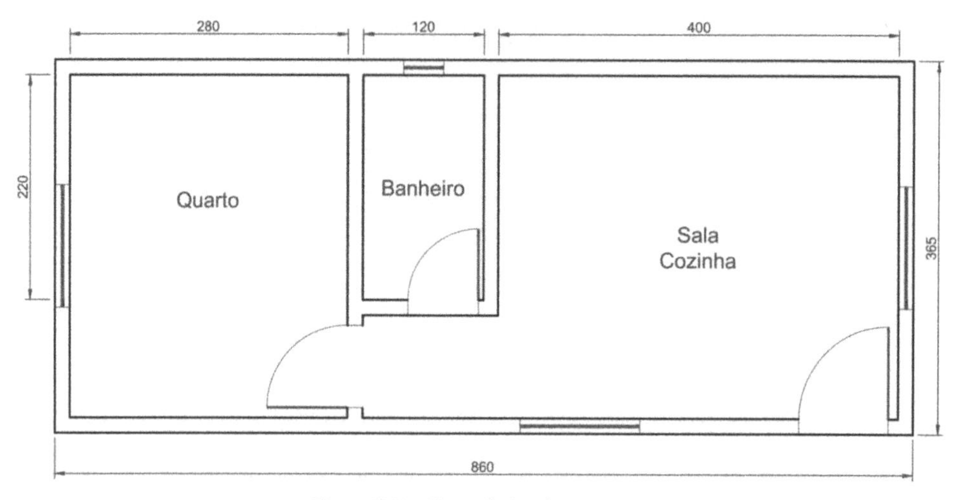

Figura 7.11 – Planta baixa de uma casa.

Nosso primeiro objetivo será hachurar o banheiro com pisos com ângulo de 45° em relação à parede. Para isso, chame o comando *Hatch (Hachura)* . Em seguida, a guia atual será alterada para a guia *Hatch (hachura)*, conforme ilustrado na figura 7.7.

Primeiramente vamos definir qual será o tipo de hachura usada. Clique em no canto inferior direito do painel *Pattem (Padrão)*. Dessa forma a caixa contendo os modelos de hachuras disponíveis se expandirá e você poderá facilmente escolher o tipo de hachura desejada. Nesse caso, para representar um piso, usaremos a opção ANSI37 – veja a figura 7.12.

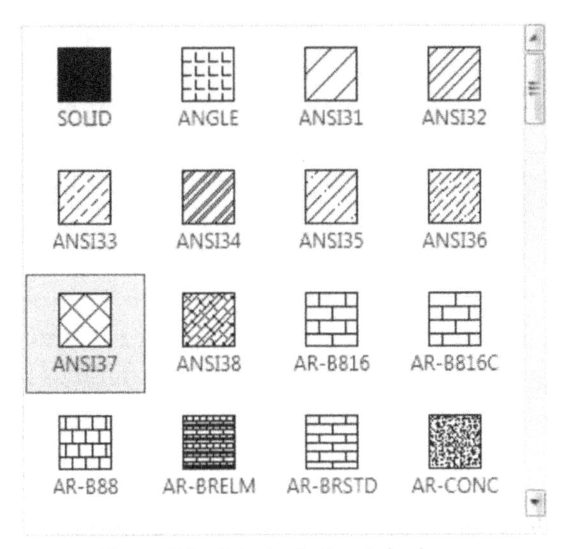

Figura 7.12 – Seleção do tipo de hachura.

O próximo passo é definir a área que será hachurada; para tanto, mova o cursor e posicione-o dentro do banheiro. Observe que logo em seguida o AutoCAD apresenta uma pré-visualização da hachura. Para definir a área é só clicar com o botão esquerdo dentro da área desejada (caso isso não ocorra, provavelmente é porque você não fez o banheiro corretamente e deixou em algum lugar um ponto em aberto. Para você resolver use o comando *Zoom Window (Janela)* e veja cada canto do banheiro para ver se as linhas estão devidamente unidas). A figura 7.13 mostra como poderá ficar a pré-visualização.

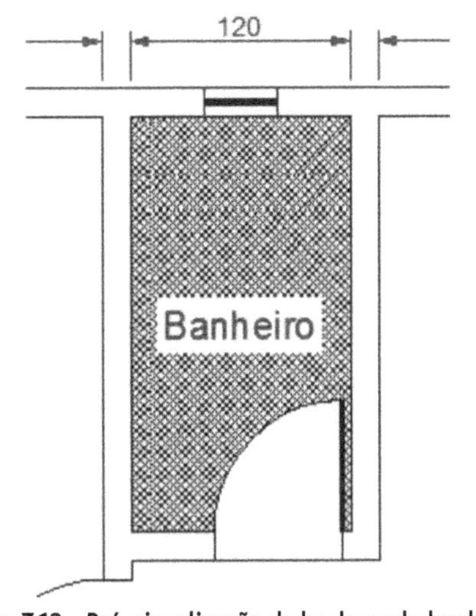

Figura 7.13 – Pré-visualização da hachura do banheiro.

A primeira observação que você deve estar percebendo é que a hachura está muito pequena. Isso ocorre em função da unidade com que você está trabalhando e da escala da hachura. Neste exemplo estamos trabalhando na unidade centímetro e a escala da hachura está em 1. Como você já clicou com o botão esquerdo definindo a área a ser hachurada, você pode mover o cursor para o painel *Properties (Propriedades)* e alterar a escala da hachura. Logo, clique em *Scale (Escala)* e altere o valor 1 para *5* e em seguida pressione *Enter*. Automaticamente a visualização da hachura é alterada.

Outra observação que devemos perceber é que, apesar de termos clicado dentro do banheiro, a hachura não vai cobrir todo o banheiro – faltará a parte limitada pela abertura da porta sem ser hachurada. Para resolver isso, você precisa clicar dentro desta área, ou seja, clicar dentro da área limitada pelo arco e a abertura da porta do banheiro e pressionar *Enter*. Assim, todo o contorno do banheiro aparecerá com a pré-visualização da hachura, conforme ilustrado na figura 7.14.

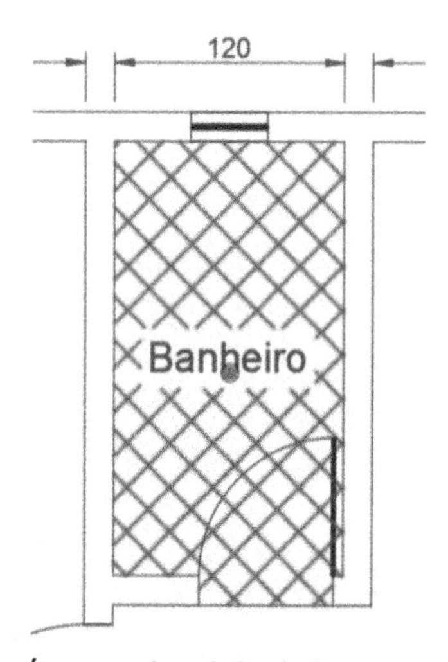

Figura 7.14 – Área completa do banheiro para ser hachurado.

O valor do *Angle (Ângulo)* você pode deixar *0*, assim a hachura ficará a 45°, já que esse tipo de hachura já é a 45°.

Realizadas essas configurações, você pode clicar em *Close Hatch Creation (Fechar criação de hachura)* para encerrar o comando.

Conforme você pode perceber, o banheiro foi todo hachurado, mas a área que limita o texto de identificação do ambiente ficou sem hachura, ou seja, o texto não foi hachurado. Esta é uma grande característica do AutoCAD: ele não hachura sobre os textos, a não ser que você necessite. Por isso, sempre que você desejar hachurar um ambiente, faça a identificação dele antes, assim não terá problemas com sobreposições.

Para a sala-cozinha o procedimento é semelhante, no entanto, se clicássemos na sala--cozinha, automaticamente o AutoCAD selecionaria parte do quarto. Isso porque (veja a figura 7.11) não há nenhuma linha que limita a sala-cozinha do quarto, somente o próprio arco da abertura da porta. Para resolver esse problema será necessário fazer uma linha fechando a porta (veja a figura 7.15).

Após fechar a porta com uma linha, chame o comando *Hatch (Hachura)* e clique nas áreas a serem hachuradas. Lembre-se de que neste caso a porta de acesso da sala--cozinha também precisa ser indicada, visto que o arco da porta limita essa área. Com a área definida, pressione *Enter* para você finalizar a definição das áreas.

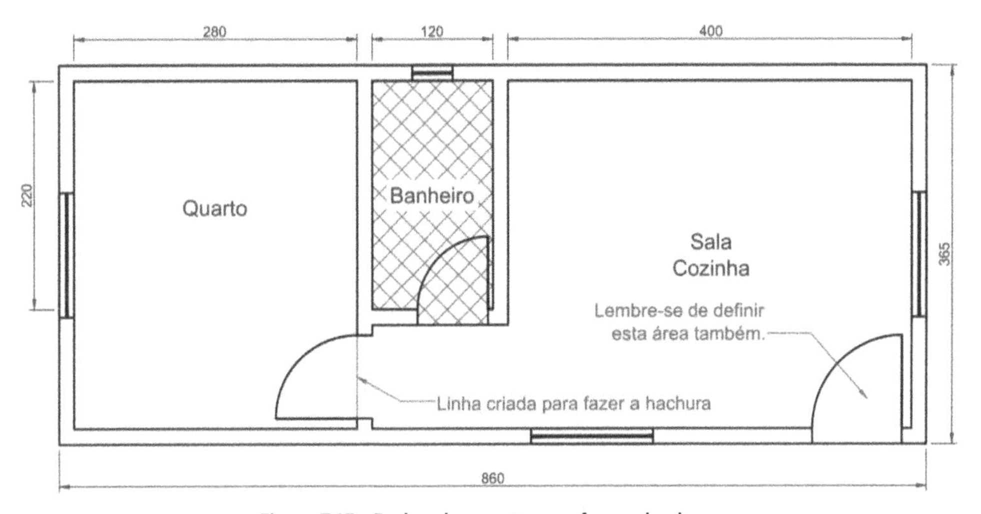

Figura 7.15 – Fechando a porta para fazer a hachura.

Observe que o comando *Hatch (Hachura)* manteve as propriedades que você usou para a última hachura. Por isso não precisamos especificar o tipo de hachura. Caso isso não tenha ocorrido, você deve especificar o tipo de hachura conforme comentei anteriormente.

Neste caso a única propriedade que você precisa alterar é a *Scale (Escala)*, pois os pisos da sala-cozinha que serão usados são maiores que os do banheiro. Para isso, altere o valor de *Scale (Escala)* para *10* e pressione *Enter*. Feito isso, clique em *Close (Fechar)* que o resultado deverá ser conforme o apresentado na figura 7.16.

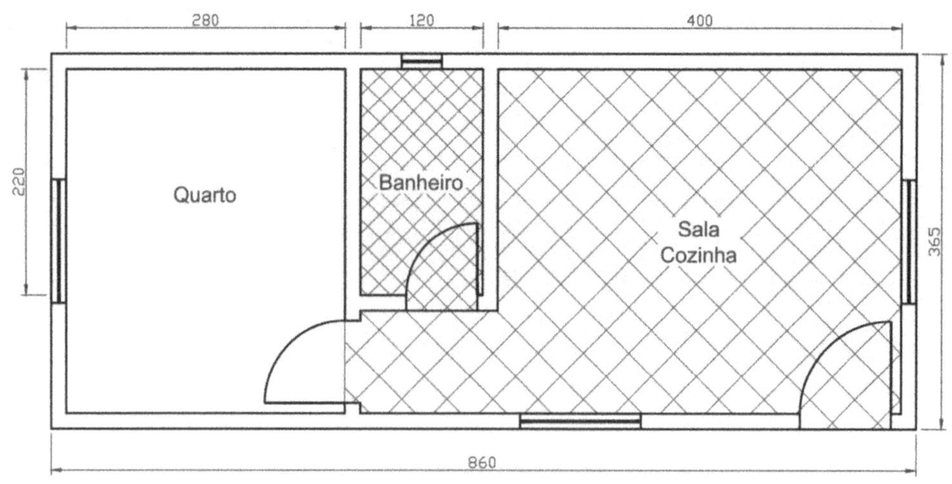

Figura 7.16 – Planta baixa com pisos (hachura).

Para finalizar, caso você queira apagar a linha que foi feita na porta do quarto, você pode apagar sem nenhum problema. Mesmo o limite estando aberto a hachura permanecerá no limite que você fez para a hachura. Apesar disso, você também pode deixar esta linha, já que assim definiria corretamente o limite entre o piso da sala-cozinha e do quarto.

Até o momento você fez uma hachura imitando o piso; no entanto, mesmo você definindo a escala da hachura, você não conseguiu definir exatamente o tamanho do piso do qual você deseja fazer o estudo de paginação, por exemplo.

O procedimento é bem simples, porém, para quem verá pela primeira vez, poderá ser um pouco complicado, principalmente porque requer o conhecimento básico da regra de três. Mas vamos lá ver como é. Primeiramente conclua a hachura com o valor da *Scale (Escala)* em *10*, clicando em *Close Hatch Creation (Fechar criação de hachura)* .

O passo seguinte será medir a dimensão atual do piso. Para isso, será mais fácil se explodirmos a hachura. Logo, chame o comando *Explode (Explodir)* , clique com o botão esquerdo sobre a hachura e pressione *Enter* para finalizar. Passe o cursor sobre a hachura e observe que o AutoCAD não a reconhece como sendo uma hachura, mas como linhas.

Para medir você pode usar o comando cotas ou usar o *Dist* . Para acessar basta você digitar *dist* e pressionar *Enter.* Automaticamente o AutoCAD pede para você especificar o primeiro ponto. Clique num canto do piso com o botão esquerdo e depois clique no outro ponto para definir a largura do piso. Em seguida o AutoCAD informa a distância (*Distance*) entre os dois pontos. Se você clicou nos pontos corretamente, o valor apresentado deve ser 31.75.

Uma vez que você já conhece o valor da largura atual do piso, você deve transformar a hachura em hachura novamente. Ou seja, clique em *Undo (Desfazer)* até você perceber que a hachura voltou com as propriedades de hachura e não é mais linha.

Considerando que você já conseguiu retornar até votar a ser hachura, clique na hachura e observe o valor do campo *Scale (Escala)*. Observe que ele deverá estar com 10. Bom, agora precisamos determinar qual o valor que deverá ser colocado ali para que o piso tenha a dimensão que você deseja. Por exemplo, suporemos que você deseja simular um piso 60x60 cm (consideranto que seja um piso com uma fuga de 2 mm, simularemos com 60,2x60,2 cm). Para chegar no valor da escala você terá que multiplicar o valor com que você deseja que o piso fique (60,2) por 10 e dividir o resultado por 31,75. Ou seja, calcule 60,2 x 10 / 31,75 = 18,9606. Logo, se você desejar fazer uma simulação dessa hachura com outros tamanhos de piso, basta você trocar o valor 60,2 pelo valor desejado.

Então vamos lá, altere o valor de 10 para *18.9606* – oberve que o AutoCAD entende o decimal com ponto e não com vírgula. Feche a hachura e, se desejar, exploda a hachura e confira a dimensão do piso com o comando *Dist*.

7.2.3. Hachura *gradient* (gradiente)

Além das hachuras convencionais, há também a hachura gradiente. Através dela é possível preencher determinadas áreas com cores que gradualmente vão desaparecendo. Na figura 7.17 você pode ver exemplos deste comando.

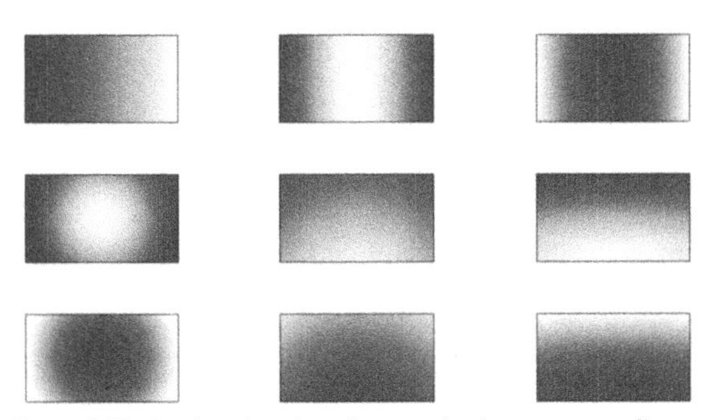

Figura 7.17 – Retângulos pintados com hachuras em gradiente.

Observe que na figura 7.8 as hachuras gradientes estão disponíveis na lista dos modelos de hachuras.

Com essa ferramenta você poderá fazer, além de desenhos técnicos, desenhos artísticos.

Vejamos, então, como funciona o comando. Chame o comando *Hatch (Hachura)*, e aparecerá a guia *Hatch Creation (Criação de hachura)*, conforme indicado na figura 7.7. No painel *Pattern (Padrão)*, selecione o modelo de hachura gradiente que você desejar. Observe que a diferença entre as hachuras está na transição de uma cor para outra. Você pode optar por fazer uma transição linear da esquerda para direita *(GR_LINEAR)*, uma transição radial do centro para a periferia *(GR_INVSPH)* ou outras opções que você desejar. Assim que escolher um dos modelos de hachuras gradiente no painel *Properties (Propriedades)*, serão apresentadas as informações referentes às hachuras gradientes, conforme ilustrado na figura 7.18.

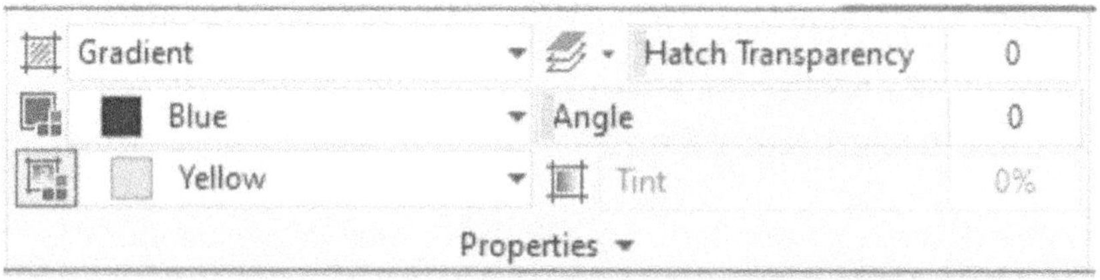

Figura 7.18 – Painel *Properties (Propriedades)* para hachura gradiente.

Para você alterar as cores da hachura gradiente é muito simples, basta clicar no campo correspondente à cor que você deseja alterar. No campo você altera a cor que o AutoCAD define como sendo a número 1. Clique com o botão esquerdo sobre a cor atual que aparecerá uma lista com uma série de opções. Assim que especificar a cor 1, clique no campo para indicar a segunda cor do gradiente. Observe que na última opção de cores da lista há o campo *More Colors... (Mais cores...)*. Clique neste campo para visualizar a janela de cores conforme indicado na figura 7.19.

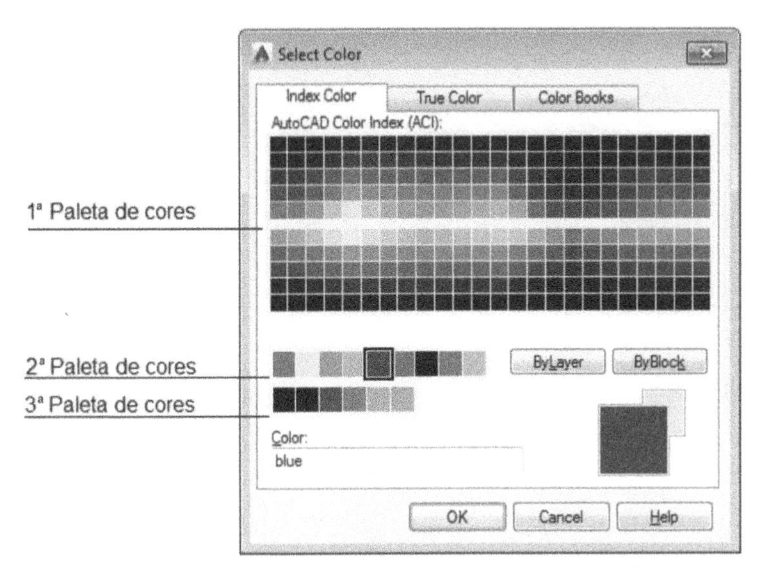

Figura 7.19 – Caixa de diálogo *Select Color (Selecionar cor)*.

Para especificar a cor desejada, basta você clicar na cor correspondente. No campo *Color (Cor)* será indicado o nome da cor correspondente. A primeira paleta de cor apresenta as cores identificadas por número de 10 a 250. A segunda paleta de cor apresenta as cores de número 1 a 9. As sete primeiras cores representam as principais cores e são definidas pelos números como as demais cores, porém recebem um respectivo nome. A cor 7, neste caso, é alterada conforme a cor de fundo do ambiente de trabalho. Se você alterar o fundo da tela do ambiente de trabalho para branco, esta cor passará para preto. A terceira paleta de cores representa as cores de número 250 a 255, que são de tonalidades cinza.

Além dessas 255 cores, você pode optar por mais duas listas de cores. Para tanto, basta você selecionar uma das abas, *True Color* ou *Color Books (Livros de cores)*, existentes na janela *Select Color (Selecionar cor)*. A figura 7.20 apresenta essas duas listas de cores.

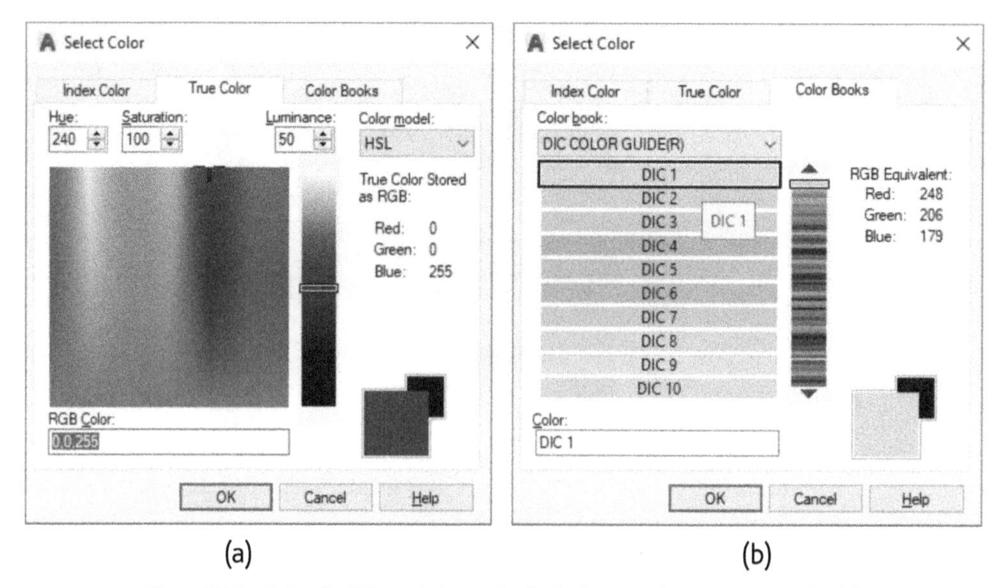

Figura 7.20 – Caixa de diálogo *Select color (Selecionar cor)* – Guias *True Color* (a) e *Color Books (Livros de cores)* (b).

Assim que você definir as cores das hachuras gradiente, basta seguir os mesmos procedimentos apresentados para a hachura, isto é, clique no ponto desejado para definir a área a ser hachurada. Definida a área que será pintada, clique em para encerrar o comando ou simplesmente pressione *Enter*.

7.2.4. Painel *Modify* (Modificar)

A figura 7.21 apresenta o *Painel Modify (Modificar)*.

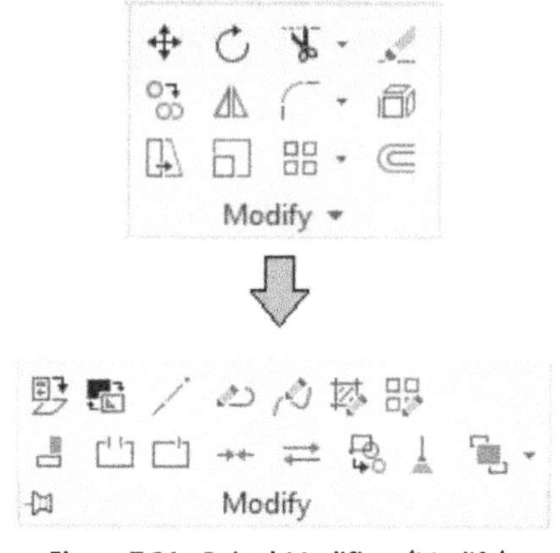

Figura 7.21 – Painel *Modificar (Modify)*.

Vejamos os principais comandos:

Uma série dos comandos apresentado no painel *Modify (Modificar)* nós vimos na aula do Capítulo 2, como por exemplo: *Move (Mover)*, *Copy (Copiar)* e *Rotate (Rotacionar)*. Vejamos alguns dos demais comandos:

- ***Stretch (Esticar)*** – Permite esticar objetos. É muito útil quando se faz um objeto e se percebe que este precisaria ser um pouco maior em uma das dimensões. Conversaremos mais sobre este comando no Capítulo 12.
- ***Align (Alinhar)*** – Permite alinhar objetos. Veja os comentários sobre este comando no Capítulo 12.
- ***Edit polyline (Editar polilinha)*** – Permite editar as polilinhas. Através deste comando você pode unir linhas para formar uma poligonal fechada (polilinha). Veremos mais explicações deste comando no Capítulo 12.

7.2.5. Painel *Annotation* (Anotação)

A figura 7.22 apresenta o painel *Annotation (Anotação)*.

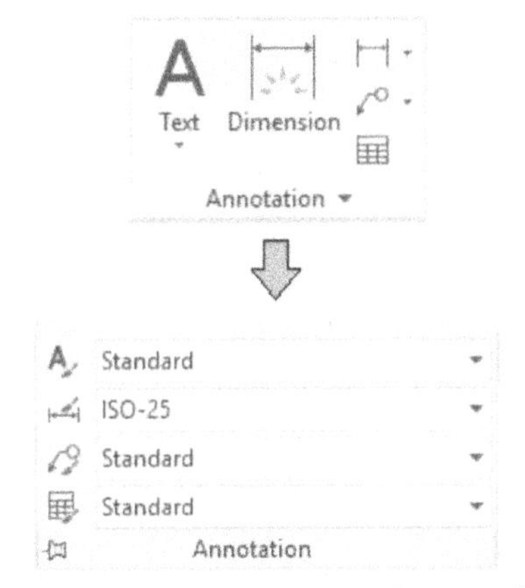

Figura 7.22 – Painel *Annotation (Anotação)*.

7.2.5.1. *Multiline text* (Texto multilinha)

Atalho: A

Comando: *mtext (t)*.

Através deste comando poderemos fazer os textos necessários no desenho. Ao clicar com o botão esquerdo em *Multiline text (Texto multilinha)*, será necessário clicar com o botão esquerdo para definir o primeiro ponto de uma caixa de texto que o AutoCAD criará. O texto será posicionado dentro dessa caixa de texto, porém essa caixa não aparecerá no desenho. Após dar o primeiro clique, mova o mouse e verá que a caixa de texto vai aumentando. Em seguida, clique com o botão esquerdo para definir o tamanho da caixa de texto. Após você definir a área de texto, a guia atual é alterada para *Text editor (Editor de texto)* – observe a figura 7.23.

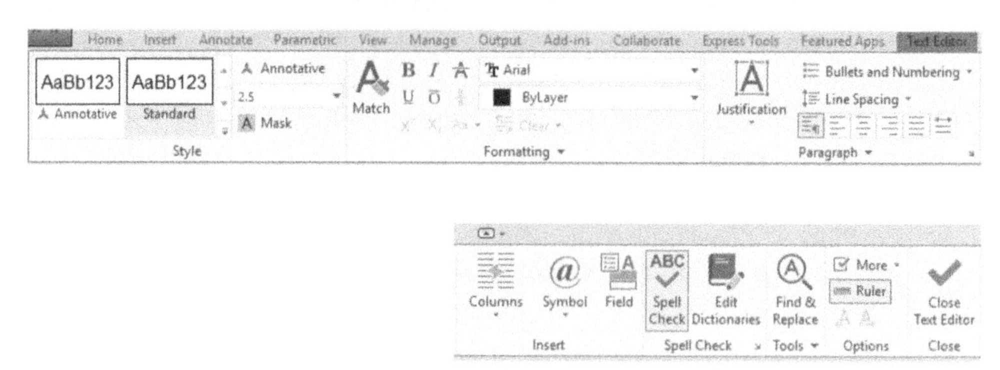

Figura 7.23 – Guia *Text editor (Editor de texto)*.

A figura 7.24 apresenta a caixa de texto criada após definir os pontos para a edição de texto. À medida que se digita, a caixa de texto vai se expandindo para baixo.

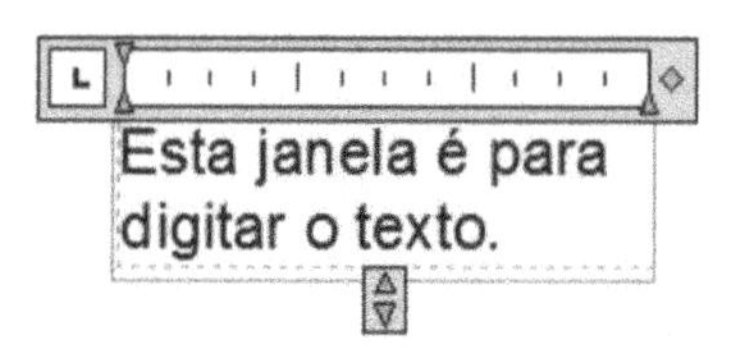

Figura 7.24 – Caixa de texto criada.

Painel *Style (Estilo)* – Este é o primeiro painel que aparece nesta guia e serve para especificar o estilo do texto. Neste caso, aparece a opção *Standard*. Como você não deve ter criado nenhum estilo de texto, não aparecerão outras opções até que você crie. Explicarei como criar estilos de textos quando estudarmos a guia *Annotate (Anotação)*, item 7.4.

Além de especificar o estilo de texto, no painel *Style (Estilo)* podemos indicar a altura da fonte.

O próximo campo define o tipo de fonte e, na sequência, a altura da letra. Neste caso, ao contrário dos demais programas, onde geralmente aparece uma lista com diversas alturas padronizadas de fonte, o AutoCAD não oferece lista nenhuma. Você precisa digitar o valor da altura desejada. Na figura 7.23 aparece o valor da fonte como *2.5*. Para você alterar basta clicar com o botão esquerdo neste campo e apagar esse valor. Na sequência, digite o valor desejado e pressione *Enter*.

Painel *Formatting* (Formatando) – Permite formatar o texto atual. Vejamos as suas principais funções.

Nos botões "B" **B**, "I" *I*, "U" U, "O" Ō, temos a possibilidade de negrito, itálico, sublinhado e *overline* (linha sobre o caractere), respectivamente. Essas opções funcionam igual aos demais programas Windows, basta você clicar nelas que as funções acontecem. Em você especifica a fonte desejada. Clique sobre o nome da fonte atual com o botão esquerdo que aparecerá uma lista de fontes para você escolher. Clique na qual você deseja com o botão esquerdo.

Painel *Paragraph (Parágrafo)* – Permite especificar como deverá ser o parágrafo.

- ***Justification (Justificação)*** – Permite especificar como ficará o texto em relação à caixa que você criou ao iniciar o comando.
- ***Bullets and Numbering (Indicadores/numeração)*** – Adiciona indicadores ou números no início do parágrafo.
- ***Line spacing (Espaçamento da linha)*** – Altera o espaçamento entre linhas.
- ***Default (Padrão)*, *(Left) Esquerdo*, *Center (Centro)*, *Right (Direito)*, *Justified (Justificar)* e *Distributed (Distribuir)*** – Define o alinhamento para os limites do texto atual ou selecionado. Os espaços inseridos no final de uma linha afetam a sua justificação. Todas essas opções se referem ao posicionamento do texto em relação ao seu parágrafo.

Painel *Insert (Inserir)* – Permite inserir símbolos, colunas e outros.

- ***Columns (Colunas)*** – Insere colunas de texto.
- ***Symbol (Símbolo)*** @ – Permite inserir diversos símbolos, como, por exemplo, graus, diâmetros, mais ou menos, etc.
- ***Field (Campo)*** – Você pode adicionar campos definidos automaticamente pelo AutoCAD, como, por exemplo, data de criação, nome do arquivo, número de folhas, etc. A vantagem de usar esse campo é que ele altera sozinho quando a sua base de dados é alterada.

Painel *Spell Check (Ortografia)*

- ***Spell Check (Verificação ortográfica)*** – Habilita e desabilita a opção verificar ortografia. No caso de haver palavra com erro ortográfico, o AutoCAD apresenta uma linha tracejada vermelha abaixo dela. Mas fique atento quanto ao idioma do dicionário. Você precisa alterá-lo para português, conforme segue no item seguinte.
- ***Edit dictionaries (Editar dicionários)*** – Permite selecionar o idioma do dicionário. Mesmo o AutoCAD sendo na versão em inglês, tem o dicionário em português do Brasil.

Painel *Tools (Ferramentas)* – Abre uma janela na qual você pode especificar um texto para *Find (Localizar)* e *Replace (Substituir)*.

Painel *Options (Opções)*

- Os botões seguintes são *Undo (Desfazer)*, o qual serve para voltar à última modificação feita, e *Redo (Refazer)*, o qual serve para retornar o uso do comando *Undo (Desfazer)*.
- Por último há o botão *Ruler (Régua)* Ruler, que deixa visível ou não a régua que aparece acima da janela de texto criada.

7.2.5.2. *Single Line Text* (Texto linha única)

Atalho: A
Comando: *text*

Esta é a forma mais rápida de se fazer um texto, porém nesse caso não é possível fazer nenhuma configuração nele.

Para chamar essa função você precisa clicar com o botão esquerdo sobre o triângulo que aparece abaixo do comando *Multiline text (Texto multilinha)* A.

Ao chamar esta função é necessário em seguida clicar com o botão esquerdo para definir o início do texto. Clique novamente com o botão esquerdo para definir o tamanho do texto. Caso deseje especificar um valor, digite-o e em seguida pressione *Enter*. O próximo passo é definir o valor da rotação do texto. Digite um valor, em graus, e pressione *Enter* ou simplesmente clique num ponto. Agora é só começar a digitar. Para mudar de linha, basta pressionar *Enter.* Quando desejar parar de escrever, é só pressionar *Enter* duas vezes.

7.2.5.3. Exemplo – Legenda ou selo

Uma legenda ou selo fica localizada no canto inferior direito da folha. Ela serve para identificar o desenho, bem como para apresentar outras informações adicionais.

Na figura 7.25 é apresentada uma folha A3 com uma legenda. Para este exemplo, a legenda conterá poucas informações, visto que ela será diferente para cada tipo de projeto – e, além disso, o objetivo deste exemplo é ensinar a você como fazer uma legenda, sendo necessário, portanto, ensinar somente a parte inicial, pois o restante é similar.

Figura 7.25 – Folha A3 com legenda.

A folha A3 nós já fizemos nos exemplos dos itens 5.6 e 5.7, por isso não repetiremos aqui. Se você ainda não fez, faça, para darmos continuidade no nosso exemplo.

Com a folha A3 concluída, daremos início ao selo. Primeiramente definiremos a legenda e por último escreveremos os textos necessários. Para fazer a legenda, chame o comando *Rectangle (Retângulo)* . O primeiro ponto do retângulo vamos definir exatamente na extremidade inferior da margem da folha, ou seja, o ponto *A* (ver figura 7.26). Para isso, pressione *Shift* e o botão direito do mouse ao mesmo tempo, escolha a opção *Endpoint (Ponto final)* e clique no ponto *A* (caso o comando *OSNAP*

(Snap ao objeto) estiver ativo e a opção *Endpoint (Ponto final)* selecionada, não é necessário fazer esse procedimento, você pode ir direto no ponto *A* que automaticamente o AutoCAD ativará a opção *Endpoint (Ponto final)* e selecionará o ponto *A* para você, após clicar o botão esquerdo).

Para os passos seguintes consideraremos que a função *OSNAP (Snap ao objeto)* está ativada e com as opções *Endpoint (Ponto final)* e *Midpoint (Ponto do meio)*. Se porventura você tenha dúvida de como ativá-la, podemos voltar ao item 2.14.1 que explicarei tudo novamente.

O próximo ponto do retângulo será definido usando coordenada cartesiana relativa. Só lembrando que, para especificar uma coordenada relativa com a função *Dynamic Input* ativa, não é necessário acrescentar @ antes das coordenadas, ou seja, basta você digitar *X,Y*. Então vamos lá. Como o retângulo tem uma base de 180 e altura 10, isso implica que o valor correspondente do eixo *X* seja *180* e do eixo *Y* seja *10*, porém o valor do eixo *X* deverá ser negativo, pois o retângulo será feito para o lado esquerdo em relação ao ponto atual (ou seja, o ponto *A*). Dessa forma, a coordenada do próximo ponto será *-180,10*. Assim, digite essa coordenada e pressione *Enter*.

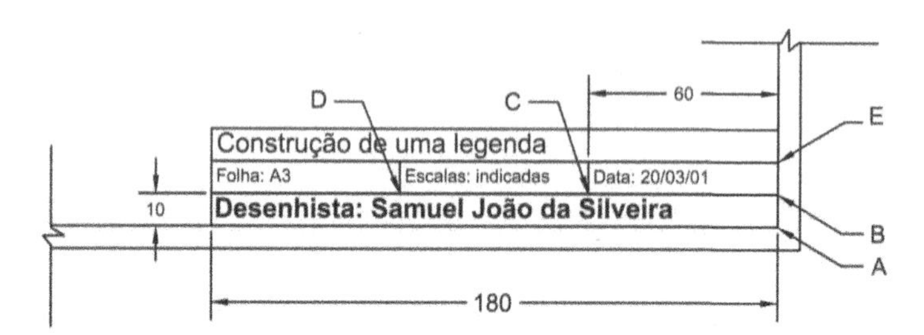

Figura 7.26 – Construção de uma legenda.

O próximo retângulo que faremos será o do espaço da data (veja a figura 7.26). Chame o comando *Rectangle (Retângulo)* e mova o cursor sobre o ponto B que o AutoCAD apresentará o quadradinho com tom de verde mostrando que o *Endpoint (ponto final)* foi selecionado. Clique com o botão esquerdo do mouse. Definiremos o próximo ponto usando coordenada cartesiana relativa. Lembrando que o tamanho do retângulo é de 60x10, e, devido aos mesmos motivos que conversamos no parágrafo anterior, a coordenada do próximo ponto será *-60,10*. Por isso, digite esta coordenada e pressione *Enter*.

Repita o procedimento anterior para os pontos *D* e *C*. Faltará somente o campo do título. Observe que o campo faltante é exatamente igual ao primeiro campo que foi feito. Por isso repita o primeiro procedimento apresentado neste exemplo, com a única diferença de que o primeiro ponto agora é o ponto *E*. Se você desejar, será mais rápido se você usar o comando *Copy (Copiar)*. Se tiver alguma dúvida, podemos voltar no item 2.5 para revê-lo mais uma vez.

Agora é necessário fazer o texto da legenda. Vamos começar pela parte da identificação do desenhista. Para isso, chame o comando *Multiline text (Texto multilinha)*. Lembrando que o próximo passo é definir o tamanho da caixa na qual será inserido o texto. Por isso, clique com o botão esquerdo num ponto próximo ao ponto *A* e, novamente com o botão esquerdo, clique num ponto próximo ao ponto oposto que você acabou de definir, de forma a selecionar o retângulo todo onde ficará o nome do desenhista. Feito isso, a guia atual se alterará para a guia *Text editor (Editor de texto)*, conforme a figura 7.23. Escolha o tipo e o tamanho do texto. Lembre-se de que o campo do texto tem altura máxima de 10, por isso o tamanho do texto não deverá ser maior que esse valor. Definidos esses fatores, digite o texto e em seguida clique com o botão esquerdo sobre *OK*.

Para escrevermos o campo da data, necessitamos chamar o comando *Multiline text (Texto multilinha)* novamente. Em seguida clique com o botão esquerdo num ponto próximo ao ponto B e, novamente com o botão esquerdo, clique no canto oposto do campo da data para poder definir a caixa de texto. Na guia *Text editor (Editor de texto)*, faça as alterações necessárias no tamanho e tipo de texto e em seguida digite o texto. Para finalizar, clique com o botão esquerdo em *Close (Fechar)*.

O procedimento para a finalização da legenda é o mesmo para os demais campos, isto é, chame o comando *Multiline text (Texto multilinha)* e clique com o botão esquerdo para definir o tamanho da caixa de texto. Na sequência, digite o texto desejado e clique com o botão esquerdo em *Close (Fechar)*.

Dessa forma se constrói uma legenda. Este procedimento é usado também quando se deseja fazer uma tabela sem usar o comando *Table (Tabela)*.

7.2.5.4. *Dimension* (Dimensionamento)

Aqui você poderá acessar os principais comandos existentes no painel *Dimensions (Cotas)* da guia *Annotate (Anotação)*. Para torná-las visíveis, basta clicar no triângulo que aparece ao lado da cota linear. A figura 7.27 apresenta as cotas ocultas.

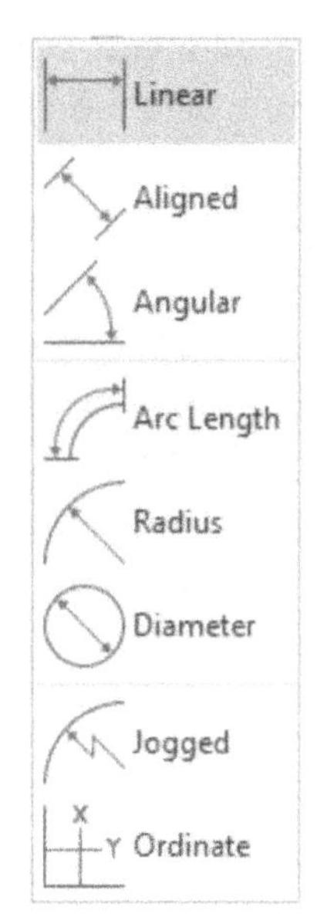

Figura 7.27 – Cotas ocultas.

As explicações dos comandos de dimensionamentos nós vimos no Capítulo 6. Caso ainda tenha alguma dúvida, podemos voltar para lá que explicarei novamente.

7.2.5.5. *Table* (Tabela)

Atalho:
Comando: *table*

Através deste comando você pode fazer tabelas facilmente. Assim que você chamar o comando, aparecerá a caixa de diálogo *Insert table (Inserir tabela)*. Veja a figura 7.28.

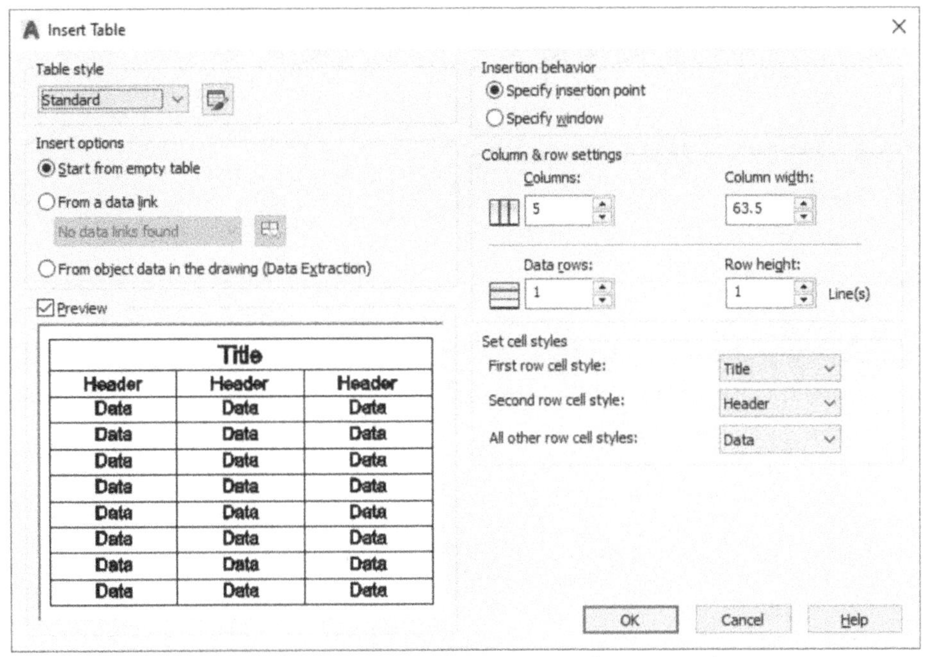

Figura 7.28 – Caixa de diálogo *Insert Table (Inserir tabela)*.

Seu funcionamento é bem simples. No campo ***Column & row settings (Configurações de coluna e linha)*** você define as principais configurações:

- ***Columns (Colunas):*** entre com a quantidade de colunas para a sua tabela.
- ***Columns width (Larguras de coluna):*** especifique a largura da coluna.
- ***Data rows (Linhas de dados):*** defina a quantidade de linhas da sua tabela.
- ***Row height (Altura da linha):*** especifique a altura da linha.

No campo *Set cell styles (Definir estilos de célula)* você pode definir como devem ficar os estilos de cada linha da tabela. Vejamos:

- ***First row cell style (Estilo da célula da primeira linha)*** – Especifica o estilo da primeira linha.
- ***Second row cell style (Estilo da célula da segunda linha)*** – Especifica o estilo da segunda linha.
- ***All other row cell styles (Estilo da célula de todas as outras linhas)*** – Especifica o estilo das demais linhas.

Observe que no canto inferior esquerdo há uma pré-visualização da tabela. À medida que você define os estilos das linhas elas vão sendo atualizadas.

Uma vez definido o formato da tabela, basta você clicar em *OK* para inserir. Na sequência você pode clicar nas células e digitar o que desejar.

7.2.5.6. *Text style* (Estilo de texto)

Atalho:

Comando: *style*

Assim que você chamar o comando, a caixa de diálogo *Text Style (Estilo de texto)* aparecerá, a qual pode ser vista na figura 7.29. Vejamos na sequência a explicação dos seus principais campos.

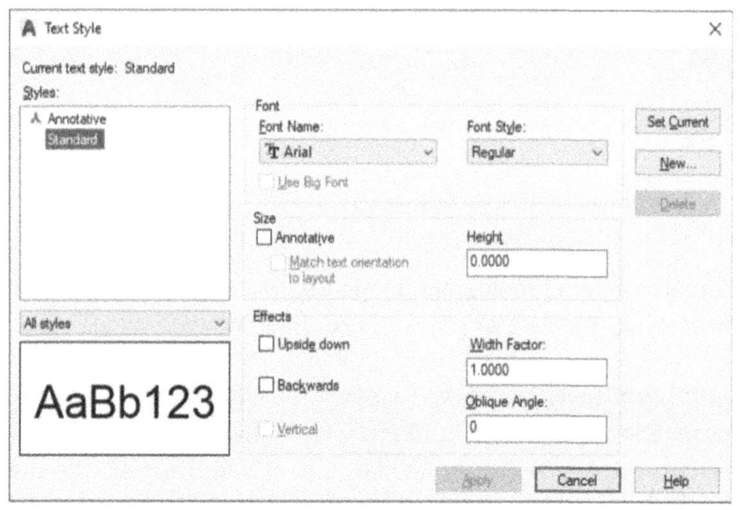

Figura 7.29 – Caixa de diálogo *Text Style (Estilo de texto)*.

Styles (Estilo) – Localizado no canto superior esquerdo, ele apresenta a lista de estilos de texto disponíveis. No nosso caso só aparece o estilo *Standard*, pois este é o padrão do AutoCAD e ainda não criamos nenhum estilo.

Font (Fonte) – Permite definir o nome e o estilo da fonte.

Height (Tamanho) – Aqui você pode especificar a altura da fonte.

Set Current (Definir atual) – Especifica o estilo do texto selecionado na lista como modelo atual. Ou seja, qualquer texto que você fizer a partir deste ponto será feito neste estilo de texto.

New (Novo) – Cria um novo estilo.

Apply (Aplicar) – Aplica as alterações realizadas no estilo de texto selecionado.

Vejamos como fazer um novo estilo de texto. Primeiramente clique em *New (Novo)* e defina o nome do estilo do texto que você deseja. Observe que logo em seguida o novo estilo de texto definido já aparece na lista de estilos. Mais abaixo, na opção *Font name (Nome da fonte)*, clique com o botão esquerdo na seta ▾ e escolha um tipo de fonte. Em seguida clique com o botão esquerdo em *Apply (Aplicar)* e depois em *Close (Fechar)* para encerrar o comando.

7.2.5.7. *Dimension style* (Estilo de cota)

Atalho:
Comando: *dimstyle*

Este comando serve para editar o estilo de cotas. Nós vimos no item 6.8. Então, se desejar, volte lá que poderemos conversar novamente sobre o assunto.

7.2.6. Painel *Layers* (Camadas)

A figura 7.30 apresenta o painel *Camadas (Layers)*.

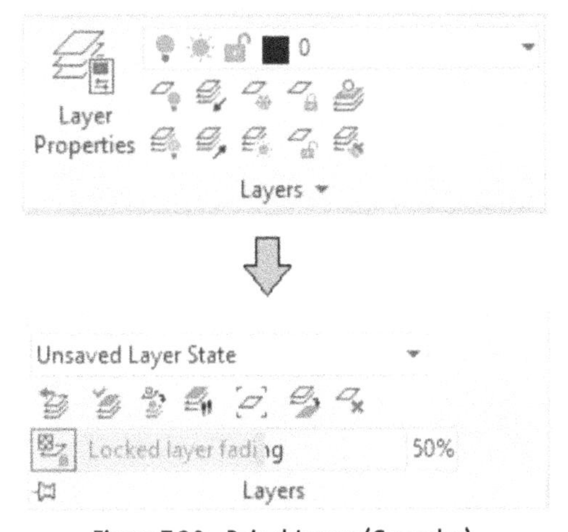

Figura 7.30 – Painel *Layers* (Camadas).

Nele é possível fazer todo o gerenciamento das *layers (camadas)*. Para facilitar, deixaremos para explicar este painel no Capítulo 8, no qual falaremos especificamente sobre o assunto.

7.2.7. Painel *Block* (Bloco)

A figura 7.31 apresenta o painel *Block (Bloco)*.

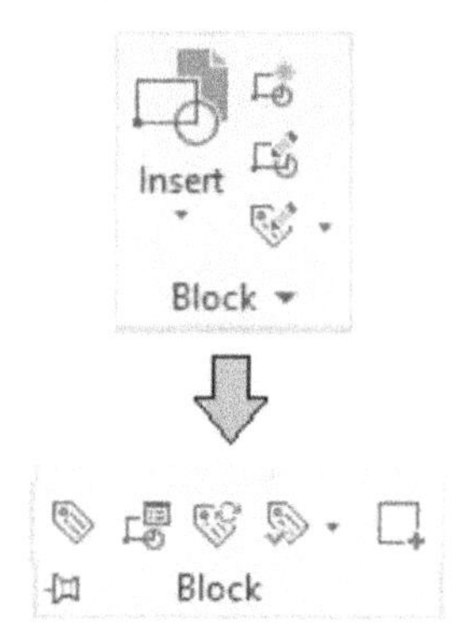

Figura 7.31 – Painel *Block (Bloco)*.

Vejamos as explicações dos principais comandos deste painel.

7.2.7.1. *Create Block* (Criar bloco)

Atalho:
Comando: *Block (b)*.

Este comando permite que você crie blocos. Nós já vimos a explicação deste comando na aula do Capítulo 5, item 5.2. Caso tenha alguma dúvida, volte lá que explicarei tudo novamente.

7.2.7.2. *Insert* (Inserir)

Atalho:
Comando: *Insert (i)*.

Através deste comando você pode inserir os blocos criados com o comando *Create block (Criar bloco)* ou baixados da internet. Este comando nós também já vimos na aula do Capítulo 5, item 5.3. Caso tenha alguma dúvida, volte lá poderemos revisar o assunto.

7.2.7.3. *Block editor* (Editor de bloco)

Atalho:
Comando: *bedit (be)*

Com este comando você poderá editar um bloco já criado. Assim, logo após você fazer a alteração no bloco desejado, o AutoCAD atualizará todos os blocos já inseridos para a nova versão do bloco.

Este comando nós veremos com mais detalhes neste mesmo capítulo, no item 7.3.2, Painel *Block Definition (Definição de Bloco)*.

7.2.7.4. *Define attributes* (Definir atributos)

Atalho:
Comando: *attdef (at)*.

Definir atributos significa criar uma variável que pode ser alterada cada vez que você insere o bloco. Em outras palavras, você pode programar o seu bloco para que ele pergunte a você qual o valor da variável. Ele é uma excelente opção para trabalhar com projetos elétricos.

A explicação deste comando nós veremos um pouco mais para frente, na aula do item 12.12 – Blocos com atributos.

7.2.8. Painel *Properties* (Propriedades)

Neste painel você poderá alterar e visualizar as propriedades dos objetos. Para tanto, você precisa primeiramente selecionar o objeto desejado. Assim que selecionar, as propriedades de cada item serão alteradas para os respectivos valores do objeto selecionado.

No caso de selecionar mais de um objeto, as propriedades também serão exibidas, no entanto, caso algum dos objetos tenha propriedade diferente, neste item a propriedade ficará vazia.

A figura 7.32 apresenta o painel *Properties (Propriedades)*. Vejamos as explicações dos principais comandos deste painel.

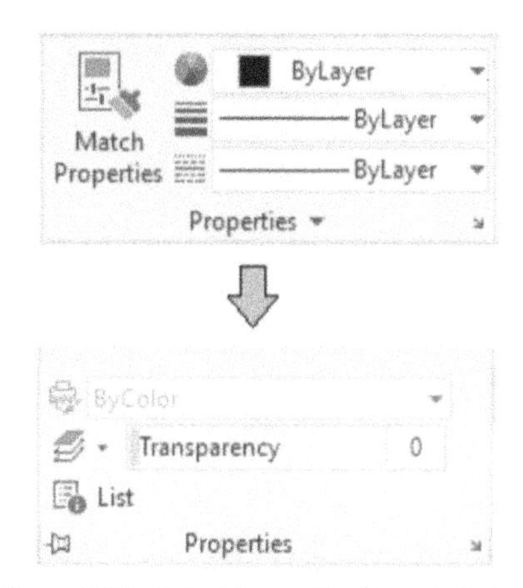

Figura 7.32 – Painel *Properties (Propriedades)*.

7.2.8.1. *Object color* (Cor do objeto)

Atalho:

Ao clicar na seta que aparece ao lado do nome da cor do objeto aparecerá uma lista com uma série de cores disponíveis. Assim que selecionar o objeto desejado, clique sobre a cor desejada para fazer a alteração de cores. Caso não tenha a cor que você deseja, clique na última opção das cores disponíveis, *More colors (Mais cores)*, que aparecerá a caixa de diálogo *Select Color (Selecionar cor)* – veja a figura 7.19. Caso você ainda tenha alguma dúvida sobre como definir uma cor, podemos voltar para a explicação existente logo após a figura 7.19.

Além das cores disponíveis, há também uma opção muito importante que se chama *ByLayer (PorCamada)*. Neste caso, a cor do objeto está associada à cor da *layer (camada)* na qual o objeto está. No capítulo seguinte veremos o que é e como trabalhar com as *layers (camadas)*. No momento, recomendo que não altere a cor do objeto para uma cor específica, deixe para alterar a cor da *layer (camada)*, pois dessa forma você fará a modificação para todos os objetos que estão nesta *layer (camada)* e usam a cor *ByLayer (PorCamada)*.

Caso você deseje fazer a alteração de somente um objeto, este seria o procedimento mais adequado.

7.2.8.2. *Lineweight* (Espessura de linha)

Atalho:

Você pode clicar no triângulo ▾ que aparece ao lado do ícone ≡ e especificar uma espessura para as linhas selecionadas. Apesar disso, geralmente não se usa a configuração da espessura de linha dessa forma. O modelo mais usual é defini-la através de um arquivo de pena durante a impressão. Veremos como funciona a configuração da espessura de linha para impressão no Capítulo 9, item 9.1.

7.2.8.3. *Linetype* (Tipo de linha)

Atalho:

Ao clicar no triângulo ▾ que aparece ao lado do ícone, aparecerá uma lista com as linhas disponíveis. O AutoCAD só apresenta as linhas que estão sendo usadas. Para que apareçam mais tipos de linhas é necessário carregá-los. No Capítulo 8, item 8.1, mostrarei a você como fazer isso detalhadamente.

7.2.8.4. *Properties* (Propriedades)

Atalho: ao lado do nome da guia *Properties (Propriedades).*
Comando: *properties (pr)*

Ao clicar na setinha que aparece ao lado do nome do painel *Properties (Propriedades)* da guia *Home (Padrão)*, aparecerá a respectiva caixa de diálogo, a qual você pode ver na figura 7.33.

Com este comando é possível fazer várias alterações nos objetos existentes. Você pode acessar esta caixa de diálogo também através do ícone existente na guia *Palettes (Paletas)* do painel *View (Vista).*

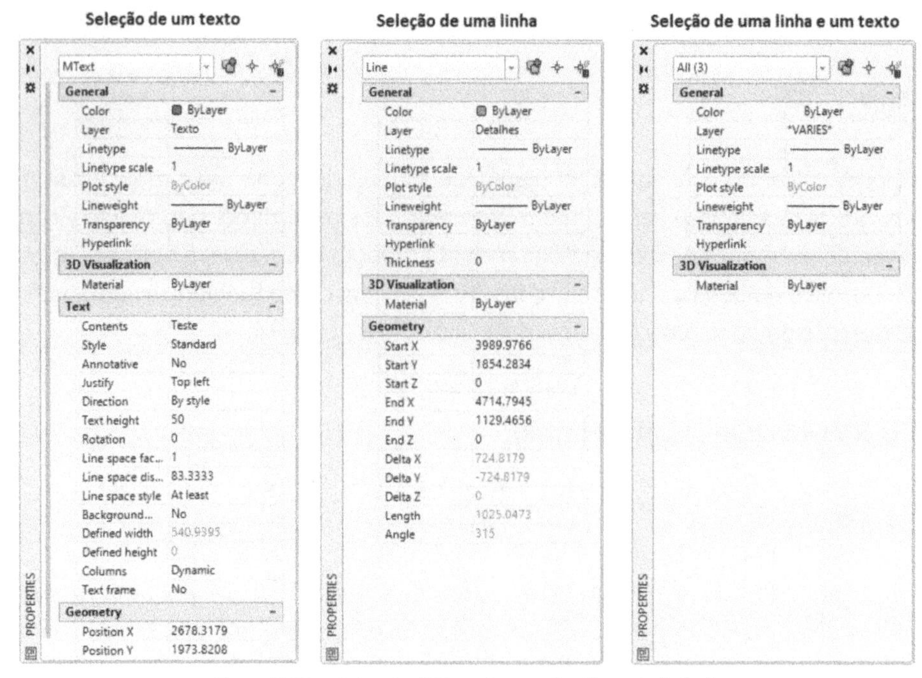

Figura 7.33 – Caixa de diálogo *Properties (Propriedades).*

Observe, na figura 7.33, que reproduzimos três caixas de diálogo *Properties (Propriedades)* com informações diferentes. As informações que aparecerão nesta caixa de diálogo dependerão dos objetos que forem selecionados. Se for selecionada uma linha, aparecerão informações sobre a linha selecionada; se for selecionado um texto, aparecerão informações sobre o texto. Caso selecione mais de um objeto, aparecerão informações comuns aos objetos. Veja o seguinte caso.

Primeiramente crie um texto qualquer como descrito no item *Multiline text (Texto multilinha)* deste mesmo capítulo. Ou seja, clique em A, em seguida clique num ponto qualquer para definir o início da janela para digitar o texto. Na sequência, clique no ponto oposto da área desejada. Em seguida o painel será alterado para o *Text editor (Editor de texto)*, conforme apresentado na figura 7.23. Digite o texto que você desejar e em seguida encerre o comando clicando em *Close (Fechar)*.

Feito isso, o cursor se manterá como se não tivesse sido executado nenhum comando, sendo sua forma uma cruz com um quadradinho no centro. Mova o cursor de modo a deixar o centro do cursor sobre o texto escrito. Clique com o botão esquerdo sobre o texto. Observe que em volta do texto apareceram um quadrado e dois triângulos azuis. Clicando neles você pode alterar o tamanho da janela para o texto ou a posição dele.

Assim que selecionar o texto, as informações na caixa de diálogo *Properties (Propriedades)* não são mais as mesmas. Elas mudaram assim que foi selecionado o texto. Na figura 7.34 é possível ver o texto selecionado, bem como a caixa de diálogo *Properties (Propriedades)* com as informações referentes a este texto.

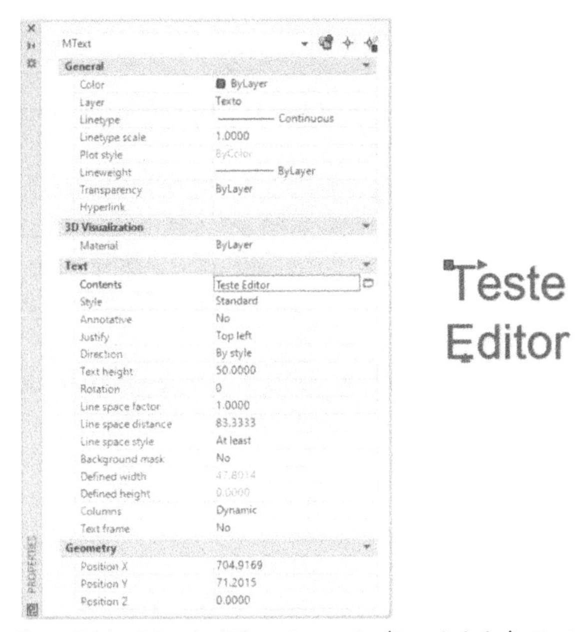

Figura 7.34 – Caixa de diálogo *Properties (Propriedades)* – Texto.

Dentre as informações apresentadas nesta caixa de diálogo, podemos considerar como uma das mais importantes a que está em destaque *Contents (Conteúdo)*. Para deixar uma opção em destaque, basta clicar com o botão esquerdo sobre a opção desejada. Veja que, ao clicar em *Contents (Conteúdo)*, no seu lado direito aparece o texto selecionado e também um quadrado com três pontos [...]. Para poder editar o texto novamente basta clicar com o botão esquerdo neste quadrado que o painel *Text editor (Editor de texto)* abrirá – veja a figura 7.23. Dessa forma, caso ainda tenha alguma dúvida, volte na explicação apresentada no item *7.2.5.1 Multiline text (Texto multilinha)*, em seguida faça as alterações desejadas e clique em *Close (Fechar)*.

Uma forma mais prática de alterar as informações de um texto é simplesmente dando dois cliques sobre ele. Automaticamente o AutoCAD abre a caixa de edição de texto e você poderá alterar as propriedades desejadas.

Para os demais objetos e opções você pode proceder da mesma forma. Observe que sempre será necessário selecionar um objeto para que a caixa de diálogo *Properties*

(Propriedades) mostre as informações sobre ele. Em seguida é só selecionar a informação desejada e verificar quais os tipos de alterações possíveis. Veja a seguir uma lista com as respectivas explicações das opções que aparecem quando selecionamos um determinado objeto.

- ***Color (Cor)*** – Modifica a cor do objeto.
- ***Layer (Camada)*** – Altera o tipo de camada.
- ***Linetype (Tipo de linha)*** – Permite trocar o tipo de linha por outro já carregado (veja a explicação no Capítulo 8).
- ***Linetype Scale (Escala do tipo de linha)*** – Modifica o fator de escala do tipo de linha do objeto. Normalmente alteramos esse valor quando temos estilos de linhas diferentes no projeto. Se deixarmos o mesmo valor, não se consegue resolver, já que altera as características das demais linhas também. O comando *Ltscale* será visto no Capítulo 8, item 8.1.
- ***Lineweight (Espessura de linha)*** – Altera a espessura da linha.

Para você posicionar o caixa *Properties (Propriedades)* em outro local, basta manter o botão esquerdo pressionado sobre o campo cinza que identifica a caixa *Properties (Propriedades)* e movimentá-la para uma posição que não atrapalhe a área de trabalho.

Para fechar a caixa de diálogo *Properties (Propriedades)* clique no ✕ que aparece no canto superior esquerdo. Se desejar, você pode clicar em ⧏, que também aparece no canto superior esquerdo, para ocultar a caixa quando não estiver usando. Assim que você passar o cursor sobre o nome da caixa de diálogo ela aparecerá.

7.2.8.5. *Match Properties* (Propriedades iguais)

Atalho:
Comando: *matchprop (matc)*

Este comando serve para alterar as propriedades de um objeto usando as propriedades comuns de outro, ou seja, caso haja vários textos, sendo que todos foram feitos com tamanhos diferentes e deseja-se definir um como tamanho do texto padrão para os demais. Para resolver esse problema existem dois modos: um modo é usando o comando *Properties (Propriedades)* e alterando a altura de cada um dos textos para o valor do texto padrão. Outra forma bem mais simples é usando o comando *Match Properties (Propriedades iguais)*. Chame o comando e, em seguida, clique com o botão esquerdo no texto que servirá de altura padrão. Observe que o cursor agora acompanha um desenho de um pincel . Com o botão esquerdo, clique nos demais textos. Assim que o texto é selecionado as informações em comum são modificadas. Para finalizar o comando, basta pressionar *Enter*.

Você pode fazer o mesmo procedimento para qualquer outro tipo de objeto. É muito útil quando se deseja alterar a camada (*layer*) de vários objetos conforme outro já definido.

7.2.9. Painel *Groups* (Grupos)

O painel *Groups (Grupos)* é uma inovação da versão 2019 que nos auxilia bastante. A figura 7.35 mostra o painel.

Figura 7.35 – Painel *Groups (Grupos)*.

Vejamos as duas mais importantes funções do painel *Groups (Grupos)*.

7.2.9.1. *Group* (Agrupar)

Atalho:
Comando: *group (group)*

Essa função é bem simples. Ela serve, conforme o próprio nome sugere, para agrupar objetos em grupos. O seu procedimento é bem fácil, basta você selecionar os objetos que deseja agrupar e depois clicar no comando. Pronto, já estão agrupados os objetos. Assim, se você desejar selecionar os objetos, basta você clicar em um deles que tudo será selecionado.

7.2.9.2. *Ungroup* (Desagrupar)

Atalho:
Comando: *ungroup (ungroup)*

Este comando é o contrário do anterior. Basta você chamar o comando e clicar no objeto desejado que eles voltam a ficar separados.

7.2.10. Painel *Utilities* (Utilitários)

A figura 7.36 apresenta uma imagem do painel *Utilities (Utilitários)*.

Figura 7.36 – Painel *Utilities (Utilitários)*.

Neste caso, os comandos que mais nos interessam conhecer são os referentes à medição.

7.2.10.1. *Measure* (Medir)

Atalho:
Comando: *measuregeom (mea).*

Calcula a distância entre dois pontos. Seu funcionamento é muito simples: basta chamar o comando e colocar o cursor sobre o objeto desejado que o AutoCAD apresentará as dimensões disponíveis para o objeto. Por exemplo, se você colocar o cursor sobre uma linha, o AutoCAD apresentará o seu comprimento e o âgulo que faz com outra linha.

Além do comando *Measure (Medir)*, se você clicar na seta que aparece logo abaixo deste comando aparecerão mais opções para realizar medição, como a área e o volume . Veremos somente a área, haja vista que para calcular volumes precisaríamos trabalhar em 3D.

7.2.10.2. *Area* (Área)

Atalho:
Comando: *area*

Possibilita o cálculo de área de um polígono fechado. O resultado será a área e o perímetro do polígono em questão. Após chamar o comando, clique em todos os vértices que compõem a área que você deseja calcular. Conforme você vai especificando os pontos, o AutoCAD vai marcando a área com uma poligonal. Dessa forma fica mais fácil para você ver aonde você já clicou. Logo em seguida pressione *Enter*. Na barra de status (canto inferior esquerdo da tela do AutoCAD) aparece o valor da área, bem como o seu perímetro. Se você desejar calcular a área de um objeto formado por uma poligonal fechada, como um retângulo ou uma circunferência, assim que chamar o comando *Area (Área)* e pressionar *Enter* o cursor muda para o modo de seleção de objeto. Então clique no objeto e observe na barra de status o resultado. Para finalizar o comando é só pressionar *Enter* novamente.

7.2.11. Painel *Clipboard* (Área de transferência)

A figura 7.37 apresenta o painel *Clipboard (Área de transferência).*

Figura 7.37 – Painel *Clipboard (Área de transferência)*.

Vejamos os comandos deste painel.

7.2.11.1. *Copy* (Copiar)

Atalho:
Comando: *Ctrl + C*

Copia objetos para a área de transferência e continua a exibi-los no desenho. Você pode usar também as teclas *Ctrl + C*, ou seja, selecione os objetos desejados e pressione a tecla *Ctrl* e depois *C*. Será através deste comando que você poderá transferir parte de um desenho de um arquivo para outro. Para realizar isso, basta chamar este comando e selecionar os objetos que deseja levar para outro arquivo. Após selecionar é só pressionar *Enter*. O AutoCAD só vai criar uma cópia na memória, você não perceberá nenhuma diferença após executar este comando. Para inserir a cópia, explicarei mais à frente no comando *Paste (Colar)*. Você também pode selecionar os objetos sem chamar o comando *Copy (Copiar)* e depois pressionar *Ctrl + C* simultaneamente.

7.2.11.2. *Cut* (Recortar)

Atalho:
Comando: *Ctrl + X*

Recorta objetos do desenho e envia para a área de transferência. Você pode usar também as teclas *Ctrl + X*, ou seja, selecione os objetos desejados e pressione a tecla *Ctrl* e depois *X*. O desenho some da tela e fica na memória virtual do AutoCAD. Use o comando *Paste (Colar)* para fazer aparecer o desenho novamente.

7.2.11.3. *Paste* (Colar)

Atalho:

Comando: *Ctrl + V*

Insere o conteúdo da área de transferência, isto é, transfere os objetos que você copiou ou cortou para o desenho. Você pode usar também as teclas *Ctrl + V*, ou seja, pressione a tecla *Ctrl* e depois *V*. Para inserir o desenho copiado com o comando *Copy (Copiar)*, basta você clicar em *Paste (Colar)* e definir a posição do desenho com um clique.

7.3. Guia *Insert* (Inserir)

A figura 7.38 apresenta a guia *Insert (Inserir)* cortada em duas partes. Isso foi feito devido a sua grande extensão horizontal.

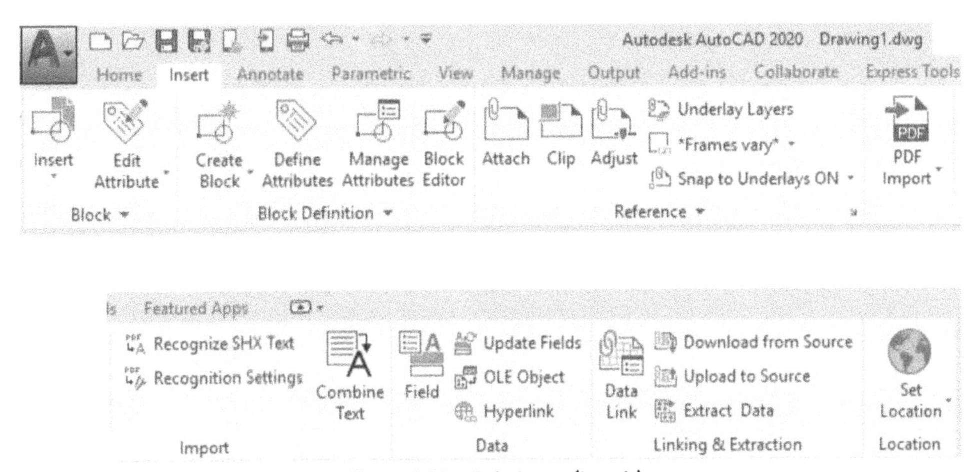

Figura 7.38 – Guia *Insert (Inserir)*.

Na sequência explicarei os principais comandos dos principais painéis.

7.3.1. Painel *Block* (Bloco)

A figura 7.39 apresenta o painel *Block (Bloco)*.

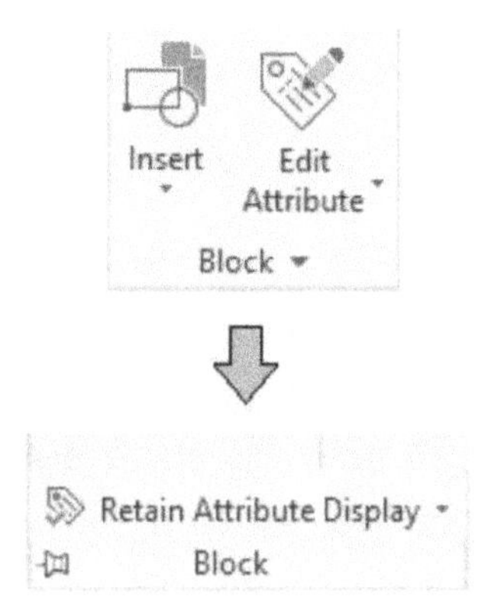

Figura 7.39 – Painel *Block (Bloco).*

Como pode ser visto na figura 7.39, o principal comando deste painel já foi apresentado no item 5.3. Sendo assim, caso tenha alguma dúvida sobre o comando *Insert Block (Inserir bloco)*, você poderá voltar para o Capítulo 5, item 5.3, que explicarei novamente. O comando *Edit Attribute (Editar Atributo)* será visto no item 12.12.

7.3.2. Painel *Block Definition* (Definição de bloco)

A figura 7.40 apresenta o painel *Block Definition (Definição de bloco).*

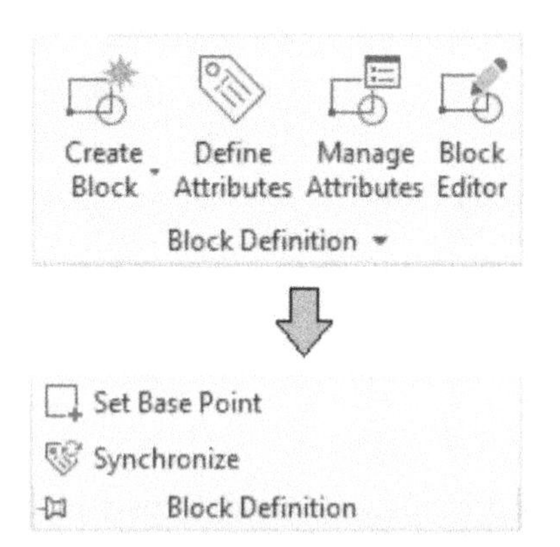

Figura 7.40 – Painel *Block Definition (Definição de bloco).*

O comando *Create Block (Criar bloco)* nós já vimos no item 5.2. Caso desejar, volte lá para revermos o assunto. Os comandos sobre atributos *(attributes)* veremos no item 12.12 Blocos com atributos. Quanto ao *Block Editor (Editor de bloco)*, veremos a seguir.

Block Editor (Editor de bloco)

Atalho:

Comando: *bedit (be)*

Este comando permite que você faça a edição de um bloco já criado. Seu funcionamento é bem simples. Primeiramente chame o comando, na sequência o AutoCAD apresenta a caixa de diálogo *Edit Block Definition (Editar definição de blocos)*, conforme ilustrado na figura 7.41.

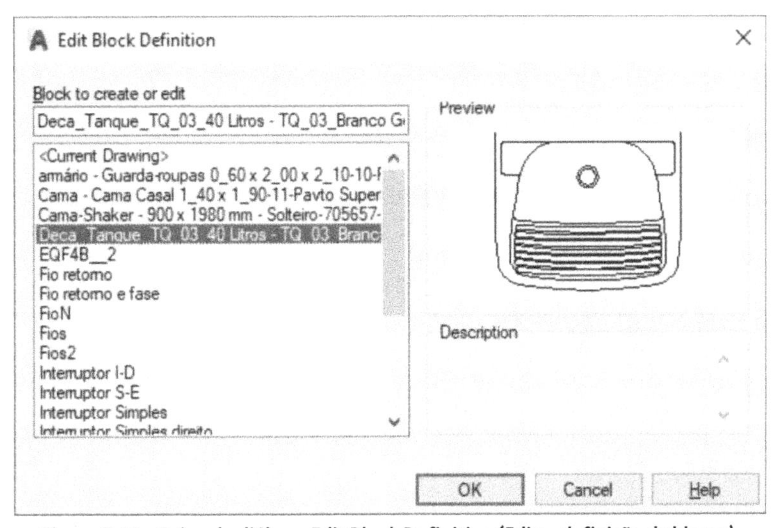

Figura 7.41 – Caixa de diálogo *Edit Block Definition (Editar definição de blocos)*.

Assim que aparecer a caixa de diálogo apresentada na figura 7.41, observe a lista dos blocos existentes no arquivo atual no lado esquerdo da caixa de diálogo. Na sequência, clique sobre o nome do bloco que você deseja editar e clique em *OK*. Em seguida o AutoCAD abre o arquivo. Faça as alterações desejadas e depois clique em *Close Block Editor (Fechar editor de blocos)* . Por fim, o AutoCAD pergunta se você deseja salvar as alterações *(Save the changes)* ou se deseja descartar as alterações e fechar o editor de bloco *(Discard the changes and close the block editor)*. Clique na opção desejada para finalizar o comando.

7.3.3. Painel *Import* (Importar)

A figura 7.42 apresenta o painel *Import (Importar)*.

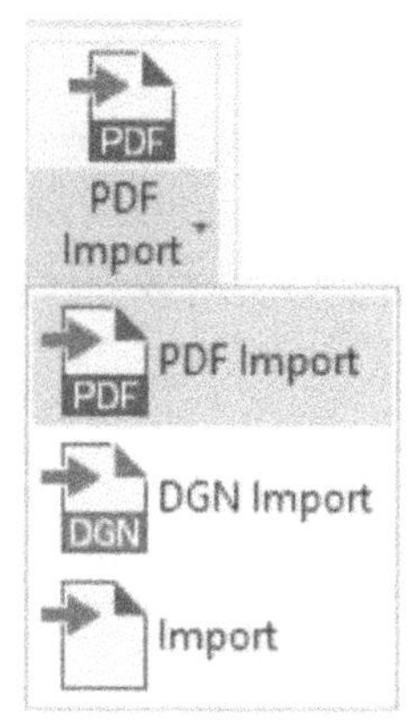

Figura 7.42 – Painel *Import (Importar)*.

Através deste comando você poderá importar arquivos de outros formatos para o AutoCAD. Vejamos as opções disponíveis:

- PDF (*.pdf)
- FBX (*.fbx)
- Metarquivo (*.wmf)
- ACIS (*.sat)
- 3D Studio (*.3ds)
- MicroStation DGN (*.dgn)

Dentre eles temos o PDF – sim, isso mesmo, podemos importar os arquivos em PDF e inserir diretamente no AutoCAD para fazer as edições necessárias. Porém, quando se importa o arquivo PDF, ele fica sem escala.

7.4. Guia *Annotate* (Anotação)

A figura 7.43 apresenta a guia *Annotate (Anotação)* cortada em duas partes. Isso foi feito devido a sua grande extensão horizontal.

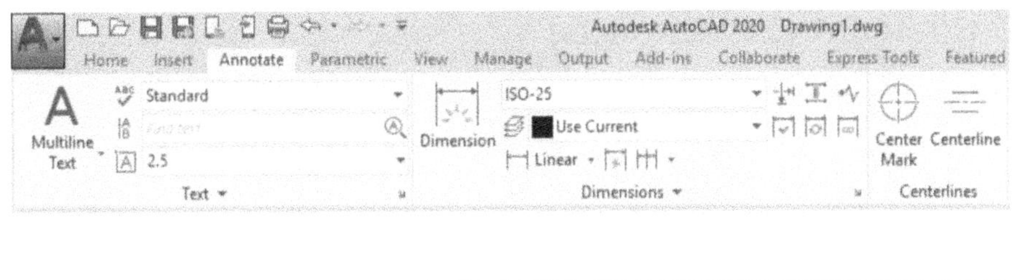

Figura 7.43 – Guia *Annotate (Anotação).*

Na sequência explicarei os principais comandos dos principais painéis.

7.4.1. Painel *Text* (Texto)

A figura 7.44 apresenta o painel *Text (Texto).*

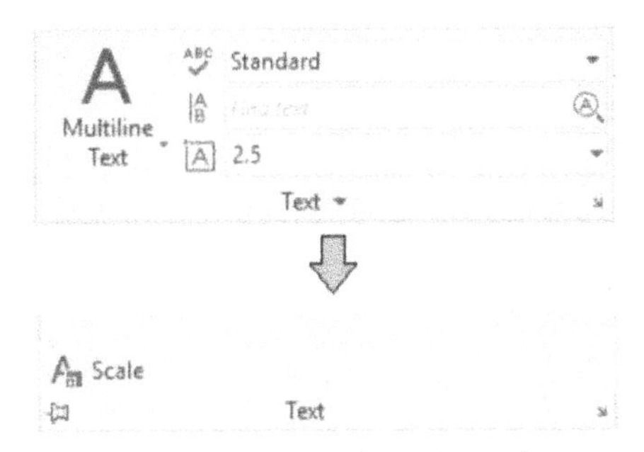

Figura 7.44 – Painel *Text (Texto).*

O comando *Multiline Text (Texto multilinha)* nós já vimos no início deste capítulo. Caso tenha alguma dúvida, volte lá que explicarei novamente a você.

No campo *Standard,* localizado ao lado o ícone ABC, aparece a lista de texto disponível. O nome que aparece neste campo é o estilo que está em uso. O valor *2.5* indica a altura do texto em uso. Para alterar você pode apagar o valor atual e digitar outro valor.

7.4.1.1. *Find text* (Localizar texto)

Atalho:
Comando: *find*

Permite procurar um texto. Digite o texto que você deseja procurar no campo ao lado do ícone e pressione *Enter*. Em seguida, a caixa de diálogo *Find and Replace (Localizar e substituir)* aparecerá. Veja a figura 7.45.

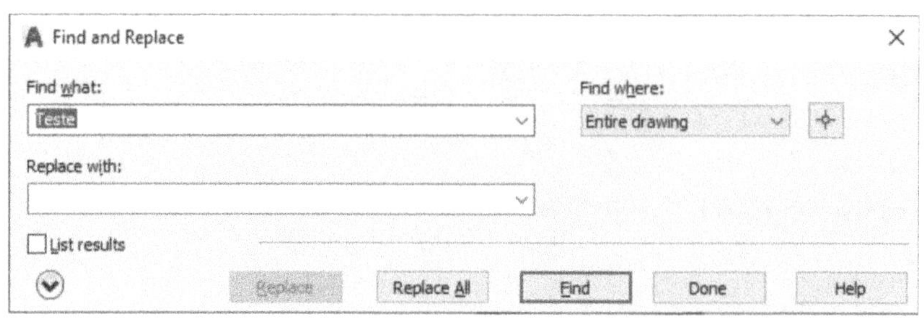

Figura 7.45 – Caixa de diálogo *Find and Replace (Localizar e substituir)*.

Através do comando *Find text (Localizar texto)* você também pode substituir palavras do texto. Para encontrar uma palavra no desenho, digite a palavra desejada no campo *Find what (Localizar o quê)* e, em seguida, clique em *Find (Localizar)*. Caso exista a palavra procurada, o AutoCAD exibirá a frase na qual está inserido o texto encontrado. Caso não seja a palavra encontrada a que você deseja, clique em *Find Next (Localizar próxima)* novamente até chegar na palavra desejada.

Para substituir uma palavra encontrada por outra, basta digitar a nova palavra no campo *Replace with (Substituir com)* e clicar em *Replace (Substituir)*. Se tiver várias palavras que você deseja substituir, basta clicar em *Replace All (Substituir tudo)* que o AutoCAD fará a substituição de todas as existentes no desenho.

7.4.1.2. *Check spelling* (Verificar ortografia)

Atalho: ABC
Comando: *spell (sp)*

Este comando permite fazer uma verificação ortográfica. Assim que você chamar o comando, aparece a caixa de diálogo *Check Spelling (Verificar ortografia)*. No canto inferior esquerdo dessa tela você pode alterar o idioma usado na verificação ortográfica.

7.4.2. Painel *Dimensions* (Cotas)

A figura 7.46 apresenta o painel *Dimensions (Cotas).*

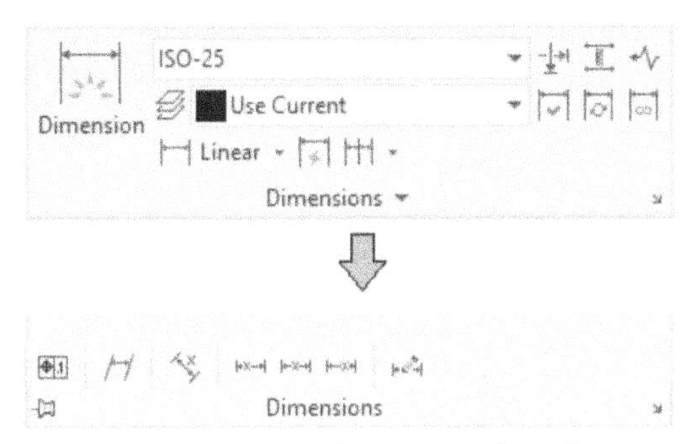

Figura 7.46 – Painel *Dimensions (Cotas).*

Como você deve lembrar, nós já vimos os principais comandos deste painel no capítulo anterior a este ("Dimensionamento"). Então, se você desejar revisar algum item, podemos voltar lá para conversar novamente.

Neste item eu somente lembrarei que o editor de estilos de cotas pode ser aberto clicando na setinha ↘ que aparece no canto inferior direito do painel. Assim que clicar, a caixa de diálogo *Dimension Style Manager (Gerenciador de estilo de cota),* apresentada na figura 6.5, aparecerá. Caso tenha alguma dúvida, é só voltar lá que explicarei novamente.

7.4.3. Painel *Tables* (Tabelas)

A figura 7.47 apresenta o painel *Tables (Tabelas).*

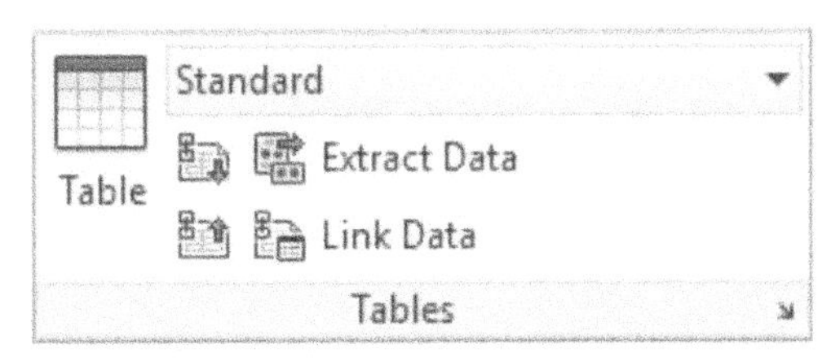

Figura 7.47 – Painel *Tables (Tabelas).*

O principal comando deste painel é o *Table (Tabela)*. Nós já vimos este comando quando falamos do painel *Annotation (Anotação)* da guia *Home (Padrão).* Caso ainda tenha alguma dúvida, é só voltar lá que explico novamente.

7.5. Guia *Parametric* (Paramétrico)

A figura 7.48 apresenta a guia *Parametric (Paramétrico)*.

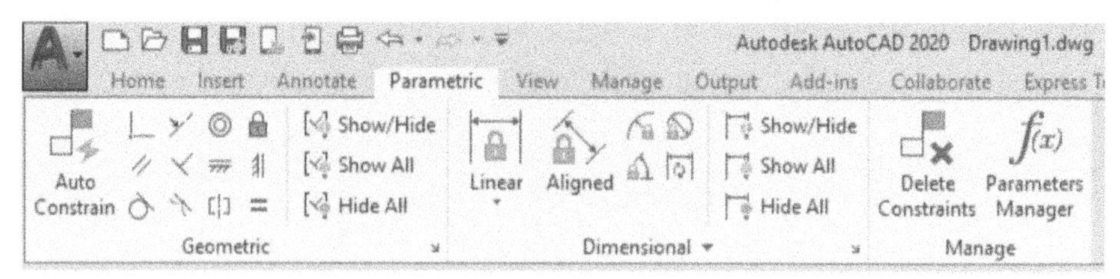

Figura 7.48 – Guia *Parametric (Paramétrico).*

A guia *Parametric (Paramétrico)* apresenta os comandos para trabalhar com parametrização de blocos. Como o nosso objetivo é ensinar os comandos básicos para poder desenhar no AutoCAD, não entraremos na explicação deste assunto. Mas depois de você dominar o AutoCAD, recomendo dar uma estudada nesse tema.

7.6. Guia *View* (Vista)

A figura 7.49 apresenta a guia *View (Vista)* cortada em duas partes. Isso foi feito devido a sua grande extensão horizontal.

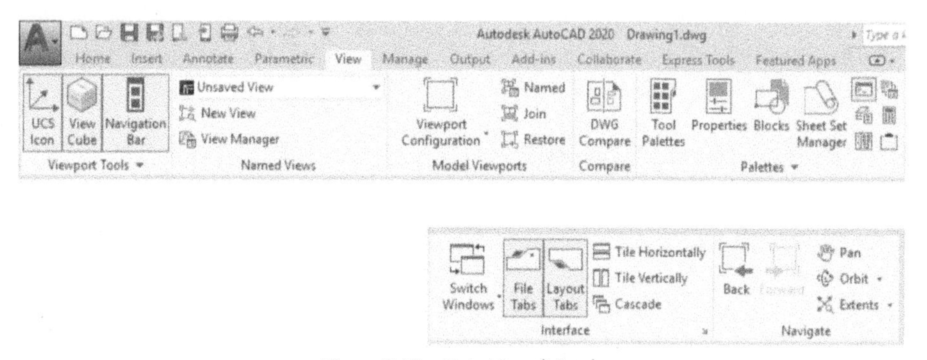

Figura 7.49 – Guia *View (Vista).*

Na sequência explicarei os principais comandos dos principais painéis.

7.6.1. Painel *Viewport Tools* (Ferramentas de *viewport*)

A figura 7.50 apresenta o painel *Viewport Tools (Ferramentas de viewport).*

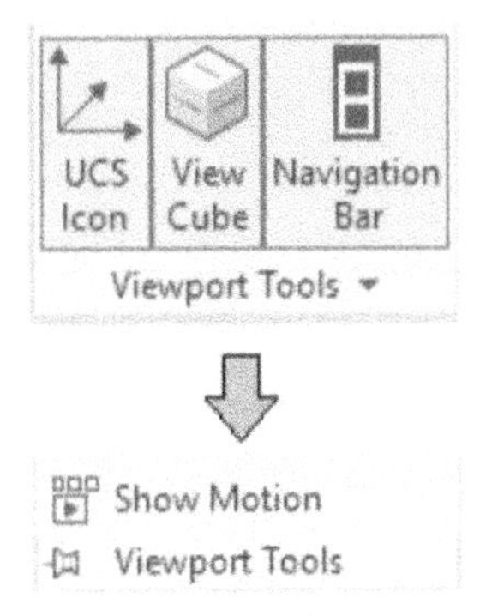

Figura 7.50 - Guia *Viewport Tools (Ferramentas de viewport).*

Para ativar ou desativar os comandos do painel *Viewport Tools (Ferramentas de viewport)*, basta você clicar com o botão esquerdo do mouse sobre eles.

O comando *UCS Icon (Ícone do UCS)* simplesmente ativa ou desativa o símbolo do UCS. O símbolo do UCS nada mais é que a indicação dos eixos de coordenadas X, Y e Z que aparecem no canto inferior esquerdo do AutoCAD.

O comando *View Cube (Visualizar Cubo)* ativa ou desativa o cubo que aparece no canto superior direito da tela do AutoCAD. Esse cubo é muito útil quando se está trabalhando no modo 3D.

O comando *Navigation Bar (Barra de navegação)* ativa ou desativa a barra de navegação que fica localizada no lado direito da tela. Essa barra apresenta atalhos de alguns comandos para visualização.

7.6.2. Painel *Model Viewports* (*Viewports* de modelo)

A figura 7.51 apresenta o painel *Model Viewports (Viewports de modelo).*

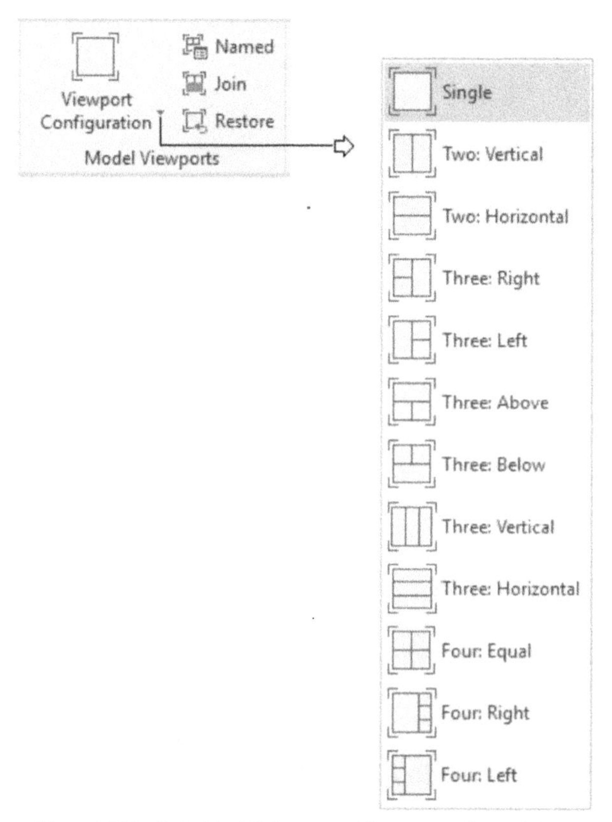

Figura 7.51 – Guia *Model Viewports (Viewports de modelos).*

Em *Viewport Configuration (Configuração Viewport)* você pode alterar como a tela do AutoCAD é dividida. Clique no triângulo que aparece ao lado de *Viewport Configuration (Configuração Viewport)* que o AutoCAD exibe uma lista de opções disponíveis. Basta clicar em uma das opções que o resultado é exibido automaticamente. Para voltar à tela padrão, basta clicar na opção com um só *Viewport.*

7.6.3. Painel *Palettes* (Paletas)

A figura 7.52 apresenta o painel *Palettes (Paletas)*.

Figura 7.52 – Painel *Palettes (Paletas)*.

Vejamos os principais comandos deste painel.

7.6.3.1. *Properties* (Propriedades)

Atalho:
Comando: *properties (pr)*

Este comando já foi bem detalhado quando vimos o painel *Properties (Propriedades)* da guia *Home (Padrão)* no item 7.2.8. Caso tenha alguma dúvida sobre o assunto, retorne lá que comentarei novamente com você o funcionamento deste comando.

7.6.3.2. *Layer properties* (Propriedades da camada)

Atalho:
Comando: *layer (la)*

Este comando será detalhado no capítulo seguinte. Por isso deixaremos para ver somente mais à frente.

7.6.3.3. *DesignCenter*

Atalho:

Comando: *adcenter (ad)*

Assim que for acionado, aparecerá uma nova caixa de ferramentas chamada *DesignCenter*, a qual você pode ver na figura 7.53. Observe nesta figura que a caixa de ferramentas é praticamente dividida em dois ambientes distintos. No lado esquerdo aparece o nome dos arquivos, conforme a organização padrão do Windows. No lado direito, aparece a informação contida no objeto selecionado no campo esquerdo.

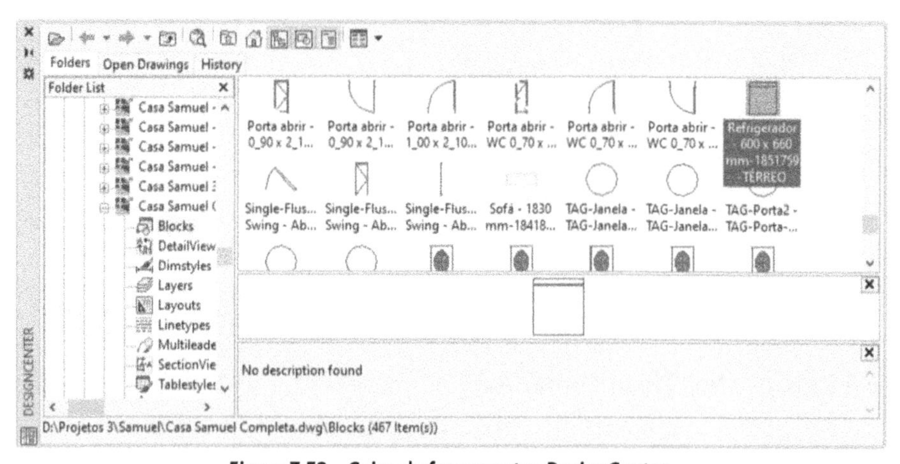

Figura 7.53 – Caixa de ferramentas *DesignCenter*.

Com esta ferramenta podemos inserir blocos diretamente de outros arquivos. Para isso, basta você dar um clique duplo (clicar duas vezes bem rápido no botão esquerdo) sobre o nome do arquivo ou clicar no sinal [+] que aparece ao lado do nome do respectivo arquivo. Em seguida aparecerão vários itens, tais como: *Blocks (Blocos), Dimstyles (Estilos de cota), Layers (Camadas), Layouts, Linetypes (Tipos de linha), Multileaderstyles (Estilos de múltiplas chamadas), Tablestyles (Estilos de tabela), Textstyles (Estilos de texto)* e *Xrefs (Refexs)*.

A função mais utilizada é a opção *Blocks (Blocos)*. Por isso, clique com o botão esquerdo sobre *Blocks (Blocos)* e observe que em seguida aparecem vários blocos no campo direito. Para inserir um bloco desta lista você precisa somente dar um clique duplo sobre o bloco desejado. Em seguida aparecerá a caixa de diálogo *Insert (Inserir)* – observe e figura 7.54. Escolha a escala e o ângulo de rotação e clique com o botão esquerdo em *OK*. Caso tenha alguma dúvida sobre como inserir blocos, volte ao Capítulo 5, item 5.3, que explicarei novamente.

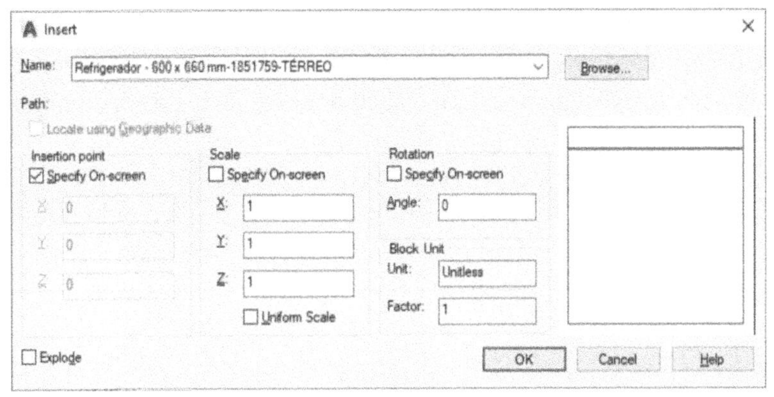

Figura 7.54 – Caixa *Insert (Inserir)*.

Se você desejar, pode simplesmente selecionar o bloco no *DesignCenter* e arrastá-lo para a área de trabalho do AutoCAD. Para tanto, simplesmente clique sobre o bloco desejado e mantenha o botão esquerdo pressionado. Em seguida, mova o cursor mantendo o botão pressionado e solte-o somente quando o bloco estiver no local desejado.

Quando for inserir um bloco, você precisa observar a sua escala – há blocos feitos na unidade m, cm e mm. Neste caso, é só inserir e verificar o tamanho que este ficou. Caso você esteja fazendo um desenho e usando os valores correspondentes em centímetros, quando for inserir um bloco da lista e este tenha sido feito em metros, deverá usar um fator de escala igual a 100, pois 1 metro tem 100 centímetros. Dessa forma, se estiver trabalhando em milímetros, deverá usar um fator de escala igual a 1000.

O procedimento para inserir outras entidades como *layers (camadas)* é o mesmo, ou seja, basta selecionar a *layer (camada)* desejada e dar um duplo clique com o botão esquerdo do mouse.

7.7. Guia *Manage* (Gerenciar)

A figura 7.55 apresenta a guia *Manage (Gerenciar)*.

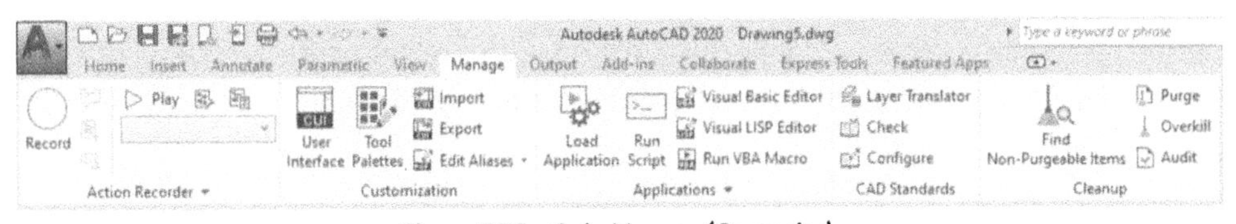

Figura 7.55 – Guia *Manage (Gerenciar)*.

Esta guia apresenta as interfaces para a personalização das ferramentas do AutoCAD, bem como programação de novos comandos. Este assunto fica para um curso mais avançado, pois o nosso objetivo não é trabalhar nesse nível de aprofundamento.

De qualquer forma, uma dica desta guia é o comando *Purge*. Com ele você pode limpar do arquivo blocos, *layers* e outros modelos do arquivo que você não use e deseja eliminar para reduzir o tamanho do arquivo, por exemplo.

7.8. Guia *Output* (Saída)

A figura 7.56 apresenta a guia *Output (Saída)*.

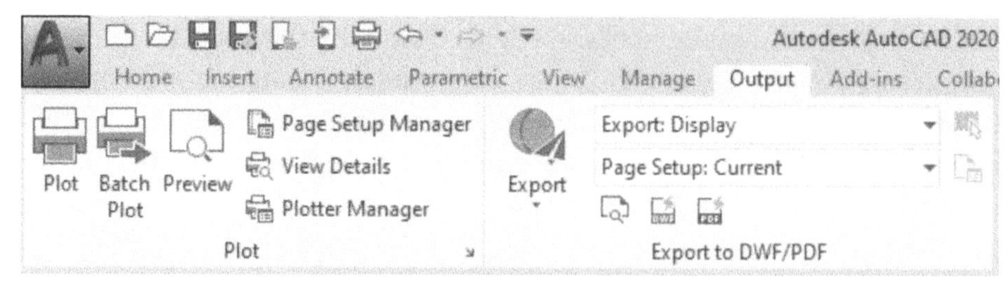

Figura 7.56 – Guia *Output (Saída)*.

Esta guia apresenta os comandos relativos à impressão de arquivos. Neste caso, deixaremos para falar sobre o assunto no Capítulo 9, específico sobre impressão.

O painel *Export to DWF/PDF (Exportar para DWF/PDF)* permite que você exporte o arquivo atual. Nós veremos como exportar para PDF através do comando *Plot (Imprimir)*. Caso desejar antecipar os estudos sobre como transformar um arquivo de desenho em PDF, vá para o Capítulo 9 que conversaremos a respeito.

Nós já vimos isso quando falamos sobre o Botão Aplicativo do AutoCAD, no início deste mesmo capítulo, item 7.1. Se desejar rever um pouco sobre exportar arquivo, volte lá que conversaremos novamente.

As demais guias que aparecem no AutoCAD não serão vistas nesse nosso estudo. Deixarei para que você possa conhecê-los em um outro estudo mais avançado, quando você já tiver dominado esses conceitos que estamos vendo aqui.

8. *Layers*

Até esse momento, você aprendeu como usar as ferramentas de desenho e de edição, mas, além disso, o AutoCAD possui um recurso muito importante: as camadas (*layers*). Esta função permite que o desenho seja criado em diversos níveis, facilitando assim sua organização, por mais complexa que seja. Esses níveis funcionam como se fossem "papéis transparentes" perfeitamente superpostos, ou seja, cada parte do desenho é elaborada em uma "folha". Todos os níveis possuirão limites, sistemas de coordenadas e fator de escala visual do *zoom* iguais.

Um exemplo prático dessa função seria você fazer o desenho de uma planta baixa numa folha transparente, o das cotas em outra, os textos numa terceira folha transparente e em outra os móveis. Após todos os desenhos concluídos, você colocaria as folhas sobrepostas. Com isso, o que resultaria? Certamente você deve concordar que o resultado final seria o desenho completo da planta. A vantagem de você construir o desenho dessa forma é poder definir o que você deseja apresentar ou o que você deseja visualizar. Em alguns casos as cotas atrapalham muito a visualização do desenho e, se você fizer os desenhos em camadas, poderá ocultar as cotas sempre que desejar.

Além disso, outra grande vantagem da utilização de níveis é que, em um mesmo desenho, podem ser agrupados o original e suas várias versões. Você determina o que deve aparecer na tela, sendo apenas impresso o que estiver visível. As informações de níveis "congelados" não são mandadas à impressora (mais à frente será explicado como congelar, tornar visíveis e invisíveis as camadas).

Para cada nível você pode especificar uma cor e um tipo de linha, para identificar melhor os diferentes tipos de níveis.

Os critérios mais práticos para se definir uma *layer* são basicamente dois: o primeiro é escolher o tipo de linha, ou seja, se a linha é tracejada, pontilhada ou de outro tipo qualquer. Dessa forma, sempre que se deseja fazer uma linha tracejada, por exemplo, seleciona-se a respectiva *layer* e as linhas são desenhadas sem nenhum problema. O outro modo é criar *layers* com cores diferentes para cada tipo de espessura que se deseja imprimir, isto é, caso seja necessário imprimir três linhas com diferentes espessuras, então são criadas três camadas e todas com cores diferentes. O motivo de criar três camadas com cores diferentes é que, para imprimir, um dos modos de você especificar espessuras diferentes é através das cores. Isso será explicado com mais detalhes no capítulo sobre impressão.

Todo desenho ao ser iniciado possui por padrão a *layer 0*, seus elementos são desenhados na cor preta (caso o fundo seja preto, a cor da linha será branca) e com o tipo de linha contínua. O nível *0* não pode ser apagado nem renomeado.

O comando *Layer (Camada)* você pode chamar através da tecla de atalho , localizada no painel *Layers (Camadas)* da guia *Home (Padrão)* ou através da mesma tecla de atalho, porém localizada no painel *Palettes (Paletas)* na guia *View (Vista)*. Outra forma ainda é usando o teclado e digitando-se *layer* (neste caso, você pode usar tanto para a versão em português quanto para a versão em inglês) ou simplesmente digitando-se as iniciais *la* e pressionando *Enter*. Em qualquer uma das opções que você usar para chamar o comando, a seguinte caixa de diálogo aparecerá:

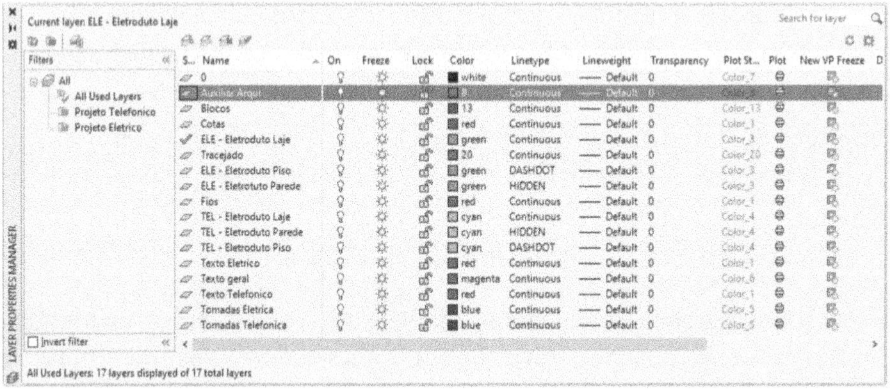

Figura 8.1 – Caixa de diálogo *Layer Properties Manager (Gerenciador de propriedades de camada)*.

New (Novo) – Cria novas *layers*. Clique com o botão esquerdo sobre a opção, digite um nome para a nova *layer* e, em seguida, pressione *Enter*. Você também pode criar uma simplesmente pressionando *Enter*. Para tanto, clique numa *layer* existente e pressione *Enter*. Em seguida digite o nome da nova camada e pressione *Enter* novamente.

Delete (Excluir) – Apaga uma *layer* já criada; a layer *0* não pode ser deletada. Uma camada que contenha algum objeto não pode ser excluída sem que você elimine antes todos os objetos.

Set Current (Definir atual) – Define a *layer* selecionada como sendo a corrente. Assim, tudo o que você fizer na tela do AutoCAD ficará nesta camada. Você também pode tornar ativa a *layer* simplesmente dando um clique duplo no nome da *layer* desejada.

Para renomear uma *layer*, basta dar um clique sobre seu nome, tornando-a destacada (preenchimento azul). Depois, dê outro clique sobre ela e escreva o novo nome. Após digitá-lo, pressione *Enter*. Outra forma prática é pressionar a tecla *F2* assim que clicar na *layer* que você deseja alterar o nome.

New Group Filter (Novo filtro de grupo) – Permite criar um grupo de filtros para as *layers*. Clique com o botão esquerdo do mouse sobre o ícone indicado e digite o nome do grupo de camadas que você deseja criar.

Esta função é muito útil quando se trabalha com grandes projetos num mesmo arquivo. Por exemplo, num projeto elétrico e telefônico de um edifício, para facilitar você poderá organizar as *layers* dos projetos nos seus respectivos grupos. Dessa forma, quando você desejar ocultar todas as *layers* de um projeto, basta clicar com o botão direito do mouse sobre o nome do grupo da camada que você deseja ocultar e selecionar *Visibility (Visibilidade)* >> *Off (Desativada)*. Veja a figura 8.2.

Para você adicionar uma *layer* no filtro criado, basta você selecionar a *layer* que aparece no lado direito da caixa de diálogo *Layer Properties Manager (Gerenciador de propriedades de camada)* e arrastar até o nome do filtro desejado no lado esquerdo.

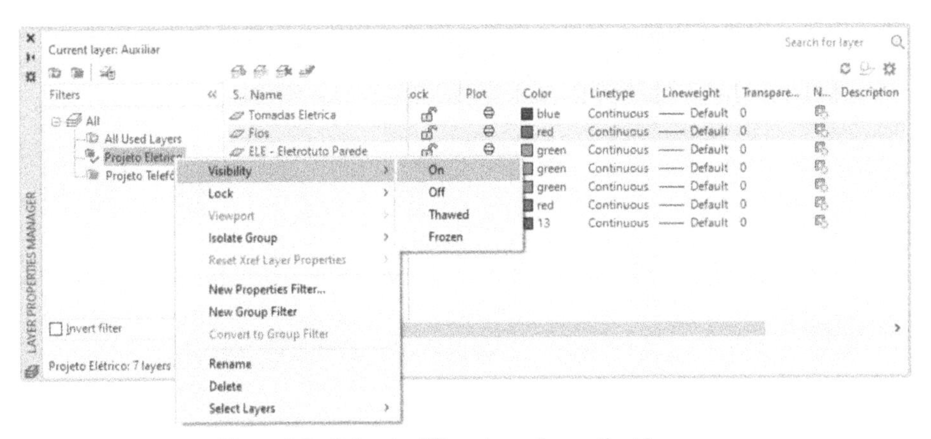

Figura 8.2 – Caixa de diálogo *Layer Properties Manager* (*Gerenciador de propriedades de camada*) – Ocultando as *layers* de um grupo.

On

On (Ativada) – Ativa ou desativa a *layer* selecionada. Utiliza-se muito esta função quando o desenho está muito grande e a poluição visual está atrapalhando. Este comando facilita muito o processo, já que possibilita tornar invisível a parte do desenho que está atrapalhando (acontece muito quando há textos no meio dos desenhos). Os novos usuários do AutoCAD, quando estão aprendendo sobre *layers*, geralmente esquecem a camada "desativada", isto é, invisível. Assim, eles tentam fazer um desenho, mas não conseguem visualizá-los, então começam a pensar que não estão conseguindo desenhar. No entanto, isso ocorre porque a camada está invisível e, dessa forma, o AutoCAD está fazendo o desenho, porém este não pode ser visualizado na tela. Para resolver isso, é necessário tornar a camada visível novamente.

Freeze

Freeze (Congelar) – Congela a *layer* selecionada em todas as *Viewports*, tornando invisíveis as entidades criadas nesta *layer* e ignoradas durante a regeneração. Seu funcionamento é semelhante ao modo *Ativar/Desativar (On/Off)*; a principal diferença está no processamento dos dados. Usando a opção *Freeze (Congelar)*, o AutoCAD não processa os dados na memória. Dessa forma fica mais rápido o processamento do desenho.

Lock

Lock (Bloquear) – Trava ou destrava a *layer* selecionada para facilitar a seleção de objetos. Objetos em *layers* travadas não podem ser editados. Este comando também é bastante usado quando o desenho é muito grande e é indispensável deixá-lo todo visível, porém não sendo necessário utilizá-lo totalmente. Dessa forma, você não corre o risco de apagar ou mover um objeto acidentalmente.

Color

■ white *Color (Cor)* – Indica as cores das respectivas *layers*. Para alterar as cores das camadas, basta clicar com o botão esquerdo sobre o quadrado da cor correspondente da *layer*.

Linetype

Continuous *Linetype (Tipo de linha)* – Mostra o tipo de linha de cada *layer*. Para alterá-lo, clique sobre o nome do tipo da linha da *layer* desejada. Assim, abrirá a caixa de diálogo *Select Linetype (Selecionar tipo de linha)*, a qual pode ser vista na figura 8.3.

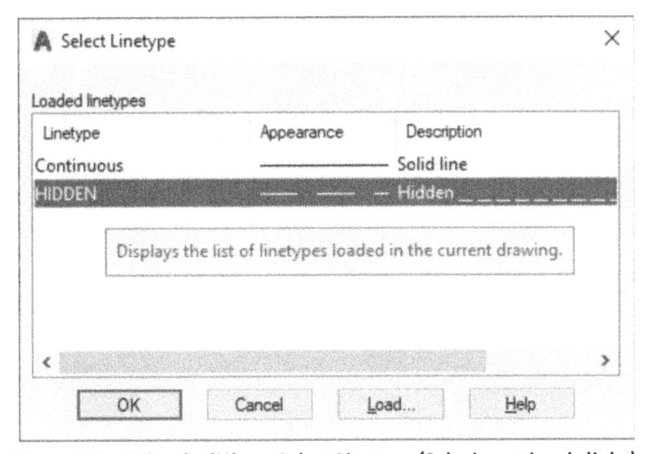

Figura 8.3 - Caixa de diálogo *Select Linetype (Selecionar tipo de linha)*.

Load (Carregar) – Serve para poder escolher mais tipos de linhas. Na figura 8.3, está aparecendo uma linha chamada *Hidden (Tracejada)* – esta linha foi adicionada por mim. Caso você não tenha adicionado nenhuma linha, deverá estar visualizando somente a linha *Continuous*. Para adicionar outra linha, clique com o botão esquerdo sobre *Load (Carregar)*; a caixa de diálogo *Load or Reload Linetypes* aparecerá *(Carregar ou recarregar tipos de linha)* (figura 8.5). Escolha a linha desejada e clique em *OK*. Todo o procedimento para carregar outro tipo de linha ou mudar a cor de uma *layer* será explicado com detalhes no próximo exemplo.

8.1. Exemplo de *layer*

Após essas numerosas definições, talvez não tenha ficado muito claro para você como funciona a *layer*, então vamos fazer um exemplo para tentar sanar todas as dúvidas que você possa ter.

Abra o AutoCAD e faça algumas linhas da forma que você desejar. Agora clique com o botão esquerdo em para chamar a função *Layer (Camada)*. A caixa de diálogo *Layer Properties Manager (Gerenciador de propriedades de camada)* deverá aparecer (veja a figura 8.1). Vamos criar uma *layer* com o nome de *Auxiliar* da seguinte forma: clique com o botão esquerdo em *New layer (Nova camada)* , digite *Auxiliar* e pressione *Enter*. Para mudar a cor, clique num quadradinho todo preto que está aparecendo abaixo de *Color (Cor)* que a caixa de diálogo *Select Color (Selecionar cor)* aparecerá. Essa caixa de diálogo já foi apresentada na figura 7.19; se você tiver alguma dúvida poderá voltar no Capítulo 7 para revisar. Para facilitar o nosso entendimento, segue-a novamente na figura 8.4.

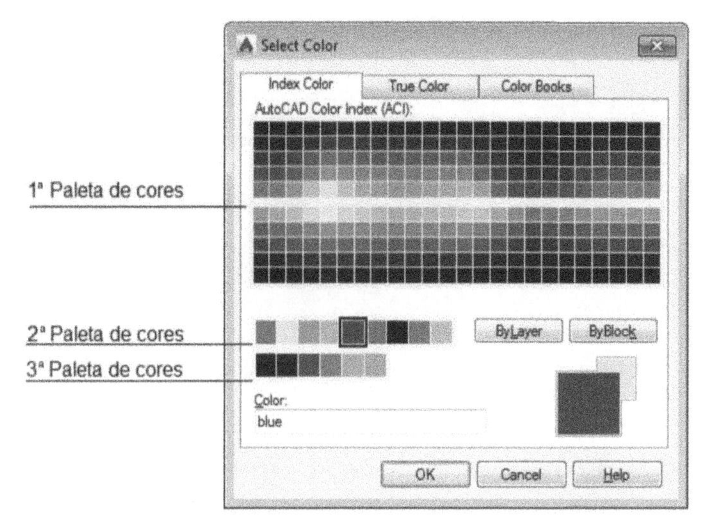

Figura 8.4 – Caixa de diálogo *Select Color (Selecionar cor).*

Escolha a cor azul de sua preferência e clique em *OK*.

Se deixarmos assim, a linha permanecerá contínua; entretanto, vamos alterar para uma linha tracejada. Para fazer isso, clique com o botão esquerdo sobre o nome da linha atual, *Continuous,* que está localizada abaixo de *Linetype (Tipo de linha).* A caixa de diálogo *Select Linetype (Selecionar tipo de linha)* aparecerá (veja a figura 8.3). Provavelmente deverá ter aparecido somente a linha *Continuous.* Para visualizar mais linhas, é preciso clicar sobre *Load (Carregar)* e, novamente, outra caixa de diálogo aparecerá. Veja a figura 8.5.

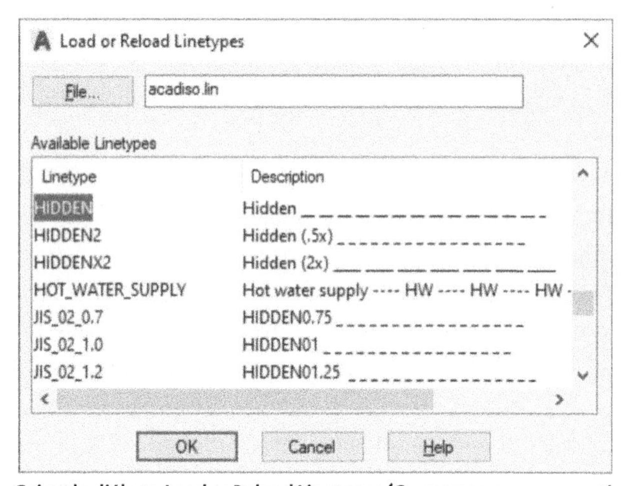

Figura 8.5 – Caixa de diálogo *Load or Reload Linetypes (Carregar ou recarregar tipos de linha).*

Com o botão esquerdo, clique na seta vertical inferior direita de modo a deslocar as opções dos tipos de linhas até aparecerem as opções *Hidden (Tracejada)*, conforme você pode observar na figura 8.5. Clique com o botão esquerdo em *Hidden (Tracejada)* e selecione *OK*.

Observe que, agora, não há mais somente a linha *Continuous*, há também a *Hidden (Tracejada)* na caixa de diálogo *Select Linetype (Selecionar tipo de linha)* – isso porque foi selecionado somente um tipo de linha.

Por enquanto, esse procedimento apenas serviu para carregar a nova linha; agora, se clicarmos com o botão esquerdo em *OK*, o tipo de linha da *layer Auxiliar* será o mesmo, *Continuous*. Por isso, nesta mesma caixa de diálogo, clique com o botão esquerdo na linha *Hidden (Tracejada)* e, em seguida, em *OK*. Note que onde era *Continuous* agora é *Hidden (Tracejada)*. Clique novamente em *OK* para poder voltar à área de trabalho do AutoCAD.

Com isso, criamos uma *layer* com cor azul e com o tipo de linha tracejada. No entanto, esta *layer* ainda não contém nenhum objeto.

Para poder desenhar qualquer objeto na *layer Auxiliar*, primeiramente é necessário torná-la ativa. Para facilitar o entendimento, observe antes a figura 8.6, a qual representa o painel *Layers (Camadas)* da guia *Home (Padrão)*, que vimos no item 7.2.6.

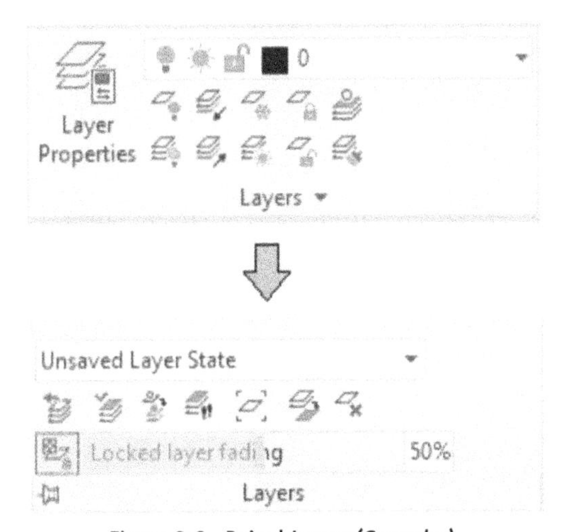

Figura 8.6 – Painel *Layers (Camadas)*.

Vejamos a explicação dos principais comandos:

Layer Properties (Propriedades de camada) – Abre a caixa de diálogo *Layer Properties Manager (Gerenciador de propriedades de camada)*, a qual vimos na figura 8.1.

– Define a *layer* atual como sendo a do objeto selecionado.

– Altera a *layer* do objeto selecionado para igualar a *layer* do objeto de referência. O procedimento é simples. Primeiramente chame o comando clicando no ícone , em seguida selecione o objeto cuja *layer* você deseja alterar. Assim que selecionar todos os objetos, pressione *Enter* para informar que você não deseja mais selecionar objetos. Para finalizar, clique no objeto que tem a camada que você desejar usar como referência.

– Oculta todas as camadas exceto as dos objetos selecionados, isto é, deixará visível somente as camadas dos objetos especificados. Essa função é muito útil quando você precisa selecionar elementos da mesma *layer*. Assim ocultará as demais e você consegue selecioná-las facilmente.

– Desfaz o desligamento/ocultamento das camadas ocultas através do comando anterior.

– Congela (*Freeze*) as camadas dos objetos selecionados.

– Desativa (*Off*) as camadas dos objetos selecionados.

Unsaved Layer State (Estado de camada não salvo) Unsaved Layer State – Permite criar um estado de camadas. Por exemplo, você pode ocultar as *layers* referentes aos textos e cotas e, na sequência, criar um estado chamado sem cotas e textos. Dessa forma, sempre que você precisar ocultar essas duas *layers*, é só selecionar esse estado de camadas. Acaba funcionando quase como um grupo de *layer*, porém o acesso é mais rápido.

0 – Permite alterar a *layer* atual por outra, deixar visível ou não uma camada, além de outras funções. Para tornar outra camada visível é só clicar na setinha e depois clicar no nome da *layer* desejada.

Caso você não tenha feito nenhuma mudança, todas as informações contidas na figura 8.6 deverão ser as mesmas visualizadas no seu computador, ou seja, a *layer* que deverá estar ativa é a "0". Vamos ver como alterar para a *layer* com nome "Auxiliar". Caso você não tenha criado essa *layer*, você poderá criá-la ou usar outra *layer* como exemplo.

Então vamos lá, é necessário clicar com o botão esquerdo na setinha ▾ e, em seguida, sobre o nome *Auxiliar* que aparecerá (ver figura 8.7). Feito isso, as informações dos campos do painel *Layers (Camadas)* modificarão automaticamente para as propriedades referentes à *layer Auxiliar*. Agora tudo o que for feito ficará armazenado na *layer Auxiliar*. Para você confirmar, desenhe linhas e circunferências, observando que a cor é a mesma da *layer* especificada. Talvez a linha não esteja aparecendo tracejada – logo em seguida explicarei para você como definir esta propriedade.

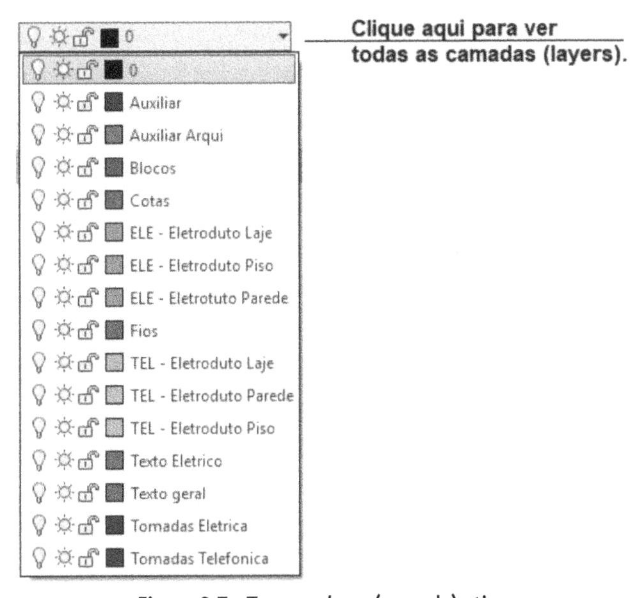

Figura 8.7 – Tornar a *layer* (camada) ativa.

Observe também que o painel *Properties (Propriedades)* também alterou as características conforme a camada selecionada. Veja a figura 8.8.

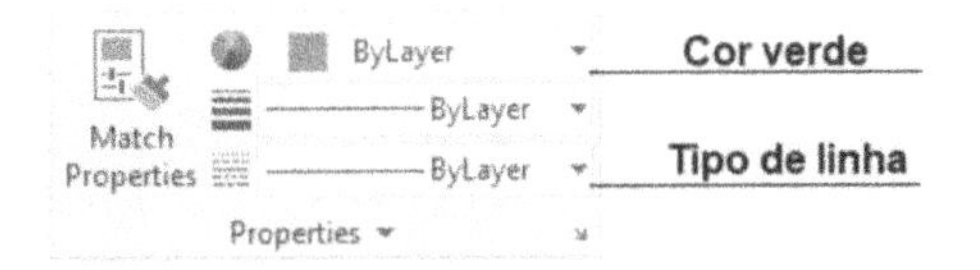

Figura 8.8 – Painel *Properties (Propriedades)* para a camada *Auxiliar*.

Para voltar à camada *0*, clique novamente na setinha ▾ da figura 8.7 e sobre *0*.

Suponhamos que você fez o desenho na *layer 0*, mas deseja que uma das linhas ou qualquer outro objeto fique na *layer Auxiliar*. Para fazer isso, selecione a linha desejada (veja que ela fica tracejada e com uns quadradinhos azuis), clique na setinha ▾ ao lado do nome da *layer* no painel *Layers (Camadas)* (figura 8.7) e sobre o nome da *layer Auxiliar*. Observe que os campos do painel *Properties (Propriedades)* não são os mesmos, são os definidos para a camada *Auxiliar*. Na sequência, pressione *Esc* para remover a seleção da linha. Note que os campos do painel *Properties (Propriedades)* voltaram a ser as definições da camada *0*, mas a linha continua azul e tracejada. Se por um acaso a linha não está parecendo ser tracejada, veremos no item seguinte como resolver isso.

8.2. *Layer* com linha tracejada

Caso não seja possível visualizar a linha tracejada, provavelmente a escala *Ltscale* está muito grande ou pequena. Essa escala serve para poder definir as escalas das linhas, pois é possível ter uma linha tracejada com vários tamanhos de traços e espaçamentos. Quando essa escala é muito pequena, a distância entre cada traço é tão próxima que o resultado parece ser uma linha contínua. Por outro lado, se a escala for muito grande, o tamanho do traço poderá ser tão grande que a linha desenhada não terá tamanho suficiente para poder ter mais de um traço.

Caso você depare com esse problema, digite *Ltscale* e pressione *Enter*. A seguinte mensagem deverá aparecer: *Enter new linetype scale fator (Inserir o novo valor para LTSCALE) <1.0000>:*. Então digite *0.5*, por exemplo, e pressione *Enter*. Veja se o resultado é satisfatório (em algumas versões do AutoCAD pode ser que o resultado não apareça imediatamente; caso isto ocorra, digite *regen* e pressione *Enter*). Caso não seja, tente outros valores. Sempre que uma linha tracejada, pontilhada ou outro tipo de linha não estiver aparecendo nitidamente, será necessário alterar o valor do *Ltscale*.

Na figura 8.9 você pode ver como uma linha tracejada pode parecer contínua ou ter vários tamanhos de traços. Observe que em todas as situações apresentadas as linhas possuem o mesmo tamanho, diferindo-se somente no fator *Ltscale*.

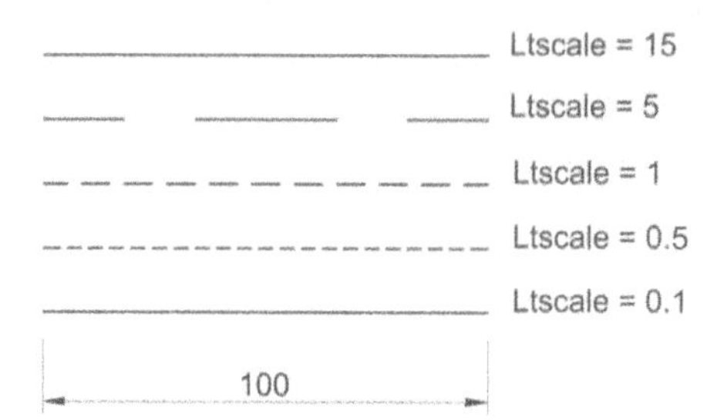

Figura 8.9 – Aplicação do comando *Ltscale*.

Se desejarmos deixar somente a *layer 0* visível, podemos fazer isso através da setinha ▾ do painel *Layers (Camadas)*, conforme ilustrado na figura 8.7. Para isso, clique com o botão esquerdo na setinha ▾, clique sobre (lâmpada), da camada *Auxiliar*, bem como das demais *layers*, e num ponto qualquer da área de trabalho do AutoCAD para ver o resultado.

Observe que, agora, não está mais aparecendo a linha azul ou qualquer outro objeto que você possa ter feito nesta *layer*. Para retornar ao estado normal, clique novamente na setinha ▾ e nas lâmpadas de cada *layer* que você clicou antes. Outra forma simples de cancelar o que você acabou de fazer é clicar em *Undo (Desfazer)*, o qual está localizado no canto superior direito do AutoCAD.

Conforme comentei anteriormente, o AutoCAD tem um atalho que facilita o procedimento de ocultar a *layer*. Para tanto, clique no ícone localizado no painel *Layers (Camadas)* – figura 8.6. Em seguida, é só você clicar sobre os objetos da *layer* que você deseja ocultar. Para finalizar, pressione *Enter*.

Para visualizarmos a *layer*, mas não permitirmos qualquer alteração, basta seguirmos o procedimento anterior e clicarmos no (cadeado) da respectiva *layer* ou usar o atalho e clicar diretamente sobre o objeto cuja *layer* você deseja que fique inativa, somente visível.

Caso desejarmos simplesmente mudar a cor de uma linha, será preciso somente selecioná-la com o botão esquerdo, clicar no campo correspondente à cor do painel

Properties (Propriedades), conforme indicado na figura 8.8, e escolher a cor. Para finalizar, pressione *Esc*.

Para mudar somente o tipo de linha, o procedimento é similar ao da alteração da cor. Simplesmente clique com o botão esquerdo do mouse no campo correspondente ao tipo de linha do painel *Properties (Propriedades),* conforme indicado na figura 8.8, e selecione o tipo de linha. Apesar de o AutoCAD permitir que você faça isso, não aconselho alterar o tipo de linha diretamente por esse atalho. Recomendo que, sempre que você pretenda desenhar com outro tipo de linha, crie uma *layer* específica para esse tipo de linha. Dessa forma, caso você resolva alterar novamente o tipo de linha dos objetos que você acabou de criar na nova *layer*, basta chamar o comando *Layer (Camada)* e alterar o tipo de linha que automaticamente o AutoCAD altera para todas as linhas que você fez nesta *layer*. Caso você não tivesse feito em uma camada específica, você teria que selecionar todas as linhas e alterar o tipo manualmente. Com isso, se o número de objetos fosse relativamente grande, você teria muito mais trabalho, comparado ao procedimento de alterar o tipo de linha direto na *layer*.

9. Imprimir (*Plot*)

Depois de concluído um trabalho será necessário imprimi-lo, pois nem todos a quem precisamos apresentar os desenhos possuem AutoCAD. Mesmo aqueles que possuem podem não querer recebê-los em meio digital, por isso é necessário que você aprenda o comando *Plot (Imprimir)*.

Há diversas formas de você chamar o comando: você pode digitar diretamente *plot* ou *print (imprimir)* e, em seguida, pressionar *Enter* ou através do ícone do comando existente na barra de ferramentas de acesso rápido – veja a figura 7.1. Há também no painel *Plot (Plotar)* da guia *Output (Saída)*, bem como no botão Aplicativo.

De qualquer forma que você escolher, ao chamar o comando *Plot (Imprimir)*, aparecerá a caixa de diálogo que pode ser vista na figura 9.1.

Pode ser que antes de aparecer a caixa de diálogo *Plot (Imprimir)* seja exibida uma pequena caixa de diálogo com o objetivo de simplesmente oferecer a você um acesso mais rápido à ajuda do AutoCAD. Caso deseje consultar a ajuda do AutoCAD, clique com o botão esquerdo em *Yes (Sim)*; caso contrário, clique em *No (Não)*. Para que essa caixa de diálogo não mais apareça, é necessário que a opção *Do not show this dialog again (Não exibir esta mensagem novamente)* esteja ativa.

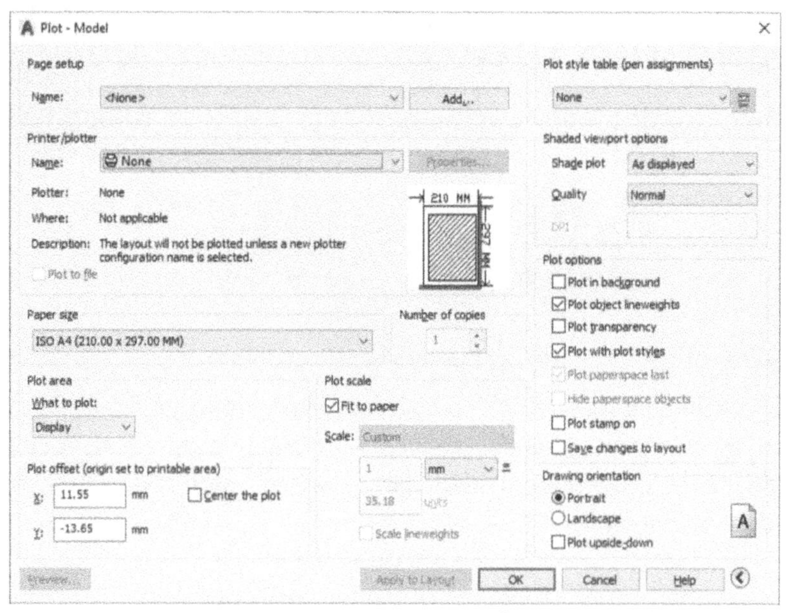

Figura 9.1 – Caixa de diálogo *Plot – Model* (Plotar – Modelo).

Na sequência, explicarei para você os principais itens desta caixa de diálogo.

Page Setup (Configuração de página) – Apresenta as configurações de impressão definidas por você. Caso você já tenha feito uma impressão ao clicar em ▼, ao lado de *Name (Nome)* aparecerá a opção *Previous Plot (Plotagem anterior)*. Essa opção apresenta a última configuração de impressão que você usou. Se você desejar, poderá criar uma nova opção clicando em *Add... (Adicionar...)*.

Printer/plotter (Impressora/Plotadora) – Esta seção mostra o dispositivo atualmente configurado para o qual a plotagem será enviada. Para alterar o tipo de *plotter* ou de impressora, clique com o botão esquerdo sobre o nome da *plotter* atual e escolha a opção desejada.

Properties (Propriedades) – Permite acessar as propriedades da impressora ou *plotter* selecionada.

Plot to file (Plotar para arquivo) – Esta opção está localizada logo abaixo do campo da definição da impressora (ver figura 9.1) e permite salvar um arquivo de impressão. Isto é, em vez de enviar para imprimir, o AutoCAD salva num arquivo, sendo que o nome do arquivo será definido após mandar para a impressão. O AutoCAD adota automaticamente o nome do arquivo de impressão como sendo formado pelo nome do arquivo do desenho e o nome do layout que será impresso. Mais adiante, explicarei detalhadamente sobre o layout. Apesar de termos essa opção, está sendo pouco usada, já que normalmente imprimimos em PDF.

Plot style table (pen assignments) (Tabela de estilos de plotagem (atribuições da caneta)) – É nesta opção que são definidas as espessuras nas quais as linhas serão impressas. Caso não esteja aparecendo essa opção na sua caixa de diálogo, clique em ⊙ no canto inferior direito. Para facilitar, no AutoCAD é possível salvar as propriedades das espessuras, bem como das cores que serão impressas, por isso é possível editar uma lista das propriedades já definidas pelo programa ou criar uma nova. Vejamos primeiramente como editar uma lista.

9.1. Estilo de plotagem – Configuração das penas

Observe a figura 9.1 e clique com o botão esquerdo no nome do arquivo de pena atual *(None/Nenhum)* (canto superior esquerdo) e escolha o nome da lista que deseja editar – para o nosso exemplo selecionarei o *Acad*. Na sequência, o ícone da opção *Edit* deixa de ficar no tom cinza para a sua cor natural, o que mostra que você pode selecioná-lo. Então, clique nele com o botão esquerdo. A caixa de diálogo *Plot Style Table Editor (Editor de tabela de estilo de plotagem)* abrirá, veja a figura 9.2.

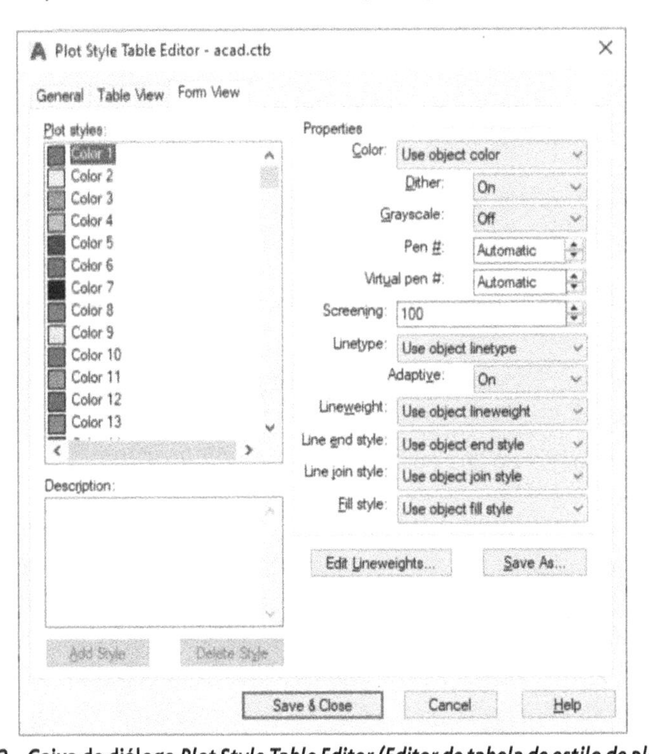

Figura 9.2 – Caixa de diálogo *Plot Style Table Editor (Editor de tabela de estilo de plotagem)*.

Observe a caixa de diálogo da figura 9.2 e veja que podemos dividi-la em duas partes: esquerda e direita. O lado esquerdo representa o *Plot styles (Estilos de plotagem)* e o lado direito as *Properties (Propriedades)*. Lembrando que estamos com a aba *Form View (Visualização do formato)* ativa. Caso a caixa de diálogo *Plot Style Table Editor (Editor de tabela de estilo de plotagem)* que você abriu esteja diferente da apresentada na figura 9.2, observe a aba que está ativa e altere, caso for necessário. Vejamos as explicações das principais funções.

Plot styles (Estilo de plotagem)

Neste campo são apresentadas as cores usadas no desenho. No AutoCAD, as propriedades para as linhas serem impressas diferenciam-se simplesmente pela cor em que foram feitas. Por isso, apesar de uma linha ter sido feita com a cor vermelha, por exemplo, ela poderá ser impressa com qualquer outra cor. Quando é selecionada uma cor com o botão esquerdo no quadro esquerdo da caixa de diálogo, as propriedades referentes a esta cor são mostradas no quadro direito. Dessa forma, se o desenho foi feito com várias cores diferentes, será necessário selecionar cada cor, uma por vez, e definir as propriedades para cada uma.

Caso você deseje que um determinado grupo de cores seja impresso com as mesmas características, você pode selecionar todo o grupo e definir as propriedades em comum de uma só vez.

Properties (Propriedades)

Esse campo apresenta as configurações de impressões das linhas para as respectivas cores usadas no desenho. Isto é, aqui você poderá definir como cada cor será impressa.

- ***Color (Cor)*** – Indica a cor na qual o objeto será impresso. Se mantiver a opção atual *Use object color (Utilizar cor de objeto)*, o objeto será impresso com a cor na qual ele foi desenhado. Se você trocar para *Black (Preto)*, o AutoCAD imprimirá o desenho na cor preta, mesmo que ele tenha sido feito em outra cor.
- ***Screening (Filtragem)*** – Indica a intensidade da impressão. Este valor varia entre 0 e 100.
- ***Linetype (Tipo de linha)*** – Apresenta os tipos disponíveis de linhas. Caso seja mantida a opção atual, *Use object linetype (Utilizar tipo de linha de objeto)*, as linhas serão impressas nos tipos em que foram feitas.
- ***Lineweight (Espessura da linha)*** – Mostra a espessura da linha. Clique com o botão esquerdo e selecione a opção desejada. A espessura padrão do AutoCAD é 0,254 mm. Será nesta opção que você definirá as linhas de espessuras finas e as mais grossas.

Feitas todas as alterações desejadas, clique com o botão esquerdo em *Save & Close (Salvar e fechar)* para o AutoCAD salvar as alterações e fechar esta caixa de diálogo.

Para criar uma nova lista de propriedades é muito simples. De volta para a caixa de diálogo *Plot (Plotar)*, veja a figura 9.1, clique com o botão esquerdo sobre o nome do arquivo de pena que aparece em *Plot style table (Tabela de estilo de plotagem)*, mova o cursor até o fim da lista de arquivos de penas e selecione *New... (Nova...)*. A caixa de diálogo *Add Color-Dependent Plot Style Table (Adicionar tabela de estilo de plotagem dependente de cor)* aparecerá (ver figura 9.3).

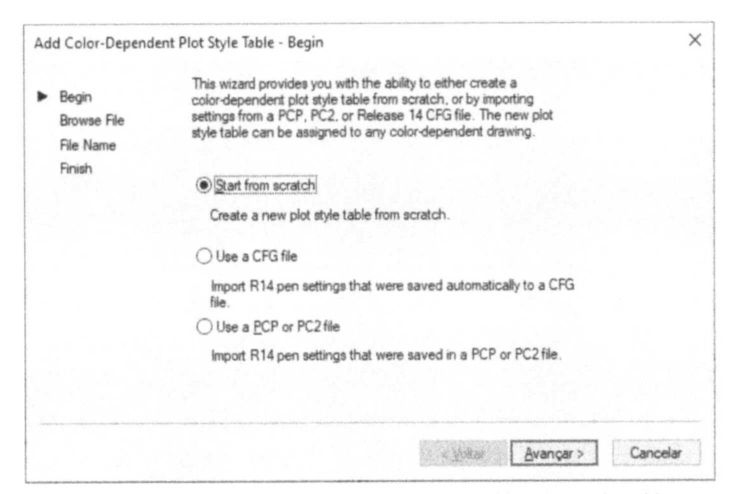

Figura 9.3 – Caixa de diálogo *Add Color-Dependent Plot Style Table (Adicionar tabela de estilo de plotagem dependente de cor)*.

Selecione a primeira opção *Start from scratch (Começar do zero)* e clique em *Avançar*. Na nova caixa de diálogo, no campo *File name (Nome do arquivo)*, digite o nome que deseja dar para a nova lista e clique novamente em *Avançar*. Se desejar definir agora as propriedades das linhas para a impressão, clique com o botão esquerdo do mouse em *Plot Style Table Editor (Editor de tabela de estilo de plotagem)* que a caixa de diálogo da figura 9.2 aparecerá. As demais opções que estão sendo apresentadas podem ficar dessa forma. Para finalizar, clique com o botão esquerdo em *Concluir*.

Na caixa de diálogo *Plot (Plotar)* (figura 9.1), no campo *Plot style table (Tabela de estilo de plotagem)*, caso não esteja aparecendo o nome da lista criada, clique na lista dos nomes dos estilos e selecione o nome desejado. Se desejar editar a lista que você criou, basta selecioná-la e clicar em *Edit (Editar)* .

9.2. Configurações da folha

Vamos voltar para as explicações dos itens da caixa de diálogo *Plot – Model (Plotar – Modelo)* que apresentamos na figura 9.1.

Paper size (Tamanho do papel) – Mostra para a impressora configurada o tamanho da folha especificada. Para alterar o tamanho da folha, basta clicar com o botão esquerdo do mouse no nome que está configurado e definir o novo tamanho da folha.

Plot área (Área de plotagem) – Nesta seção determina-se a área do desenho que será plotada, selecionando-se entre *Display (Exibição)*, *Window (Janela)* e *Limits (Limites)*. Vejamos rapidamente as opções disponíveis.

- Selecionar o botão *Display (Exibição)* configura a área de impressão conforme a tela antecedente à entrada na caixa de diálogo *Plot (Plotar)*, ou seja, será impresso exatamente o que se vê na tela.

Obs.: amplie e desloque a imagem *(pan)* para a área do desenho que você deseja imprimir antes de entrar na caixa de diálogo *Plot (Plotar)*.

- O comando *Window (Janela)* permite imprimir uma área selecionada. Para isso, é necessário clicar em *Window (Janela)*; então, o AutoCAD pede para especificar o primeiro ponto da área. Este ponto pode ser definido através de coordenadas ou simplesmente clicando com o botão esquerdo num ponto da tela. Em seguida, é preciso definir o segundo ponto da área e, posteriormente, você voltará à caixa de diálogo *Plot (Plotar)*. Pratique bastante a opção de impressão *Window (Janela)* porque será através dela que trabalharemos.

Obs.: faça sempre uma visualização prévia da plotagem antes de enviá-la ao dispositivo de impressão; pode haver objetos que deveriam ser selecionados e não foram ou que podem não estar posicionados corretamente.

Plot offset (Deslocamento da plotagem) – Através deste campo da caixa de diálogo *Plot (Plotar)*, pode-se definir a posição do desenho em relação à folha em que será impresso.

A opção *Center the plot (Centralizar plotagem)* posiciona o desenho no centro do limite da folha. Caso deseje, é possível definir o posicionamento manual do desenho na folha. Para isso digite os valores das coordenadas *X* e *Y* nos respectivos campos.

Plot scale (Escala de plotagem) – Nesta seção, pode-se definir a escala na qual será impresso o desenho.

No campo *Scale (Escala)* é possível escolher algumas das escalas já definidas pelo AutoCAD. Para selecionar uma escala, clique com o botão esquerdo do mouse sobre o campo *Scale (Escala)* e escolha uma escala. A opção *Fit to paper (Ajustar ao papel)* vai definir uma escala para se adequar à opção definida na *Plot area (Área de plotagem)*. Esta opção é muito usada quando se deseja imprimir o desenho sem escala, somente para visualização de erros, por exemplo.

Abaixo de *Scale (Escala)* aparece o valor da escala de impressão. O primeiro campo (*mm*) representa o fator da escala para impressão, enquanto o segundo *(units – unidades)* representa o fator da escala do desenho. Dessa forma, quando desejar imprimir um desenho com escala 1:50 (supondo que o desenho tenha sido feito em tamanho real e em mm), basta digitar *1* no primeiro campo e *50* no segundo. Caso o desenho tenha sido feito em cm, você precisa usar 10 no campo *mm* e 50 no *units (unidades)*.

Para não ficar com dúvida na hora de mandar o arquivo para impressão, visualize sempre a impressão previamente. Para isso, é só clicar com o botão esquerdo em *Preview (Visualizar)* e, quando já tiver visualizado, pressionar *Enter* para voltar à caixa de diálogo *Plot (Plotar)*.

Drawing orientation (Orientação do desenho) – Apresenta a forma na qual será impresso o desenho em relação à folha. A opção *Portrait (Vertical)* imprime o desenho no formato retrato e a opção *Landscape (Horizontal)* imprime no formato paisagem. A opção *Plot upside-down (Plotar de ponta cabeça)* permite girar o desenho em 180°. Para fazer isso, clique com o botão esquerdo no quadrado ao lado de *Plot upside-down (Plotar de ponta cabeça)*.

Com isso, é possível definir as propriedades para imprimir os desenhos de modo prático e eficiente.

9.3. Exemplo de impressão rápida em PDF

Vamos supor que você tenha um desenho e deseja imprimi-lo somente para visualizá-lo impresso e identificar os possíveis erros, que normalmente só aparecem quando imprimimos o desenho.

Portanto, abra o arquivo e deixe o desenho na tela de forma a poder visualizá-lo por completo. Uma forma prática de se fazer isso é usar os comandos *Zoom Extents (Extensão)*, *Zoom Realtime (Tempo real)* e diminuir um pouco a tela.

Feito isso, chame o comando *Plot (Plotar)*; na caixa de diálogo de impressão (figura 9.1), escolha a impressora que você deseja usar, como, por exemplo, *DWG to PDF*. Em seguida, especifique o estilo de pena – se desejar pode criar outro.

Em *Paper size (Tamanho do papel)*, selecione o tipo de folha que deseja usar e especifique a orientação da folha em *Drawing orientation (Orientação do desenho)*.

Agora você irá definir a escala de impressão. Em *Plot scale (Escala de plotagem)*, certifique-se de que a escala especificada é a *Scaled to Fit (Ajustar ao papel)*. Se você desejar imprimir o desenho em uma escala específica, você pode fazê-lo sem nenhum problema, bastando para isso especificar a escala desejada em *Custom (Personalizar)*. Mesmo assim, recomendo que você mantenha a opção *Scaled to Fit (Ajustar ao papel)* para dar continuidade a este exemplo.

A próxima etapa é definir a área que será impressa. Para isso, clique em *Window (Janela)* (canto inferior esquerdo da janela 9.1). Automaticamente o AutoCAD fecha a janela de impressão e pede para você definir a área que deseja ser impressa. Neste caso, você precisa clicar num canto da tela para poder abrir um retângulo e envolver todo o desenho. Portanto, clique num canto da tela e mova o cursor para o canto oposto de forma a abrir um retângulo que envolva todo o desenho; em seguida, clique para definir o segundo ponto da área de impressão. Feito isso, o AutoCAD volta para a janela de impressão. Caso você não tenha definido corretamente a área de impressão, você pode clicar novamente em *Window (Janela)* e especificar outra área.

Com a área de impressão definida, você pode visualizar como ficará o desenho antes de imprimir. Para isso, clique em *Preview (Visualizar)* que o AutoCAD mostrará o resultado das configurações que você definiu. Caso esteja tudo certo, você pode clicar em *OK* que o desenho será impresso; caso contrário, você pode voltar à propriedade que não ficou correta e alterar. Em geral, costuma-se deixar o desenho centralizado na folha. Se você desejar, basta clicar em *Center the Plot (Centralizar plotagem)*, em *Plot offset (Deslocamento da plotagem)*. Finalizado, basta clicar em *OK* que será aberta a tela padrão do Windows para salvar arquivo. Isso considerando que você tenha definido a impressora como sendo *DWG to PDF*, conforme sugerido.

Assim você imprime um desenho de forma rápida e prática. Se você quiser imprimir um desenho em escala, poderá fazê-lo usando esse procedimento, bastando somente definir a escala desejada.

9.4. Layout e *Viewports* (*Paper Space*) - *Plot*

O layout é outro espaço no qual você pode organizar melhor o desenho para imprimir.

Com o auxílio do *Viewports (Paper Space)* você pode imprimir o desenho em escala, bem como parte do desenho em escalas diferentes. Dessa forma, você terá uma versatilidade muito maior do que se fosse imprimir diretamente.

Para facilitar, imaginemos uma situação em que é muito necessário utilizar este artifício. Na figura 9.4 há uma planta de situação (localiza o terreno no bairro ou em uma grande área) e uma de locação (posiciona a casa no terreno). Ambas foram feitas num mesmo desenho e no tamanho real. Neste caso, a unidade na qual elas foram feitas deu-se em centímetros.

Como se pode ver, a planta de locação quase não aparece na figura 9.4. Isso porque elas estão numa mesma escala de visualização. Normalmente, costuma-se imprimir a planta de situação numa escala 1:1000 ou 1:2000, enquanto que para a planta de locação usa-se uma escala de 1:100 ou 1:200.

Para facilitar, caso você não tenha nenhuma planta de locação e situação, faça dois retângulos nos tamanhos de 10000x15000 e 1000x2000 (lembre-se que os pontos no AutoCAD servem para especificar decimais), os quais representarão a planta de locação e situação, respectivamente. Dessa forma, sempre que for comentado sobre a planta de locação, por exemplo, você subentende que estamos falando sobre o retângulo 10000 x 15000. Caso você tenha feito os retângulos, deverá estar percebendo que estes ficaram pequenos comparados com as plantas apresentadas. Apesar disso, você pode ficar tranquilo que, quando colocarmos em escala, esse problema será resolvido.

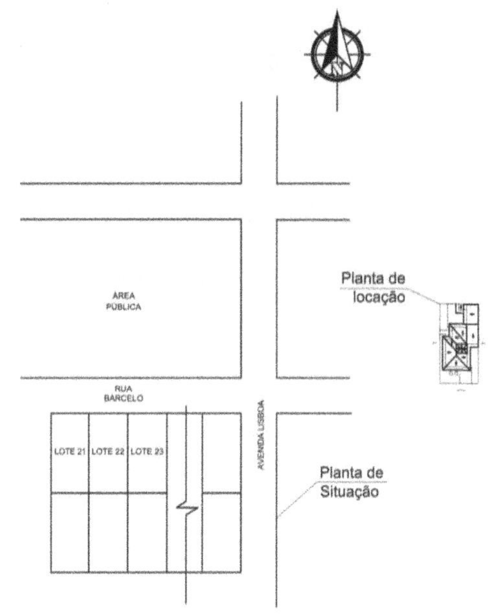

Figura 9.4 – Plantas de locação e situação.

Neste exemplo, o objetivo é conseguir imprimir o desenho como é mostrado na figura 9.5.

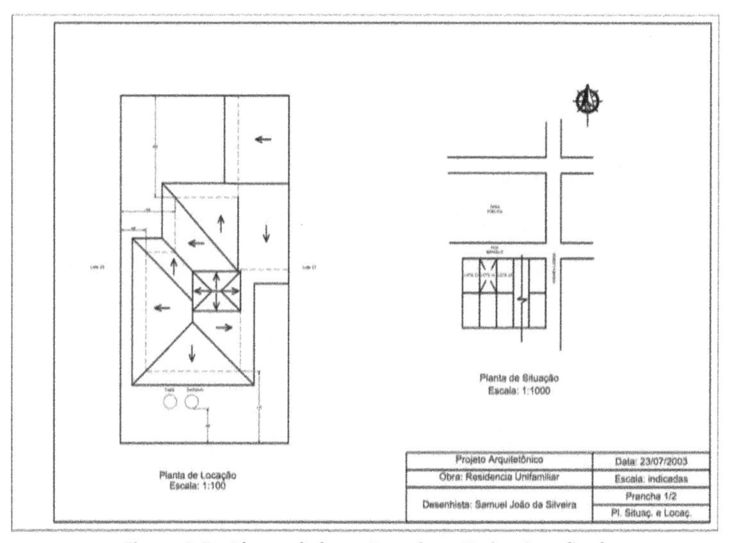

Figura 9.5 – Planta de locação e situação/projeto final

Observe na figura 9.5 como fica muito melhor a apresentação do trabalho utilizando *Viewports*.

O procedimento para deixar o trabalho dessa forma é muito simples. Primeiramente, vamos usar um novo layout. Observe que, no canto inferior esquerdo da tela do AutoCAD, há as opções *Model (Modelo) e Layout1*, como se pode ver na figura 9.6.

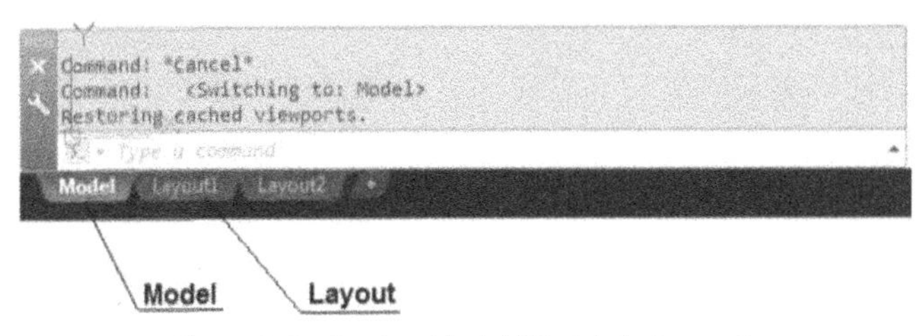

Figura 9.6 – Opções *Model (Modelo)* e *Layout1*.

Clique com o botão esquerdo sobre o *Layout1*. Em seguida, aparecerá uma área contendo o desenho feito no campo *Model (Modelo)*.

Antes de colocar o desenho em escala, vamos configurar a página para impressão. Para tanto, vá à guia *Output (Saída)* e clique em *Page Setup Manager (Gerenciador de configuração de página)*. Automaticamente abrirá a caixa de diálogo chamada *Page Setup Manager (Gerenciador de configuração de página)* (ver figura 9.7). Clique em *Modify (Modificar)* para abrir a caixa de diálogo *Page Setup – Layout1 (Configurar página – Layout1)*, figura 9.8, a qual é semelhante à apresentada na figura 9.1. Caso você tenha alguma dificuldade, você também pode acessar diretamente o comando *Plot (Imprimir)* que a caixa de diálogo *Page setup – Layout1 (Configurar página – Layout1)*, figura 9.8, aparecerá.

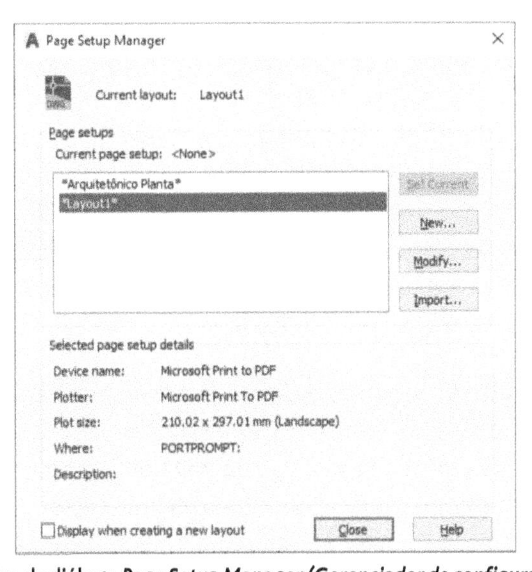

Figura 9.7 – Caixa de diálogo *Page Setup Manager (Gerenciador de configuração de página)*.

Neste momento, é necessário tomar somente alguns cuidados com a *plotter* (impressora), a folha e a escala que iremos usar.

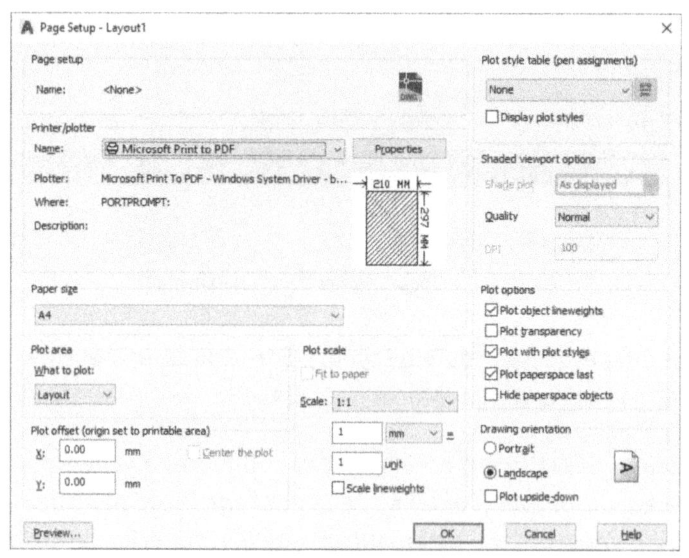

Figura 9.8 – Caixa de diálogo *Page Setup – Layout1 (Configurar página – Layout1).*

O primeiro passo é especificar a *plotter* (veja a figura 9.8). Selecione, por exemplo, a *DWG To PDF*. Esse modelo de impressora, além de permitir que você salve o arquivo em PDF, permite escolher folhas grandes, como A1 e A0. Caso você escolha uma impressora local, daquelas de mesa que imprime somente folhas A4, você não terá a opção de selecionar uma folha maior que essa.

O próximo passo será definir o tamanho da folha na qual pretende-se imprimir o desenho. Neste exemplo, deseja-se plotar uma folha A3 com margens. Como se pode ver na figura 9.5, os limites da folha foram desenhados. Dessa forma, pode-se recortar no tamanho certo da folha e ficar com as margens. Para poder fazer isso, é necessário especificar para o AutoCAD uma folha maior. Por isso será especificado no campo *Paper size (Tamanho do papel)* (ver figura 9.8), da caixa de diálogo atual, uma folha A2 ou outra qualquer maior que a A3. Se quiséssemos plotar uma folha A1, por exemplo, escolheríamos uma folha A0.

Um fator que irá limitar o tamanho das folhas apresentadas no campo *Paper size (Tamanho do papel)* é o tipo de *plotter* ou impressora que está selecionada no campo *Printer/plotter*. Caso você só tenha impressora instalada no seu micro, mesmo assim aparecerá opção de *plotter* no campo *Printer/plotter*, por isso é necessário certificar-se de que esteja uma opção de *plotter* selecionada, pois só assim é possível selecionar tamanhos de folhas como a A0.

Como geralmente se tem apenas a impressora instalada no micro, será necessário plotar o desenho numa empresa que realiza plotagem. A única coisa que eles precisarão fazer antes de plotar é especificar a *plotter* deles e plotar. Porém, antes, você terá que deixar o desenho como apresentado na figura 9.5.

Após selecionada uma *plotter* e uma folha A2, você precisa somente definir a escala de impressão. Neste caso, a escala sempre será definida 1:1, mesmo que você deseje plotar em escalas diferentes. Isso é feito porque você usará outro procedimento para definir a escala.

Antes de finalizar, certifique-se de que a unidade especificada no campo *Plot scale (Escala de plotagem)* é o milímetro (mm).

Finalmente, clique com o botão esquerdo em *OK*. Aparecerá uma folha do tamanho da especificada e, também, uma janela apresentando todo o desenho.

Para facilitar o entendimento do assunto, vamos apagar esta janela. Chame o comando *Erase (Apagar)* , clique com o botão esquerdo sobre uma das margens da janela e, em seguida, clique no botão direito do mouse. Assim, a janela e o desenho não aparecem mais.

Antes de inserir novamente o desenho, vamos fazer as margens da folha, bem como a legenda. Veja os itens "Exemplo II – Folha A3" e "Exemplo – Legenda ou selo".

Caso você já tenha um arquivo com essa folha pronta, você poderá inserir o desenho neste arquivo. Para isso, abra o arquivo que contenha a folha, chame o comando *Copy Clip (Copiar para a memória)*, selecione toda a folha e legenda e pressione *Enter.* Feito isso, o AutoCAD armazena o desenho na memória, mas você não percebe nenhuma diferença. Se você desejasse, poderia selecionar toda a folha e depois pressionar as teclas *Ctrl* e *C* simultaneamente.

Após fazer isso, você pode fechar este desenho. Atenção: é para fechar o desenho e não o programa AutoCAD. Para fechar somente o desenho que está aberto você pode ir ao Aplicativo e escolher *Close (Fechar)* ou simplesmente clicar no *x* que aparece no canto superior direito da tela do AutoCAD na área de trabalho.

Fechando o arquivo que contém a folha, automaticamente o AutoCAD volta para o desenho que já estava aberto, ou seja, volta para o desenho em que estávamos trabalhando.

Supondo que você colocou a folha com a margem na memória do AutoCAD, é necessário inseri-la. Para isso, chame o comando *Paste (Colar)* e insira a folha (se desejar, você pode pressionar as teclas *Ctrl* e *V* simultaneamente).

Caso o desenho da folha esteja muito grande ou muito pequeno em relação ao fundo branco da folha A2, já que foi esta a selecionada anteriormente, foi porque você não definiu corretamente a folha, a escala ou a unidade. Para resolver esse problema, clique na guia *Output (Saída)*, selecione *Page Setup (Configuração de página)* no painel *Plot (Plotar)* e verifique primeiro a impressora, depois a folha (observe também a unidade selecionada logo abaixo da folha) e, por último, a escala (*1:1*). Uma vez confirmadas as configurações, é só clicar em *OK* para voltar para o modelo de layout.

Finalmente, com a folha pronta, será necessário criar uma nova *layer* (camada) (ver item "Exemplo de *layer*"). Costuma-se definir o nome da camada como *Vp* (*Viewport*), para facilitar a organização das *layers*. Esta *layer* terá uma função muito importante, mas você ficará sabendo somente um pouco mais à frente. Além disso, é preciso tornar esta *layer* ativa. Podemos fazer isso através da setinha do painel *Layers (Camadas),* conforme ilustrado na figura 8.7. Clique na setinha e depois na camada *Vp*, a qual acabamos de criar.

Agora vamos inserir um *Viewport*. Clique com o botão esquerdo do mouse na guia *Layout* e no ícone *Rectangular (Retangular)* do painel *Layout Viewports*. Caso você não esteja encontrando a guia *Layout*, não se preocupe. É que ela é a última guia e só aparece quando você está no modo *Layout*.

Assim que você clicar no ícone o AutoCAD pede para você definir o tamanho do *Viewport*; para tanto, é necessário clicar com o botão esquerdo do mouse para definir o primeiro canto da janela. Como o objetivo é deixar o desenho pronto para impressão, conforme podemos ver na figura 9.5, defina este ponto no canto superior esquerdo da margem. Para definir o tamanho da janela é necessário clicar com o botão esquerdo do mouse mais uma vez. O local deste ponto deverá ser na parte inferior da folha e no centro. Isto é, com este ponto a janela cobrirá aproximadamente a metade da folha. Na figura 9.9, você pode observar os dois *Viewports* inseridos.

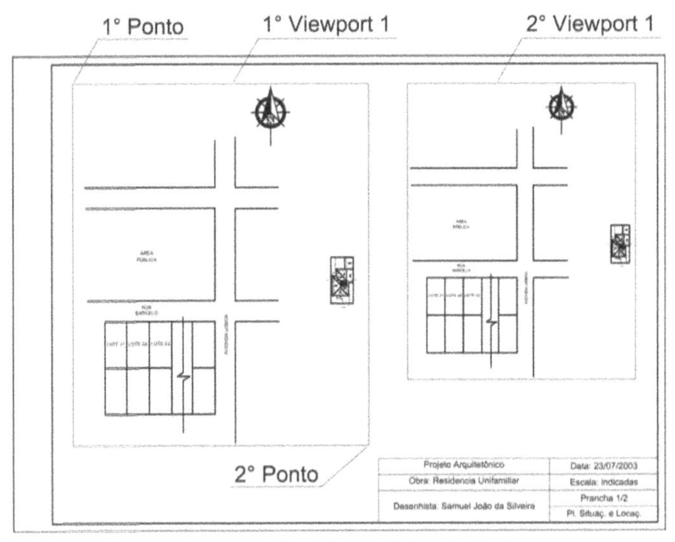

Figura 9.9 – Inserindo os *Viewports*.

Novamente aparecerá todo o desenho dentro da janela. Será através desta janela que definiremos a escala de impressão.

No formato que está (*Paper space (Espaço papel)*) não é possível selecionar ou fazer qualquer alteração no desenho. Para podermos fazer alterações no desenho e colocarmos na posição adequada, assim como a escala, precisaremos mudar de *Paper space (Espaço papel)* para *Model space (Espaço modelo)*. Quando estamos no *Paper space (Espaço papel)*, não temos acesso ao interior da janela (*Viewport*), mas podemos mudar o tamanho, a localização ou até mesmo apagá-la. No *Model space (Espaço modelo)* temos acesso total ao interior da janela. Neste modo, podemos fazer qualquer alteração no desenho, mas não podemos alterar nada fora da janela.

Para mudar de *Paper space (Espaço papel)* para *Model space (Espaço modelo)* é necessário somente clicar duas vezes bem rápido na área limitada pelo *Viewport*. Para sair, basta dar um duplo clique bem rápido na área externa ao *Viewport*. Este comando pode ser usado através do teclado, digitando *mspace* e pressionando *Enter* e *pspace* para retornar para *Paper space (Espaço papel)*.

Na figura 9.10, a área limitada por quatro quadradinhos e linhas em destaque são os dois *Viewports* usados nesse exemplo. Para você acessar o *Model space (Espaço modelo)*, basta você clicar duas vezes rapidamente. Você verá que o contorno do *Viewport* aumentou de espessura. Para sair, clique duas vezes bem rápido em qualquer ponto fora da área limitada pelo *Viewport* ou digite *pspace* e pressione *Enter*.

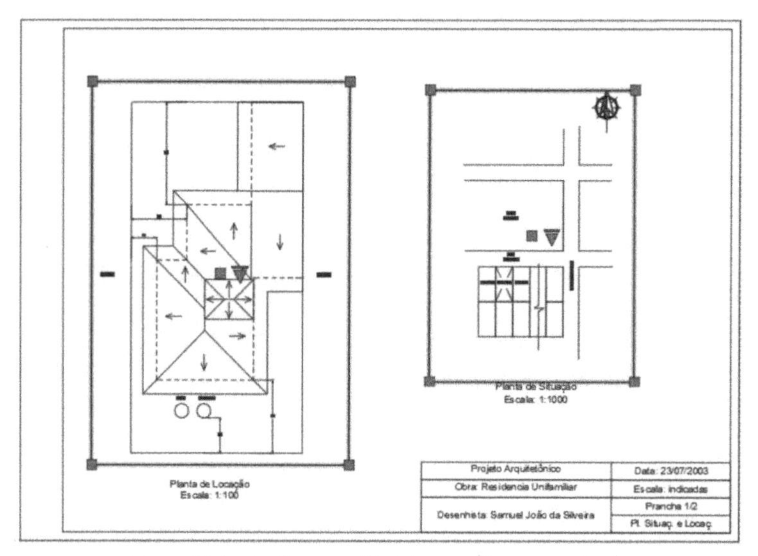

Figura 9.10 – Atalho para *Model space (Espaço modelo)*.

Como o objetivo é somente organizar o desenho na escala correta para impressão, então vamos adotar a escala para impressão da planta de locação igual a 1:100. Para fazer isso, vamos utilizar o comando *Zoom*. Portanto, digite *Zoom* ou simplesmente z (o z é a tecla de atalho para o comando *Zoom*) e pressione *Enter*.

Primeiramente devemos lembrar que o desenho foi feito em escala real, tendo como unidade o centímetro, e que, para plotar a escala, é o milímetro. Além disso, lembramos também que um centímetro é igual a dez milímetros, por isso precisamos digitar o comando *10/100xp* e, na sequência, pressionar *Enter*. O *10* é para transformar de centímetros para milímetros e o *100*, a escala na qual desejamos que o desenho seja plotado.

Provavelmente deverão estar aparecendo algumas linhas da planta de situação (a maior planta). Precisamos deixar que nesta janela somente apareça a planta de situação. Isso pode ser feito através do comando *Pan* (veja o item 2.9 *Pan*). Digite *Pan* ou simplesmente *p* (o *p* é a tecla de atalho para o comando *Pan*) e pressione *Enter*; ou, ainda, simplesmente mantenha pressionado o botão *scroll* do mouse que o comano *Pan* é acionado. Certifique-se de que o cursor esteja dentro da janela. Clique no botão esquerdo e mantenha-o pressionado, mova-o de forma a ocultar as linhas da planta de situação até que a planta de locação seja possível de ser vista sozinha. Faça isso quantas vezes forem necessárias. Caso não tenha usado o comando *Pan* com o botão *scroll*, para sair do comando basta clicar no botão direito do mouse e escolher *Exit (Sair)* com o botão esquerdo no menu suspenso ou simplesmente pressionar a tecla *Esc*.

Caso não haja como você ocultar todas as linhas da planta de situação sem ter que esconder parte da planta de locação, é porque o *Viewport* ficou grande demais. Mais à frente explicarei detalhadamente como redimensionar os *Viewports*.

A primeira parte do desenho já está pronta; precisamos organizar a outra planta. Então vamos inserir outro *Viewport*. Novamente, clique com o botão esquerdo na guia *Layout*, no painel *Layout Viewports* e clique no ícone . Clique com o botão esquerdo para definir o primeiro canto da janela e, em seguida, clique com o mesmo botão para definir o tamanho. A posição da janela deverá ser na outra metade da folha, porém acima da legenda, conforme ilustrado na figura 9.9.

Observe que a última janela inserida possui a espessura do seu limite maior que a da primeira – isso é feito para mostrar qual janela está ativa (caso a opção *Model Space* esteja acionada). Para ativar a outra janela novamente, basta clicar com o botão esquerdo do mouse dentro dela.

Vamos adotar a escala de impressão para a planta de situação a 1:1000. Para especificar a escala:

	Digite:	Pressione:
1)	*Zoom*	*Enter*
2)	*10/1000xp*	*Enter*

Deverão estar aparecendo as duas plantas. Então, vamos usar novamente o comando *Pan* para deixar somente a planta de situação visível. Digite *Pan* e pressione *Enter*. Clique no botão esquerdo do mouse e mantenha-o pressionado, movendo-o até que não seja possível visualizar a planta de locação.

As duas plantas já estão na escala adequada. Agora precisamos somente organizar melhor a localização destas na folha.

Primeiramente, vamos voltar para o modo de visualização do *Paper space (Espaço papel)*, a parte de fora das janelas. Para tanto, clique com o botão esquerdo duas vezes rapidamente num ponto qualquer fora dos limites do *Viewport* ou digite *pspace*.

Observe as janelas e veja se algumas delas não poderiam ser um pouco menores. Para esse exemplo, isso não faria muita diferença; entretanto, caso desejássemos inserir outra janela não seria possível, pois as duas já estão ocupando todo o espaço da folha. Então vamos diminuir o tamanho da janela.

Para isso, clique com o botão esquerdo sobre a margem da janela (você não deverá estar usando nenhum comando). O limite da janela deverá ter ficado tracejado e, em cada vértice (canto) da janela, deverá haver um quadrado azul. Estes quadrados servirão de guia para definirmos o tamanho da janela. Clique com o botão esquerdo sobre um dos quadrados (escolha o quadrado que permita diminuir a janela sem cortar o desenho). Mova o cursor e veja que o limite da janela está se movendo junto com o mouse. Clique com o botão esquerdo onde a janela possa ficar a menor possível. Para a janela deixar de ficar tracejada, basta pressionar a tecla *Esc*. Se for possível, diminua a outra janela também.

Provavelmente as plantas não devem estar tão bem posicionadas como podemos ver na figura 9.5. Talvez uma das plantas tenha ficado muito próxima da margem. Caso isso ocorra, basta mover a janela para uma posição mais centralizada. Para isso, use o comando *Move (Mover)* ✥.

Agora está praticamente tudo pronto para mandar o desenho para a plotagem. Entretanto, as linhas da margem das janelas não podem ser plotadas também, por isso vamos tornar esta camada invisível. Podemos fazer isso através da setinha ▾ do painel *Layers (Camadas)*, conforme ilustrado na figura 8.7. Clique na 💡 (lâmpada) da *layer* chamada *Vp*. Em seguida, deverá aparecer a seguinte mensagem: *The current layer will be turned off (A camada atual será desativada)*. Esta mensagem aparece para perguntar se você deseja tornar a camada ativa invisível. Clique em *Turn the current layer off (Desativar a camada atual)*. Agora os limites das janelas não são mais possíveis de serem vistos, pois foram feitos com a camada *Vp*.

Caso os *Viewports* ainda estejam aparecendo, você deverá selecioná-los, clicar na setinha ▾ do painel *Layers (Camadas)* e sobre o nome da *layer* que você tornou invisível (*Vp*). Foi por esse motivo que você criou uma camada com o nome *Vp* e tornou-a ativa antes de inserir os *Viewports*, ou seja, foi para poder tornar invisíveis os *Viewports* e, dessa forma, impedir que sejam impressos.

Finalmente o desenho está pronto para ser plotado ou impresso. Para isso, chame o comando *Print (Imprimir)* e siga as instruções que vimos no início deste capítulo. Caso você deseje levar o material para uma empresa plotar, basta você especificar a impressora como sendo a *DWG to PDF* e concluir a impressão.

Lembre-se: para imprimir em pdf, basta você definir o plotter como sendo DWG To PDF.

10. Exemplos de planta de uma casa

Aqueles que desejam usar o AutoCAD como ferramenta para fazer plantas arquitetônicas devem estar se perguntando: **com essas poucas funções que vimos poderemos fazer uma planta de uma residência?** A resposta é **sim**. Neste exemplo, será mostrado passo a passo como desenhar a planta apresentada na figura 10.1, sendo as dimensões apresentadas em cm. Para facilitar o entendimento, foi escolhido um projeto bem simples, porém isso não diminui o seu valor, pois para qualquer outro tipo de projeto as funções e os procedimentos serão iguais.

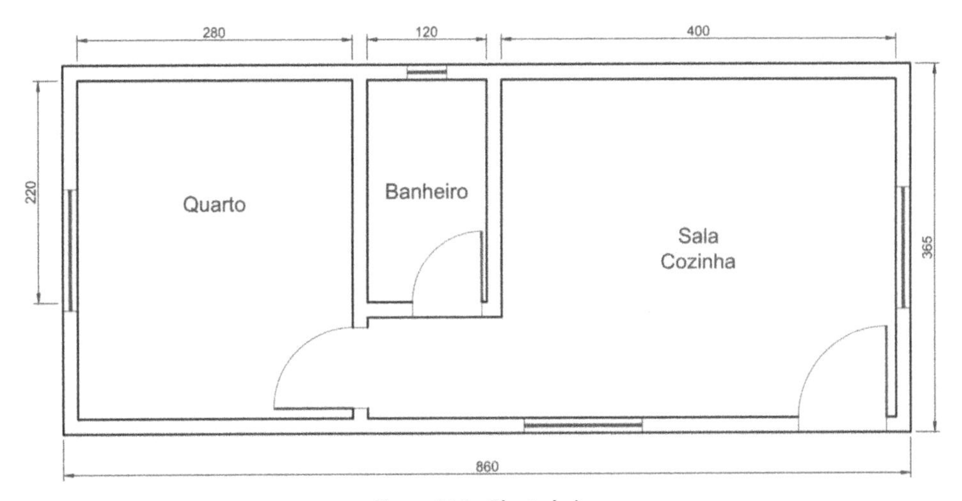

Figura 10.1 – Planta baixa.

Para facilitar a compreensão do exemplo, sempre que utilizarmos a palavra "clique", subentende-se que é para clicar com o botão esquerdo do mouse no local especificado. Quando for necessário clicar com o botão direito, informarei a você. Além disso, sempre que for mencionado para chamar uma função, subentende-se que é necessário clicar no ícone do respectivo comando ou digitar o nome do comando e pressionar *Enter*.

Aproveito para chamar a atenção também daqueles que ainda não estão familiarizados com todos os comandos apresentados, para que, quando for mencionado o nome de um comando, dê uma estudada no capítulo referente. Procedendo dessa maneira, você certamente não terá dúvidas para entender o exemplo.

Primeiramente, entre no AutoCAD. Automaticamente aparece a tela inicial, veja a figura 1.1. Para facilitar, vamos criar o desenho a partir do arquivo padrão do AutoCAD.

Então clique em *Start Drawing*, figura 1.1, que automaticamente aparece a área de trabalho do AutoCAD (figura 1.2).

Para evitarmos surpresas com o esquecimento de salvar o arquivo, faremos isso agora. Para tanto, na barra de ferramentas de acesso rápido localizada no canto superior esquerdo, clique m *Save As (Salvar como)*. Escolha o diretório que você deseja e digite o nome do arquivo no campo *Name (Nome)*. Neste exemplo, o nome será *Exemplo planta baixa*. Clique em *OK*. Lembre-se de a cada 10 minutos clicar no *Save (Salvar)*, que aparece ao lado do *Save As (Salvar como)*.

10.1. Definindo cada ambiente

Antes de sair fazendo o desenho, você precisa analisar como poderá fazê-lo. Há inúmeras alternativas para se chegar ao mesmo resultado final. Nesse exemplo usaremos uma alternativa para facilitar a compreensão dos comandos vistos até o momento, bem como otimizar o procedimento.

Além disso, você deve lembrar que, para usar coordenada relativa, você pode usar o @ antes da coordenada ou não. Como a versão do AutoCAD 2020 vem com a entrada dinâmica (*Dynamic Input*) ativa, continuaremos com os nossos exemplos sem usar o @ antes. Para tanto, certifique-se de que a *Dynamic Input* esteja ligada (veja figura 4.1).

Outro ponto que não será usado neste exemplo é acionar o menu suspenso que aparece quando você pressiona a tecla *Shift* no teclado e clica no botão direito do mouse ao mesmo tempo – observe a figura 2.10. Isso porque consideraremos que a função *OSNAP (Snap ao objeto)* está ativa – se tiver alguma dúvida, podemos voltar ao item 2.14.1 *OSNAP* (*Snap* ao objeto) para conversarmos novamente.

Então vamos finalmente iniciar o desenho. Iniciaremos fazendo a parte externa da casa. Para isso, vamos usar o comando *Rectangle (Retângulo)*. Claro que poderíamos usar o comando *Line (Linha)* e desenhar linha por linha, mas seria muita perda de tempo. Logo, chame o comando *Rectangle (Retângulo)*, clique em qualquer ponto da tela, digite *860,365* (lembrando que estamos trabalhando em centímetros) e pressione *Enter*. Para visualizar todo o desenho vamos usar o comando *Zoom*. Chame o comando *Zoom Extents (Extensão)* ou simplesmente digite *Z*, pressione *Enter* e, em seguida, digite *E* e pressione novamente *Enter*. Outra forma ainda mais fácil é simplesmente dar um duplo clique no botão *scroll* do mouse.

Agora vamos fazer as linhas que representam a parede pelo lado interno. Para isso, usaremos o comando *Offset (Deslocamento)*, visto que ele copia objetos numa distância predefinida. Então chame-o, digite *15* (pois esta é a espessura da parede) e pressione *Enter*. Clique sobre o retângulo e, em seguida, em qualquer ponto dentro do retângulo e pressione *Enter*. O resultado é apresentado na figura 10.2.

Figura 10.2 – Parede externa da casa.

Para facilitar a execução do restante do desenho, vamos explodi-lo. Para isso, chame o comando *Explode (Explodir)*, clique sobre os dois retângulos e pressione *Enter*.

As paredes externas da casa já foram definidas, agora podemos fazer o limite do quarto. Para isso, usaremos novamente o comando *Offset (Deslocamento)*. Então, chame-o e digite *280*, já que é esta a distância entre as paredes do quarto. Pressione *Enter* para confirmar a distância especificada, clique sobre a linha da parede interna do quarto (figura 10.3, linha tracejada), clique no lado direito dela e pressione *Enter* para finalizar. Para fazermos o outro lado da parede, vamos usar novamente o comando *Offset (Deslocamento)*. Então chame-o, digite *15*, pressione *Enter* e clique sobre a última linha construída. Clique no lado direito dela e pressione *Enter*. O resultado deverá ser como o apresentado na figura 10.3, porém a linha tracejada deverá ser contínua.

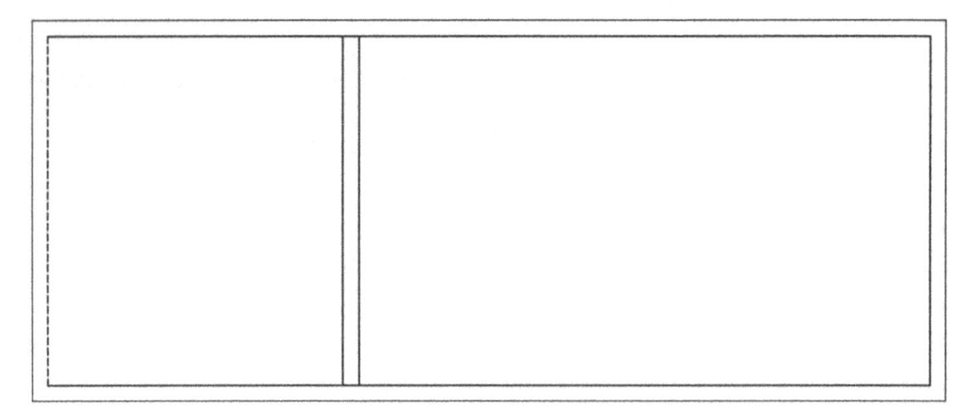

Figura 10.3 – Definindo o limite do quarto.

Como se pode ver na figura 10.3, é necessário cortar as linhas que interceptam a parede interna do quarto. Na figura 10.4, estão indicadas por círculos as regiões que precisam ser cortadas.

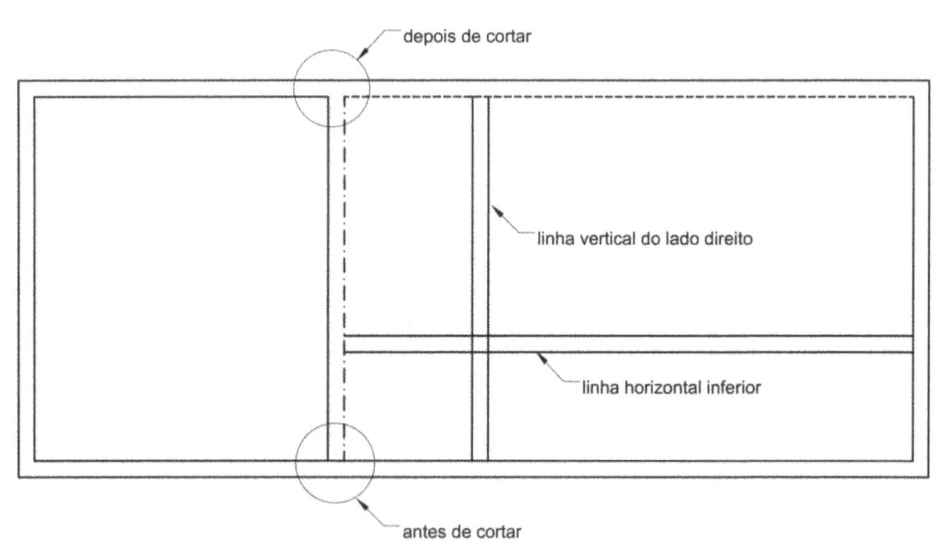

Figura 10.4 – Definindo o tamanho do banheiro.

Para eliminarmos esses dois segmentos de linhas, usaremos o comando *Trim (Aparar)*. Então chame-o, clique sobre as duas linhas verticais da parede interna do quarto (as linhas verticais que foram circuladas), para assim definirmos o limite de corte. Clique no botão direito ou pressione *Enter* para indicar que você já definiu o limite para cortar a linha. Clique sobre os dois segmentos que deseja cortar. Finalize o comando pressionando *Enter*.

Agora vamos definir o limite do banheiro. Para isso, usaremos o comando *Offset (Deslocamento)*. Chame-o, digite *220* e pressione *Enter*. Clique na linha horizontal tracejada (figura 10.4) e no lado de baixo desta linha para indicar o lado que deseja fazer a cópia. Pressione *Enter* para finalizar o comando.

Iremos proceder da mesma forma para definirmos o limite interno do banheiro da parede lateral direita. Chame o comando *Offset (Deslocamento)*, digite *120*, pressione *Enter*, clique sobre a linha traço-ponto e clique no lado direito dela. Pressione *Enter* para finalizar.

As outras duas linhas que estão faltando (linha horizontal da parede inferior e linha vertical da parede do lado direito, ambas do banheiro – ver figura 10.4) serão construídas usando também o comando *Offset (Deslocamento)*. Portanto, chame-o, digite *15*, pressione *Enter*, clique sobre a linha horizontal do banheiro e em qualquer ponto abaixo dela; clique sobre a linha vertical do banheiro e em qualquer ponto no lado direito dela. Pressione *Enter* para finalizar. O resultado é o apresentado na figura 10.4.

Agora precisamos cortar essas linhas que acabamos de fazer para que fiquem como apresentado na figura 10.5, mas sem as linhas tracejadas.

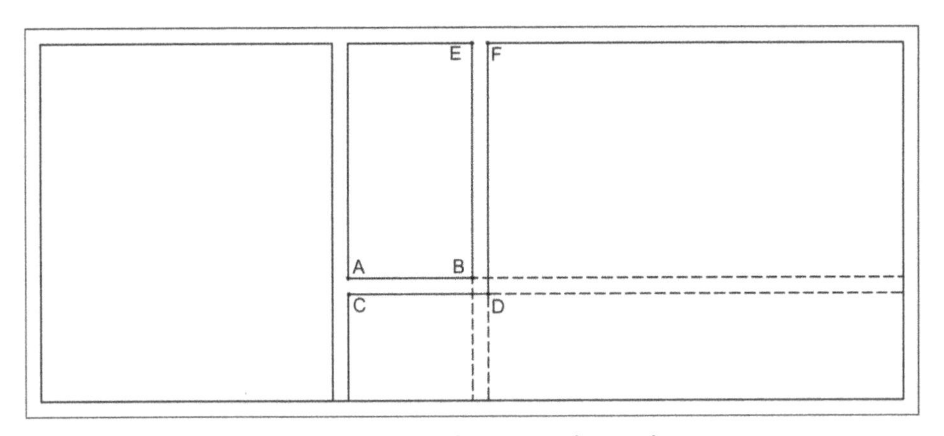

Figura 10.5 – Cortando o excesso das paredes.

Podemos cortar essas linhas de vários modos. Usaremos o comando *Fillet (Concordância)*, que é muito prático e rápido. Chame-o, digite *r*, pressione *Enter*, digite *0* e novamente pressione *Enter*. Clique sobre a linha *AB* e depois na linha *BE* (ver figura 10.5). Chame mais uma vez o comando *Fillet (Concordância)*, clique sobre a linha *CD* e depois sobre a linha *DF*. O resultado deverá ser como o apresentado na figura 10.5, sem as linhas tracejadas.

Observe na figura 10.5 que, entre os pontos *A* e *C* e entre *E* e *F*, já foram cortadas as linhas que uniam esses pontos. No entanto, se você está seguindo todos os passos conforme este exemplo, no seu desenho ainda deverão existir os segmentos *AC* e *EF*. Para apagá-los, chame o comando *Trim (Aparar)*, clique sobre as linhas *AB, CD, BE* e *DF* para definir o limite de corte e pressione *Enter.* Clique nos segmentos *AC* e *EF*. O resultado deverá ser como o apresentado na figura 10.5.

Agora que as partes já estão devidamente definidas, precisamos desenhar as portas e as janelas.

10.2. Desenhando as portas

Vamos fazer primeiro a porta do quarto. Para facilitar, chame o comando *Zoom Window (Janela)* e abra uma janela envolvendo somente o quarto.

Chame o comando *Offset (Deslocamento)*, digite *10* (distância da porta à parede), pressione *Enter,* clique sobre a linha *AB* (ver figura 10.6) e no lado superior dela. Chame o comando *Circle (Circunferência)*, clique no ponto *C* com o *Endpoint (Ponto final)* selecionado – basta você aproximar o cursor do ponto *C* que o AutoCAD irá selecioná-lo rapidamente mostrando um quadradinho esverdeado no final da linha; nesse momento clique no ponto *C*. Em seguida, digite *80* e pressione *Enter.*

Vamos cortar a circunferência e a linha *GC*. Chame o comando *Trim (Aparar)*, clique sobre a linha *GC* e *CD* (ver figura 10.6). Clique com o botão direito para indicar que já selecionou todos os limites. Em seguida, clique com o botão esquerdo sobre a linha *GC*, mas na região tracejada. Continuando, clique na circunferência, mas também num ponto qualquer da região tracejada. Pressione *Enter* para finalizar o comando.

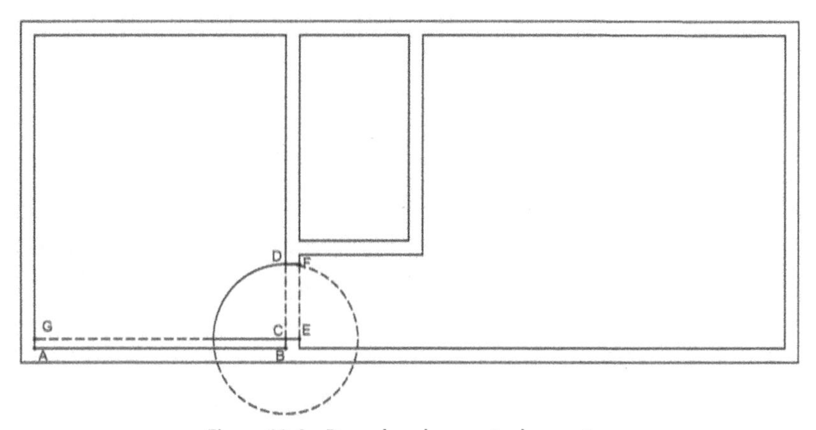

Figura 10.6 – Desenhando a porta do quarto.

Agora vamos fazer os segmentos *CE* e *DF*, por isso chame o comando *Line (Linha)*, clique no ponto *C* (use *Endpoint (Ponto final)*). Para definir o ponto *E*, pressione *Shift* e o botão direito do mouse juntos e selecione *Perpendicular*. Depois mova o cursor para um ponto próximo ao ponto *E*, no qual aparecerá um ícone indicando que o ponto desejado foi selecionado. Clique para definir o ponto *E* e pressione *Enter* para finalizar. Caso você esteja com a opção *OSNAP* (com o item *Intersection (Interseção)* selecionado) e com a opção *POLAR* ativa, você só precisa mover o cursor do ponto *C*, mantendo o alinhamento horizontal, para o ponto *E* e clicar quando aparecer um *X* indicando que foi selecionado o ponto.

Chame o comando *Line (Linha)* novamente, clique no ponto *D* (*Endpoint (Ponto final)*); para definir o ponto *F*, o procedimento é o mesmo que realizamos no ponto *E*. Ou seja, pressione *Shift* e o botão direito do mouse juntos, escolha *Perpendicular*, mova o cursor para o ponto *F* e clique assim que aparecer o ícone. Em seguida, pressione *Enter* para finalizar.

Precisamos cortar as linhas *CD* e *EF* – para isso, usaremos o comando *Trim (Aparar)*. Chame-o, clique nos segmentos *CE* e *DF*, no botão direito, nas linhas *CD* e *EF* e pressione *Enter* para finalizar. O resultado final deverá ser como o apresentado na figura 10.6, porém sem as linhas tracejadas.

Uma forma de representar a porta nas plantas é com uma espessura um pouco maior do que as demais linhas. Para fazer isso, usaremos um comando que ainda não foi estudado, o *Edit Polyline (Editar polilinha)*. No Capítulo 12 apresentaremos detalhadamente como funciona este comando. Para acioná-lo, digite *pedit* e pressione *Enter*. Clique sobre a linha da porta. Aparecerá a seguinte mensagem: *Do you want to turn it into one? (Deseja transformá-lo em uma?) <Y>*. Observe que a opção *Yes (Sim)* já está ativa, por isso pressione *Enter* para aceitar a opção. Em seguida, aparecerão várias opções, sendo uma delas *Width (Largura)*. Digite *W (L)* e pressione *Enter*. Agora é necessário digitar o valor da espessura da porta, então digite *2* e pressione *Enter*. Pressione *Enter* novamente para sair deste comando. Finalmente a porta do quarto está concluída.

Como quando começamos a fazer a porta foi usado o comando *Zoom Window (Janela)*, precisamos visualizar novamente todo o desenho. Para isso, clique em *Zoom Extents (Estendido)*. Se preferir, simplesmente digite *Z*, pressione *Enter*, digite *E (EST)* e, mais uma vez, pressione *Enter*.

Para que não fique nenhuma dúvida sobre como fazer uma porta, vamos repetir todo o procedimento para a porta de entrada da casa. Como a porta do banheiro é praticamente igual, mudando somente o tamanho, deixamos esta como exercício de fixação.

Novamente vamos usar o comando *Zoom Window (Janela)* para visualizar melhor a região na qual faremos a porta. Chame o comando *Zoom Window (Janela)*, clique num ponto próximo ao ponto *H* (ver figura 10.7) e num ponto um pouco mais abaixo e à esquerda do ponto *F*. Dessa forma, poderemos visualizar toda a porta.

Primeiramente, definiremos a posição da porta. Para isso, usaremos o comando *Offset (Deslocamento)*. Chame-o, digite *10* e pressione *Enter*. Na figura 10.7 podemos ver a linha *AB*; clique sobre ela e depois no lado esquerdo dela. Para finalizar, pressione *Enter*.

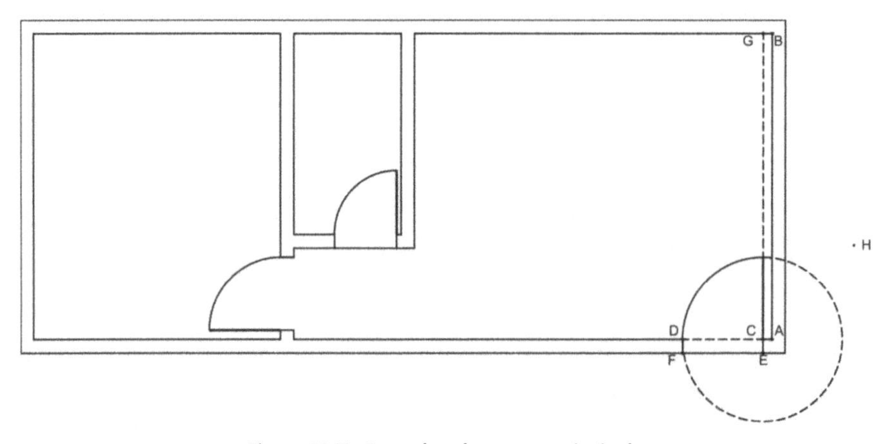

Figura 10.7 – Desenhando a porta principal.

Chame o comando *Circle (Circunferência)*, clique sobre o ponto *C* (lembre-se de que é necessário usar a ferramenta de precisão *Endpoint (Ponto final)*. Caso não esteja ativa, use o *Shift* e o botão direito do mouse juntos. Digite *90* e pressione *Enter*.

Vamos cortar a circunferência e a linha *CG*. Chame o comando *Trim (Aparar)*, clique sobre as linhas *CG* e *CD* (ver figura 10.7) e depois sobre a circunferência. Pressione o botão direito do mouse e clique sobre a linha *CG*, mas na região tracejada. Em seguida, clique na circunferência, mas também num ponto qualquer da região tracejada. Pressione *Enter* para finalizar o comando.

Agora precisamos fazer os segmentos *DF* e *CE*. Para isso, usaremos o comando *Line (Linha)*. Chame-o e clique no ponto *D* usando *Endpoint (Ponto final)*. Para definir o ponto *F*, usaremos *Perpendicular* (pressione *Shift* e o botão direito ao mesmo tempo e selecione *Perpendicular*). Mova o cursor para o ponto *F*. Assim que aparecer o ícone ⊥, clique e pressione *Enter*. Chame o comando *Line (Linha)* novamente, clique no ponto *C*, use *Endpoint (Ponto final)* e clique no ponto *E* usando *Perpendicular*. Pressione *Enter* para finalizar o comando.

Precisamos cortar a linha *DC*; para isso, usaremos o comando *Trim (Aparar)*. Chame-o, clique sobre os segmentos *DF* e *CE*, pressione o botão direito do mouse e clique sobre o segmento *DC*. Finalize com um *Enter*.

Está faltando somente definirmos a espessura da porta. Para isso, usaremos o comando *Edit Polyline (Editar polilinha)*. Chame-o digitando *pedit*, clique sobre a linha da porta, pressione *Enter*, digite *W (L)*, pressione *Enter*, digite *2* e pressione *Enter* novamente. Pressione *Enter* mais uma vez para finalizar o comando.

Finalmente as portas estão concluídas. Como já mencionado, a porta do banheiro ficará como exercício. Neste caso, a abertura é 70 (em vez de 90, para a porta principal).

10.3. Desenhando as janelas

A próxima etapa deste trabalho é o desenho das janelas. Como há várias janelas de mesmo tamanho, podemos fazer uma num local fora da planta, transformá-la em bloco e em seguida inseri-la nos locais desejados.

Primeiramente, chame o comando *Rectangle (Retângulo)* ▭ e clique num ponto qualquer do lado direito da planta. Digite *120,15* e pressione *Enter*. Todas as janelas, exceto a do banheiro, serão de 120x15 cm. O retângulo que delimita a janela já está pronto (ver figura 10.8).

Chame o comando *Line (Linha)* e, com a opção *Midpoint (Ponto do meio)*, clique na linha vertical que passa por *A*. Dessa forma, define-se o ponto *C*. Use novamente a opção *Midpoint (Ponto do meio)* e clique na linha vertical que passa pelo ponto *B*, assim fica definido o ponto *D*. Pressione *Enter* para finalizar.

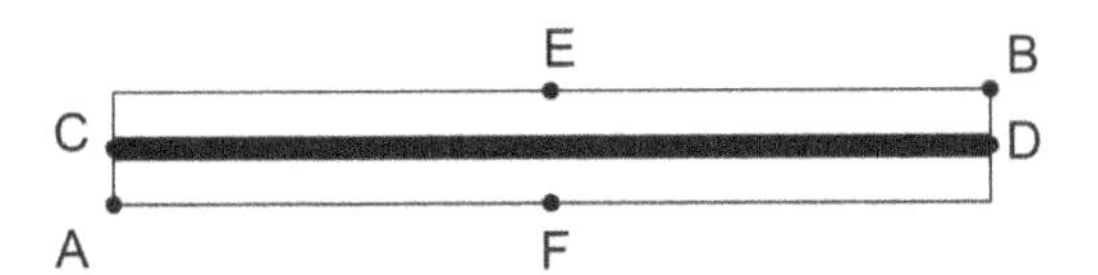

Figura 10.8 – Desenhando as janelas.

Através do comando *Edit Polyline (Editar polilinha)*, mudaremos a espessura da linha *CD*. Então digite *pedit*, pressione *Enter*, clique sobre a linha *CD* e pressione *Enter* novamente. Digite *W (L)* e pressione *Enter*. Digite *3* e pressione duas vezes *Enter* para finalizar o comando.

A próxima etapa é transformar a janela num bloco. Para isso, chame o comando *Create Block (Criar bloco)*. A caixa de diálogo da figura 5.2 aparecerá. Clique em *Select objects (Selecionar objetos)*, selecione toda a janela (retângulo e a linha *CD*) e pressione *Enter* para indicar que não deseja selecionar mais nenhum objeto. Em *Base point (Ponto de referência)*, clique sobre *Pick point (Selecionar ponto)*. Clique no ponto *E* (ver figura 10.8 – lembre-se de usar *Midpoint (Ponto do meio)*). No campo *Name (Nome)*, digite o nome que você deseja dar para este bloco, por exemplo, *Janela 120*. Clique em *OK*.

Pronto, o bloco já está criado. Se você desejar, pode usar *Erase (Apagar)* e apagar esta janela, pois não a usaremos mais.

Caso não esteja visualizando todo o desenho, chame o comando *Zoom Extents (Estendido)*, pois na próxima etapa será necessário visualizar tudo.

Vamos inserir primeiramente a janela da frente da sala-cozinha. Para isso, chame o comando *Insert block (Inserir bloco)* e a figura 5.3 aparecerá. Localize o bloco que acabamos de criar, neste caso, *Janela 120,* clique com o botão esquerdo sobre o bloco e clique no local em que deseja inserir o bloco, ou seja, clique no ponto *B* indicado na figura 10.9. Automaticamente a janela é inserida, conforme se pode ver na figura 10.9.

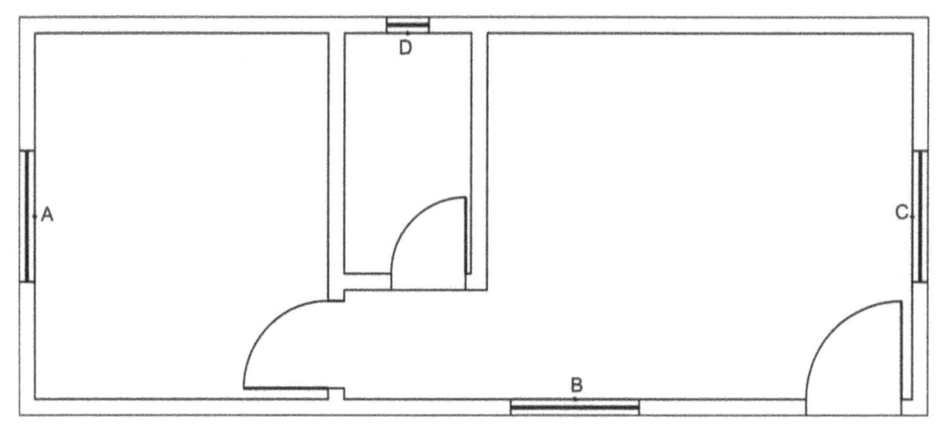

Figura 10.9 – Inserindo as janelas.

Vamos inserir a outra janela da sala-cozinha. Chame o comando *Insert block (Inserir bloco)*. Todas as opções, exceto o campo *Rotation (Rotação)*, permanecem as mesmas. Como a janela que desejamos inserir não está na mesma posição na qual o bloco foi feito, precisamos girar até que fique na posição desejada. No caso desta janela, será necessário girar somente 90°. Para tanto, chame o comando *Insert Block* digitando "i" e pressione *Enter*. Assim o AutoCAD abre a janela da figura 5.4. No campo *Rotation (Rotação)*, digite *90*. Na sequência, clique sobre o bloco *Janela* e, com a opção *Midpoint (Ponto do meio)* ativa, clique no ponto *C* (ver figura 10.9) para inserir o bloco.

Agora vamos inserir a janela do quarto. Portanto, chame o comando *Insert block (Inserir bloco)* . Novamente só mudaremos o campo *Rotation (Rotação)*. Desta vez o ângulo não é 90° e tampouco 0°, mas 270°; por isso, no campo *Rotation (Rotação)*, digite *270* e clique em *OK*. Usando a ferramenta de precisão *Midpoint (Ponto do meio)*, clique no ponto *A* (ver figura 10.9). Se desejar, o ângulo você poderá deixar para especificar no momento da inserção do bloco. Para isso você precisa clicar no *check*, logo ao lado de *Rotation*, na figura 5.4. Dessa forma, assim que você clicar sobre o bloco, o AutoCAD pedirá o ponto de inserção do bloco e depois o ângulo de rotação. Você poderá usar o mouse para definir o ângulo correto ou digitar o valor do ângulo desejado.

A única janela que está faltando é a do banheiro, pois esta não é do mesmo tamanho das demais. Então precisamos desenhá-la.

O procedimento para desenhar esta janela é o mesmo que fizemos para a outra janela. Portanto, chame o comando *Rectangle (Retângulo)* e clique num ponto qualquer da tela, mas afastado do desenho. Digite *40,15* e pressione *Enter*. Neste caso, a janela tem 40 cm por 15 cm.

Precisamos desenhar a linha *CD* (ver figura 10.8). Chame o comando *Line (Linha)*, clique no ponto *C* (use *Midpoint (Ponto do meio)*), no ponto *D* e pressione *Enter* para finalizar.

Para aumentar a espessura, usaremos novamente o comando *Edit Polyline (Editar polilinha)*. Digite *pedit* e pressione duas vezes *Enter*. Pressione *Enter* novamente para transformar uma linha numa polilinha. Digite *W (L)* e pressione *Enter*. Digite *3* e pressione *Enter* duas vezes para finalizar o comando.

A janela já está desenhada. Como não há mais de uma janela nesta casa com esse tamanho, não precisamos transformá-la em bloco, basta movê-la para a posição correta e pronto. Chame o comando *Move (Mover)*, selecione toda a janela e pressione *Enter* para indicar que não deseja mais selecionar. Clique no ponto *F* (ver figura 10.8) e lembre-se de usar *Midpoint (Ponto do meio)*. Na sequência, clique no ponto *D* (ver figura 10.9) com o auxílio do *Midpoint (Ponto do meio)* para definir a posição correta da janela.

Uma outra forma bem mais rápida de você fazer a janela do banheiro seria aproveitar o bloco da janela com 120 cm e alterar a escala para ficar com 40 cm. Para tanto, veja na figura 5.4 que, no campo *Scale (Escala)*, há a possibilidade de definirmos uma escala diferente para cada eixo (*X*, *Y* e *Z*). Sendo assim, a escala do eixo *Y* será mantida 1, pois a janela do banheiro também possui espessura de 15 cm. Já para a escala do eixo *X* será usado um fator que mude a largura da janela de 120 cm para 40 cm. Para facilitar, esse fator pode ser usado como uma fração. Logo, use o fator igual a 40/120. Dessa forma, o resultado da largura final será 120 x 40 / 120 = 40. Resumindo, simplesmente mude o valor da escala do eixo *X* de 1 para 40/120 e insira o bloco na posição correta.

Finalmente o desenho da planta está concluído. Precisamos representar as cotas e especificar o nome de cada ambiente, porém usaremos uma *layer* específica para a cota e outra para os textos.

10.4. Criando camada, cota e texto

Para criarmos uma *layer* é preciso simplesmente chamar o comando *Layer (Camada)* e a figura 10.10 aparecerá. Clique em *New (Novo)*, digite o nome da *layer* (neste caso, *Cota*) e pressione *Enter*. Clique novamente em *New (Novo)*, digite *Texto* e pressione *Enter*; assim criamos outra *layer* chamada *Texto*.

As *layers* já foram criadas. Para facilitar a visualização, vamos mudar a cor delas. Clique sobre o quadradinho preto ■ ou branco □ (dependerá da cor de fundo da sua área de trabalho, ver figura 10.10) que aparece embaixo do campo *Color (Cor)* e no alinhamento da *layer Cota*. Na segunda paleta de cores, clique na cor azul e depois em *OK*. Novamente, clique no quadradinho preto ■ ou branco □ que aparece embaixo do campo *Color (Cor)*, mas no alinhamento da camada *Texto*. Clique, na primeira cor da segunda paleta de cores, na cor vermelha e pressione *Enter*. Observe que os quadradinhos, que antes eram pretos ou brancos, agora são azul e vermelho (figura 10.10). Clique em *OK* para fechar essa caixa de diálogo.

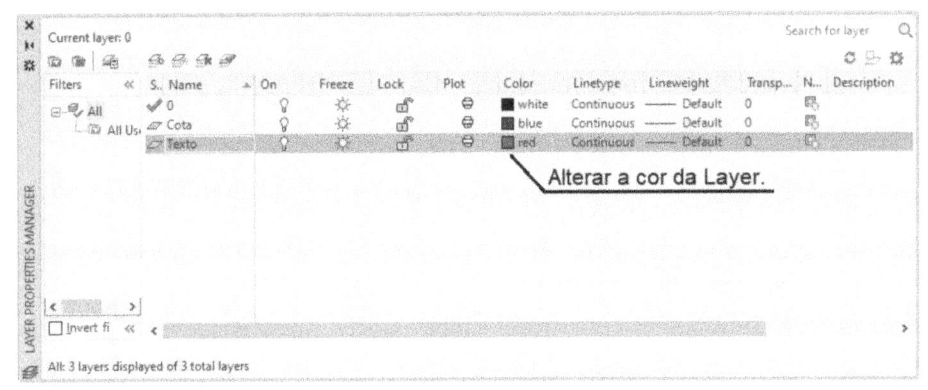

Figura 10.10 - Caixa de diálogo *Layer Properties Manager (Gerenciador de propriedades de camada).*

Caso tenha tido dificuldades em alterar as cores dos *layers (camadas)*, você pode voltar ao Capítulo 8 que revisaremos o conteúdo.

10.5. Dimensionando a planta

Como acabamos de criar uma *layer* específica para fazer o dimensionamento, precisamos mudar a *layer* atual (*0*) para a *layer Cota*. Se desejar relembrar com mais detalhes como fazer isso, veja a figura 8.7, bem como a sua explicação. Podemos fazer isso através da setinha ▾ do painel *Layers (Camadas)*. Clique na setinha. Observe que abaixo da *layer 0* há as *layers Cota* e *Texto*. Clique na camada *Cota*. Observe que os painéis *Layers (Camadas)* e *Properties (Propriedades)* mudaram a exibição da cor para azul. Agora tudo que fizermos estará na *layer* chamada *Cota* e, portanto, será azul.

Antes de começarmos a fazer as cotas, precisamos mudar a escala que define o tamanho das setas, textos, espaçamentos, enfim, precisamos mudar o fator de escala global: *Use overall scall (Usar escala global)*. Se desejar, você pode fazer uma revisão de como editar as cotas no item 6.8 antes de seguirmos adiante com a aula. De qualquer forma, farei as citações das figuras para você voltar nelas, caso achar necessário.

Então vamos lá. Na guia *Home (Padrão)*, clique na setinha ao lado do nome do painel *Annotation (Anotação)* ▾, figura 7.22, e em seguida clique em *Dimension Style (Estilo de cota)*. Automaticamente o AutoCAD apresenta a caixa de diálogo *Dimension Style Manager (Gerenciador de estilo de cota)*, figura 6.5. Nesta caixa, clique em *Modify (Modificar)* e depois clique na guia *Lines (Linhas)* – figura 6.6. No campo *Offset from origin (Deslocamento da origem)* mude o valor para *5*. Além dessa alteração, faremos mais um ajuste para que as cotas fiquem no tamanho correto na guia *Fit (Ajustar)*

– figura 6.9. Na caixa de diálogo *Modify Dimension Style (Modificar estilo de cota)*, aba *Fit (Ajustar)*, no campo *Scale for dimension features (Escala para recursos de cota)*, mude o valor de *Use overall scale of (Usar escala global)* para *4*. Clique em *OK*. Em seguida, clique em *Close (Fechar)*.

Para facilitar o processo de cotagem (dimensionamento), deixe as opções *POLAR (Rastreamento polar)* e *OSNAP (Snap ao objeto)* ativas (localizadas logo abaixo da barra de *Status*, ver figura 2.6). Além disso, pressione *Shift* e o botão direito do mouse ao mesmo tempo que aparecerá a figura 2.10. Clique na última opção, *Osnap Settings (Configurações de OSNAP)*. A figura 10.11 aparecerá. Ou simplesmente clique com o botão direito do mouse sobre *OSNAP (Snap ao objeto)* e selecione *Settings (Configurações)*.

Clique primeiro em *Clear All (Limpar todos)*, depois em *Endpoint (Extremidade)*, *Midpoint (Meio)* e *Intersection (Interseção)* e, logo após, em *OK*. Dessa forma não será mais necessário usar *Shift* e o botão direito do mouse para selecionar *Endpoint (Ponto final)* ou *Intersection (Interseção)*. Sempre que passarmos com o cursor próximo do fim de uma linha, a opção *Endpoint (Ponto final)* será acionada automaticamente. No caso de *Intersection (Interseção)*, sempre que passarmos próximo de uma interseção, a opção será ativada automaticamente.

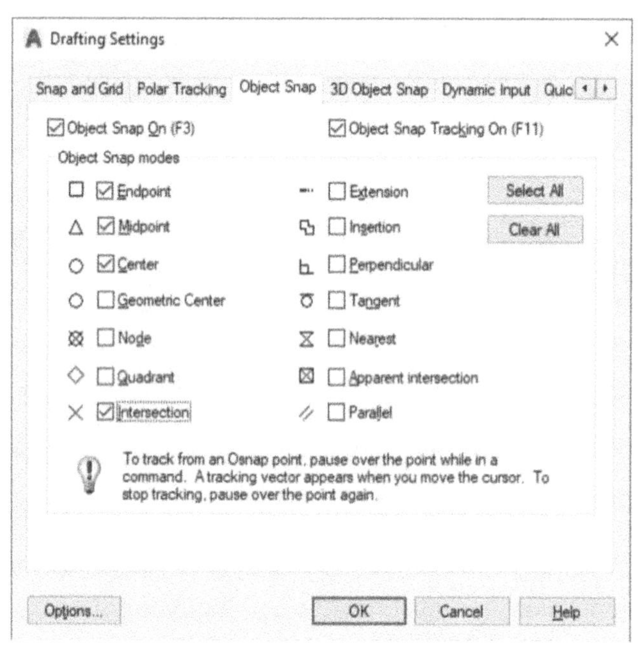

Figura 10.11 – Caixa de diálogo *Drafting Settings – Object Snap (Configurações do desenho – Snap ao objeto)*.

Agora sim, podemos começar o dimensionamento. Na figura 10.12 estão indicados todos os pontos que servirão de referência para o dimensionamento.

Chame o comando *Linear Dimension (Cota linear)* ⊢⊣, clique nos pontos *A* e *B*, digite *@0,40* e pressione *Enter*. Usaremos *40* para mantermos as cotas com o mesmo afastamento, ficando, assim, alinhadas. Mais à frente mostrarei outra alternativa para fazermos isso.

Chame o comando *Linear Dimension (Cota linear)*, clique nos pontos *C* e *D*, digite *@0,40* e pressione *Enter*.

Chame o comando *Linear Dimension (Cota linear)*, clique nos pontos *E* e *F*, digite *@0,40* e pressione *Enter*.

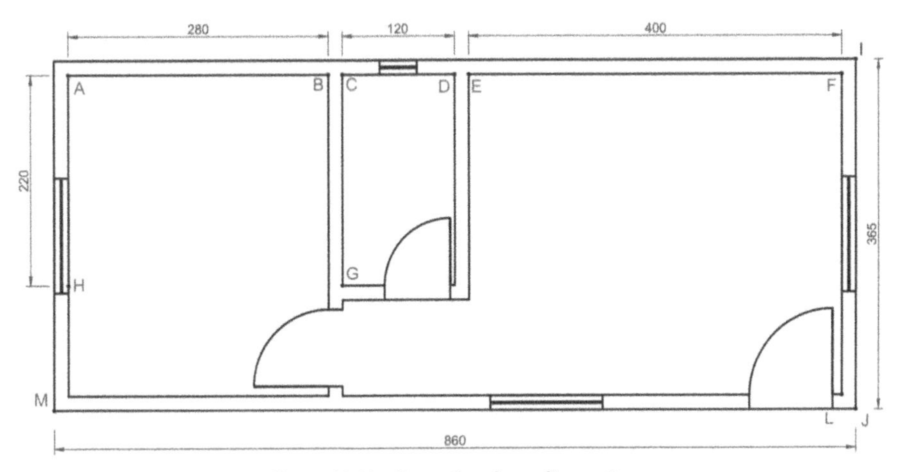

Figura 10.12 – Desenhando as dimensões.

Agora vamos fazer o dimensionamento do tamanho do banheiro, porém a sua parede não tem contato com a parte externa da casa, por isso precisaremos alinhá-la até a parede do quarto, para podermos definir o ponto da cota. Chame o comando *Linear Dimension (Cota linear)*, mova o cursor para o ponto *G* (certifique-se de que as opções *POLAR (Rastreamento polar)* e *OSNAP (Snap ao objeto)* estão ativas). Vá movendo o cursor para a esquerda, mas mantendo o alinhamento horizontal, a partir do ponto *G*, até chegar no ponto *H*. Quando chegar, clique neste ponto. Clique no ponto *A*, digite *@-40,0* e pressione *Enter*.

Chame o comando *Linear Dimension (Cota linear)*, clique no ponto *I* e no ponto *J*, digite *@25,0* e pressione *Enter*.

Observe que esta última cota possui a distância da linha de chamada da cota maior que as cotas (ver figura 10.12). Para modificarmos isso é muito simples. Clique sobre a cota que acabamos de fazer. Observe que aparecem vários quadradinhos em pontos estratégicos da cota. Dois deles estão exatamente um sobre o ponto *I* e outro sobre o ponto *J*. Clique sobre o quadradinho do ponto *I*, digite *@-15,0* e pressione *Enter.* Observe que a distância da linha de chamada diminuiu. Agora clique sobre o quadradinho do ponto *J*, digite *@-15,0* e pressione *Enter.* Pressione *Esc* para os quadradinhos sumirem.

Vamos fazer o dimensionamento máximo da casa. Chame o comando *Linear Dimension (Cota linear)*, clique no ponto *M*, clique no ponto *J*, digite *@0,-40* e pressione *Enter.* Novamente precisamos modificar a distância da linha de chamada da cota. Clique sobre a cota e, no quadradinho que aparece sobre o ponto *M*, digite *@0,15* e pressione *Enter.* Clique sobre o quadradinho do ponto *J*, digite *@0,15* e pressione *Enter.* Pressione *Esc* para os pontos sumirem.

O procedimento de especificar a distância das cotas usando "@0,40" é muito trabalhoso. Se você desejar, quando o AutoCAD solicitar para *Specify dimension line location (Especificar localização da linha de cota)* você pode simplesmente clicar no meio da linha da cota anterior. Por exemplo, quando for fazer a cota 120, você não especifica a posição da cota usando o "@0,40", você simplesmente clica logo abaixo do 280 que o AutoCAD deixará a cota na mesma posição desta última. Se preferir ainda, você pode fazer a primeira cota e depois usar o comando *Continue (Cota contínua)* . Ele está localizado no painel *Dimensions (Cotas)* da guia *Annotate (Anotação).*

Agora sim as cotas estão como apresentadas na figura 10.2.

10.6. Definindo os ambientes (textos)

Precisamos agora produzir os textos. Entretanto, antes vamos mudar da *layer Cota* para a *layer Texto*. Podemos fazer isso através da setinha do painel *Layers (Camadas)* da Guia *Home (Padrão)*, conforme ilustrado na figura 8.7. Clique na setinha e em seguida sobre o nome da camada *Texto*. Observe que os painéis *Layers (Camadas)* e *Properties (Propriedades)* mudaram a exibição da cor para vermelho. Dessa forma, tudo o que fizermos estará na *layer Texto* e com a cor vermelha.

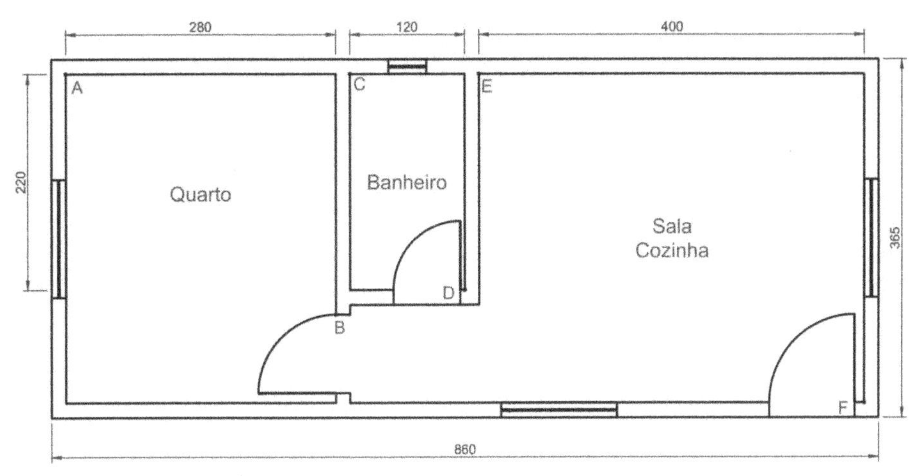

Figura 10.13 – Identificando os ambientes.

Começaremos primeiro escrevendo *Quarto*. Chame o comando *Multiline text (Texto multilinha)* A, clique no canto superior esquerdo do quarto (por exemplo, no ponto *A* – ver figura 10.13). Clique num ponto do canto inferior direito (por exemplo, no ponto *B*). A guia atual será alterada para a guia *Text editor (Editor de texto),* conforme ilustrado na figura 7.23 e reproduzida parcialmente na figura 10.14. Na guia *Text editor (Editor de texto),* escolha o tipo de texto que deseja. Na sequência, especifique a altura do texto e pressione *Enter.* Neste exemplo, a altura do texto usada foi *15* e o tipo de fonte, *Arial.*

Agora vamos definir a posição do texto em relação à caixa de texto criada. Para isso, clique no campo correspondente à opção *Center* e digite *Quarto* (veja a figura 10.14). Para ver o resultado é só clicar fora da caixa de texto ou clicar em *Fechar (Close)* ✔.

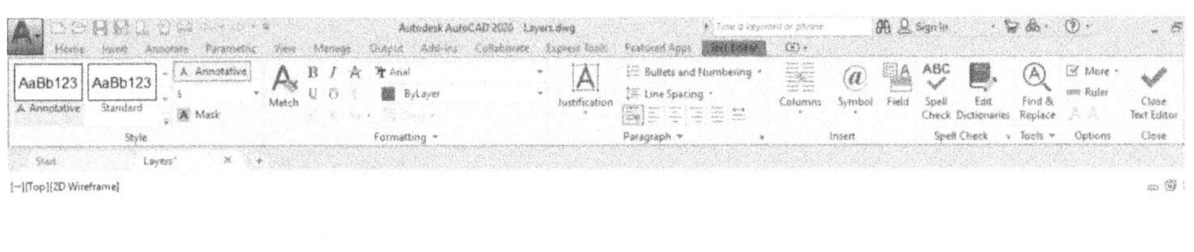

Figura 10.14 – Guia *Text Editor (Editor de texto).*

Vamos escrever *Banheiro*. Chame o comando *Multiline text (Texto multilinha)*, clique nos pontos *C* e *D* e a guia da figura 10.14 aparecerá. Especifique o tipo de texto que deseja usar, o tamanho do texto e a sua posição em relação à caixa que acabou de criar, conforme fizemos para o quarto (ver figura 10.14). Em seguida, digite *Banheiro* e clique em *Close (Fechar)* ✓. O resultado pode ser visto na figura 10.13.

Finalmente, o último texto. Chame o comando *Multiline text (Texto multilinha)* e clique nos pontos *E* e *F*. Novamente aparecerá a guia da figura 10.14. Efetue todas as alterações feitas para o texto *Banheiro* e *Quarto* e, em seguida, digite *Sala*, pressione *Enter*, digite *Cozinha* e clique fora da caixa de texto para finalizar a edição de texto.

Agora a planta baixa está concluída. Observe que a variedade dos comandos usados para fazê-la foi muito pequena. Assim, chegamos à conclusão de que nada nos serviria a explicação de centenas de comandos do AutoCAD se, na realidade, usaremos pouquíssimas dezenas.

Através da barra de ferramentas de acesso rápido, salve o desenho clicando em *Save (Salvar)*.

11. Exemplo de planta de situação e preparação para plotagem

Neste capítulo, nosso objetivo é continuar o exemplo anterior e desenhar a planta de situação no mesmo arquivo, também em tamanho real. Além disso, você verá como deixar as plantas em escala específica prontas para plotar, conforme a figura 11.1.

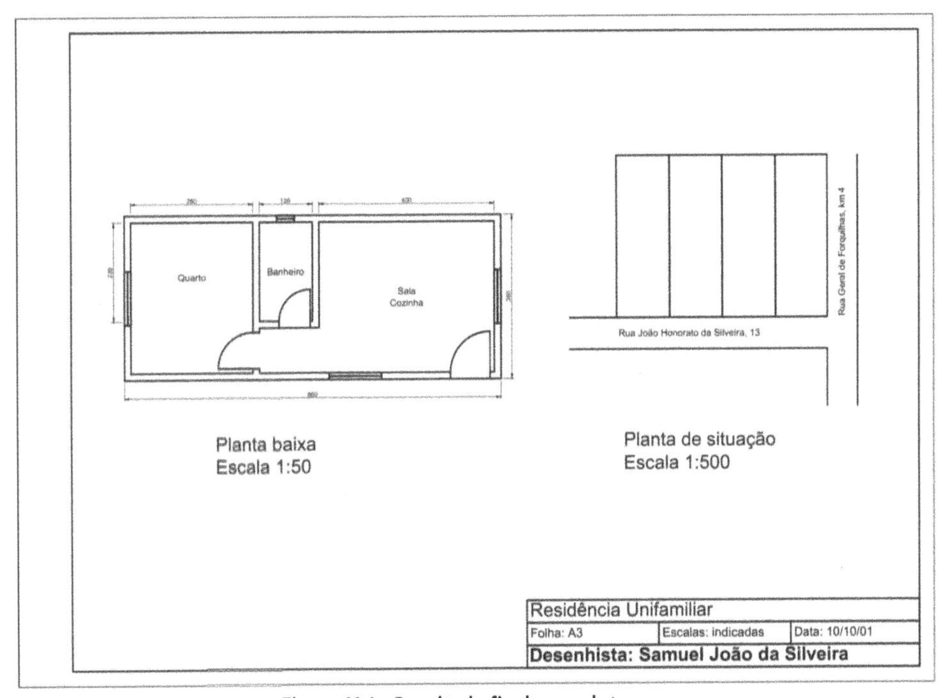

Figura 11.1 – Resultado final para plotagem.

11.1. Desenhando a planta de situação

Primeiramente, abra o arquivo do exemplo anterior, o *Exemplo planta baixa*, e torne ativa a *layer 0*.

Para não se tornar repetitivo, ao longo de todo o exemplo, sempre que for necessário pegar o fim de uma linha, o meio ou a interseção entre elas, você precisa usar as ferramentas de precisão *Endpoint (Ponto final), Midpoint (Ponto do meio) e Intersection (Interseção)*. Para tanto, você pode deixar a opção *OSNAP* (*Snap ao objeto*) ativa. Caso tenha alguma dúvida, veja a explicação de como fazer isso no item 10.5 Dimensionando a planta, do exemplo anterior.

Relembrando também que, para usar coordenada relativa, você pode usar o @ antes da coordenada ou não. Como a versão do AutoCAD 2020 vem com a entrada dinâmica *(Dynamic Input)* ativa, continuaremos com os nossos exemplos sem usar o @ antes. Para tanto, certifique-se de que a *Dynamic Input* esteja ligada (veja figura 4.1).

Agora vamos começar a fazer a planta de situação. O tamanho dos terrenos representados na planta é de 12x36 m. A rua tem 7 m de largura.

Começaremos pelo terreno. Chame o comando *Rectangle (Retângulo)* , clique num ponto abaixo da planta baixa (quanto mais distante da planta baixa, melhor será), em seguida digite *1200,-3600* e pressione *Enter*. Como o terreno tem 12x36 m e desejamos fazer ambas as plantas na mesma escala (tamanho real), precisamos passar o tamanho do terreno para centímetros. O sinal negativo usado na coordenada *-3600* foi para evitar que o desenho ficasse sobre a planta da casa; desta forma, o retângulo será feito na parte inferior.

Talvez você não esteja vendo todo o terreno, mas isso não é problema. Chame o comando *Zoom Extents (Estendido)* (ou digite *Z*, pressione *Enter*, digite *E (Est)* e pressione *Enter*). O que você achou? A casa ficou pequena? Fique tranquilo porque isso já era esperado, já que o terreno é muito maior que a casa.

Continuando, chame novamente *Rectangle (Retângulo)*, clique no ponto *A* (ver figura 11.2), digite *1200,-3600* e pressione *Enter*. Chame o comando *Rectangle (Retângulo)*, clique no ponto *B*, digite *1200,-3600* e pressione *Enter*. Chame mais uma vez o comando *Rectangle (Retângulo)*, clique no ponto *C*, digite *1200,-3600* e pressione *Enter*.

Vamos especificar (diferenciar) o terreno que estamos fazendo. Chame o comando *Line (Linha)* , clique nos pontos *A* e *D* e pressione *Enter*. Chame novamente o comando *Line (Linha)*, clique nos pontos *B* e *E* e pressione *Enter*.

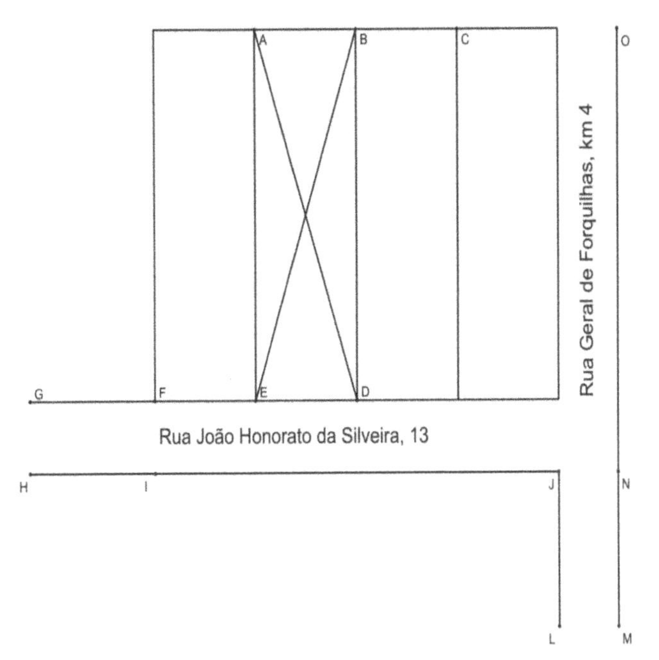

Figura 11.2 – Planta de situação.

Agora vamos fazer as ruas. Chame o comando *Line (Linha)*, clique no ponto *F* (figura 12.2), digite *-1500,0* e pressione *Enter* (ou simplesmente trace uma linha horizontal à esquerda). Para fazer o outro lado da rua, chame o comando *Offset (Deslocamento)* , digite *700* e pressione *Enter.* Agora clique na linha *GF*, em seguida o AutoCAD pergunta em qual lado você deseja fazer a cópia da linha, então clique num ponto qualquer abaixo dela e pressione *Enter* (caso não esteja vendo a linha que acabou de fazer, use o *Zoom Extents (Estendido)*).

Se você observar atentamente a figura 11.2, verá que fez o segmento *HI* e que precisamos fazê-lo chegar até o ponto *J*. Nesse caso, faremos de uma forma mais rápida e prática. Clique sobre o segmento *HI*. Perceba que apareceram três quadradinhos (a cor padrão desses quadradinhos é azul). Clique sobre o quadradinho do ponto *I* (observe que, se você mover o cursor, a linha irá junto), digite *4800,0* e pressione *Enter.* Este valor de 4800 corresponde à distância do ponto *I* ao *J*, ou seja, largura dos quatro terrenos – como cada terreno tem 1200 cm, a distância total é de 4800 cm.

Agora vamos fazer o segmento *JL*. Para isso, chame o comando *Line (Linha)*, clique no ponto *J*, digite *0,-1500* e pressione *Enter* (ou simplesmente trace uma linha vertical para baixo). Chame o comando *Offset (Deslocamento)*, digite *700* (observe na barra de status se o valor que está aparecendo é o próprio *700*; se for, você não precisa digitá-lo novamente). Pressione *Enter*, clique sobre a linha *JL*, clique no lado esquerdo dela e pressione *Enter*.

Novamente precisamos estender uma linha. Clique sobre a linha *MN*, observe os três quadradinhos azuis, clique sobre o quadradinho do ponto *N*, digite *0,4300* e pressione *Enter*.

11.2. Identificação das ruas (texto)

Precisamos escrever os nomes das ruas. Chame o comando *Multiline Text (Texto Multilinha)* A e clique nos pontos *G* e *J*. A guia atual será alterada conforme apresentado na figura 7.23. Selecione o tipo de texto que você deseja. Altere o valor do tamanho do texto para *20* (o AutoCAD não apresenta a opção 20 para você, é necessário que digite *20* e pressione *Enter*). Clique no ícone *Center*, localizado no painel *Paragraph (Parágrafo)* (veja a figura 10.14), para centralizar o texto na caixa de texto. Digite o nome da rua – neste caso, *Rua João Honorato da Silveira, 13* – e clique em *OK*.

Certamente você perceberá que o texto ficou muito pequeno, mas pode ficar tranquilo, isso já era esperado. Isso foi feito somente para dar uma oportunidade de você praticar a ferramenta *Properties (Propriedades)*.

Então vamos lá! Chame o comando *Properties (Propriedades)*. Para relembrá-lo, você pode acessar este comando clicando na setinha que aparece ao lado do nome do painel *Properties (Propriedades)* da guia *Home (Padrão)* ou você pode acessá-lo também através do ícone existente no painel *Palettes (Paletas)* da guia *View (Vista)*.

De ambas as formas aparecerá a respectiva caixa de diálogo, a qual você pode ver no lado esquerdo da figura 11.3.

Na sequência, clique sobre o texto. Em *Properties (Propriedades)* aparecerão todas as propriedades referentes a ele (veja a figura 11.3). Em *Text Height (Altura do texto),* apague o valor atual do tamanho do texto (*20*), digite *150* e pressione *Enter.* Pressione *Esc* para sair. Outra forma de você fazer alteração na altura do texto ou em outro item é dando dois cliques rapidamente sobre o texto desejado. Em seguida a guia atual será alterada para a apresentada na figura 7.23. Nela você poderá fazer as alterações desejadas.

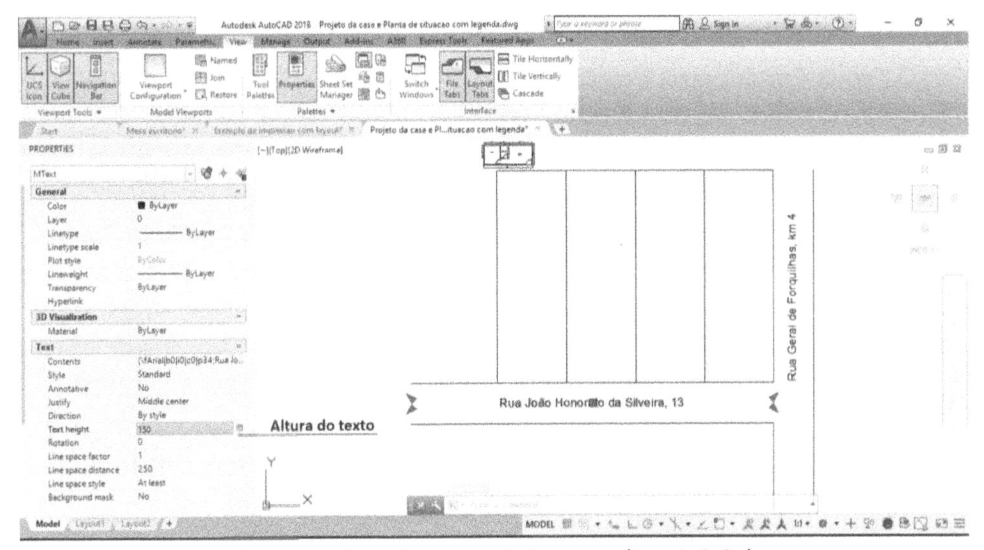

Figura 11.3 – Usando o comando *Properties (Propriedades)*.

Observe, na figura 11.3, na janela do comando *Properties (Propriedades),* algumas opções referentes ao texto selecionado. Vejamos os quatro itens principais:

- ***Layer (Camada)*** permite alterar o nome da *layer.*
- ***Contents (Conteúdo)*** permite editar o texto digitado.
- ***Style (Estilo)*** permite alterar o estilo usado no texto.
- ***Text height (Altura do texto)*** permite alterar a altura do texto.

Caso você queira alterar algumas dessas propriedades, basta clicar no campo desejado e fazer as alterações. No nosso caso, desejamos alterar a altura do texto. Para tanto, clique no campo *Text height (Altura do texto)* e faça a alteração necessária. Assim que concluir a digitação do novo valor, pressione *Enter* e depois *Esc* para encerrar a seleção desse texto.

Para a janela do comando *Properties (Propriedades)* não ficar mais aparecendo, clique no ✖ que aparece no canto superior esquerdo.

Se você desejasse, também poderia alterar a altura do texto ou outra característica simplesmente dando um duplo clique sobre o texto que a guia é alterada para a *Text Editor (Editor de texto)*. Se desejar conversar sobre ela, podemos voltar e ver a figura 7.23.

Agora vamos identificar a outra rua. Chame o comando *Multiline Text (Texto Multilinha)*, clique no ponto *J*, digite *4300,-700* e pressione *Enter* (ou simplesmente clique no ponto *O*). Automaticamente a guia atual é alterada para a edição de texto (figura 7.23). Altere o tipo de texto, o tamanho e clique em *Centro (Center)*. Em seguida, digite *Rua Geral de Forquilhas, Km 4* e clique em *OK*.

O texto não ficou correto, pois precisa ficar no sentido da rua. Para isso, chame o comando *Properties (Propriedades)*, clique sobre o texto, modifique em *Rotation (Rotação)* o valor de *0* para *90*. Caso novamente o texto tenha ficado pequeno, altere em *Text height (Altura do texto)* o valor de *20* para *150* e pressione *Enter*. Pressione *Esc* e feche a janela *Properties (Propriedades)*. Se desejar, você pode rotacionar o texto com o comando *Rotate (Rotacionar)*.

Após um certo trabalho, o desenho deverá ter ficado como apresentado na figura 11.2.

11.3. Inserindo *Viewports* (Janela)

Com as plantas baixa e de situação concluídas, precisamos preparar a plotagem. Antes de você seguir adiante neste exemplo, é muito interessante que revise atentamente o Capítulo 9, especialmente o item 9.4 Layout e *Viewports (Paper Space) – Plot*, pois assim facilitará muito o seu entendimento do assunto.

Após revisar atentamente o Capítulo 9, clique em *Layout1* (ver figura 9.6). Assim que isso for feito, aparecerá uma folha e uma "janela" mostrando todo o desenho (veja a figura 11.4). Para facilitar, vamos apagar esta "janela". Chame o comando *Erase (Apagar)*, clique sobre o retângulo que envolve toda a figura ("janela") e pressione *Enter* para finalizar. Esta janela que você apagou é definida como *Viewport*. Logo em seguida explicarei como inserir novamente o *Viewport*.

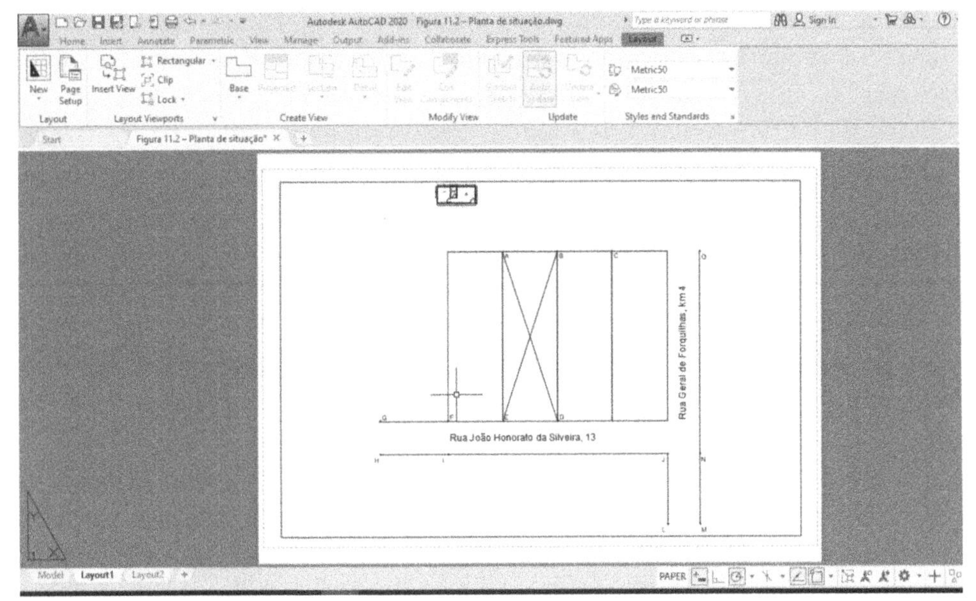

Figura 11.4 – Preparando para plotar.

Primeiramente, vamos configurar a folha para a impressão. Para tanto, vá à guia *Output (Saída)* e clique em *Page Setup Manager (Gerenciador de configuração de página)* . Automaticamente abrirá a caixa de diálogo chamada *Page Setup Manager (Gerenciador de configuração de página)* (ver figura 9.7). Selecione *Modify (Modificar)* e surgirá uma caixa de diálogo semelhante à apresentada na figura 9.1.

No campo *Printer/plotter (Impressora/Plotadora),* clique em *Name (Nome)* e defina o tipo de *plotter* – nesse caso, *DWG To PDF (DWG para PDF)*. Escolhemos este porque permite definir tamanhos de folhas maiores que A4 e o arquivo já será salvo no formato PDF.

Clique em *Paper size (Tamanho do papel)* e escolha a folha *ISO A2 (594 x 420 mm)* ou outra maior que a folha *A3*. No campo *Plot scale (Escala de plotagem),* especifique a escala *1:1*, mesmo que você deseje plotar em escalas diferentes. A escala real do desenho será definida mais à frente. Após definir a escala, clique em *OK*.

Concluída essa etapa, aparecerá uma folha do tamanho especificado em *Paper size (Tamanho do papel)*.

Conforme apresentado na figura 11.1, desejamos que o desenho fique dentro de uma folha com margem e legenda. Para isso, precisamos desenhar a folha e a legenda.

Apesar de você não estar no campo para fazer desenhos (*Model (Modelo)*, observe a figura 9.6), poderá confeccionar o desenho da folha como se estivesse em *Model (Modelo)*.

Para fazermos a folha *A3* e a legenda, chamaremos o comando *Rectangle (Retângulo)* . Clique num ponto qualquer do canto inferior esquerdo, digite *420,297* e pressione *Enter*. Acabamos de produzir a margem. O restante dos passos, assim como este, você pode ver no Capítulo 5, item "Exemplo II – Folha A3". A construção da legenda vimos detalhadamente no Capítulo 7, item "Exemplo – Legenda ou selo". Seguindo esses passos, você concluirá com facilidade todo o desenho da folha A3, bem como o selo.

Com a conclusão do desenho da folha *A3* (veja a figura 11.5), podemos inserir os *Viewports* para organizar as plantas para impressão. Entretanto, precisamos criar uma nova *layer* para os *Viewports*, pois dessa forma eles não aparecerão na impressão. Mais à frente isso ficará claro.

Chame o comando *Layers (Camadas)* (ver o item "Exemplo de *layer*" do Capítulo 8), a figura 8.1 aparecerá. Clique em *New (Novo)* , digite um nome para a *layer*, neste caso *Vp* (*Viewport*), e pressione *Enter*. Clique em *OK*. Agora vamos tornar esta camada ativa. Podemos fazer isso através da setinha do painel *Layers (Camadas)*, conforme ilustrado na figura 8.7. Clique na setinha e depois na camada *Vp*, a qual acabamos de criar.

Agora sim vamos inserir os *Viewports*. Clique com o botão esquerdo do mouse na guia *Layout* (último painel que só aparece quando você está em *Layout*) e no ícone *Rectangular (Retangular)* do painel *Layout Viewports*. Na sequência, o AutoCAD pedirá para definir os pontos que definirão o *Viewport*. Antes de continuarmos, veja a figura 11.5.

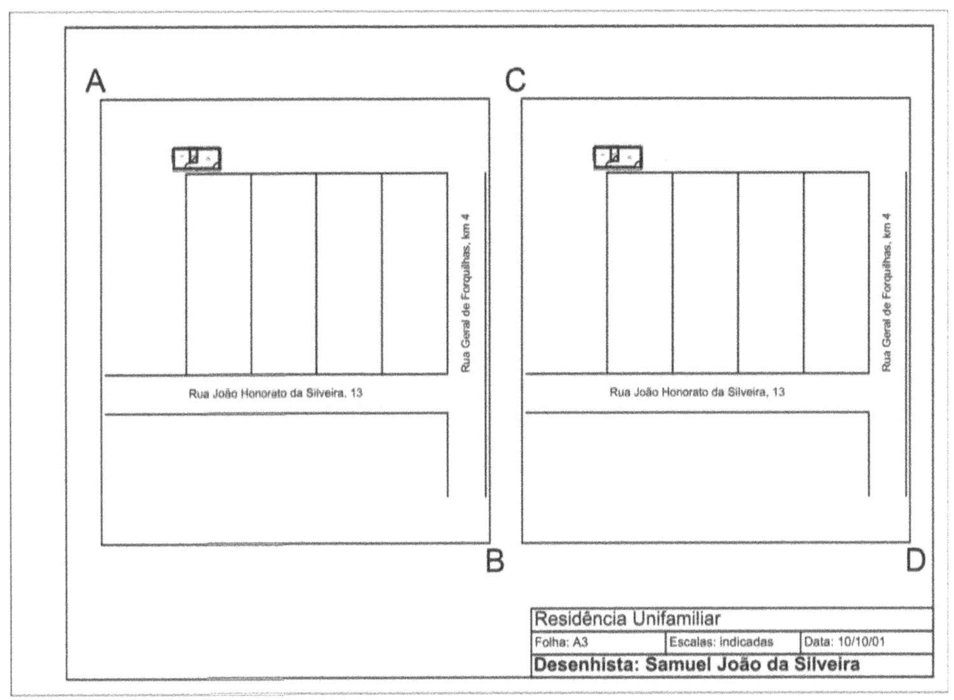

Figura 11.5 – Inserindo *Viewports*.

Precisamos inserir o primeiro ponto no qual será criado o *Viewport*. Clique num ponto próximo ao ponto *A* (ver figura 11.5) e num ponto próximo ao ponto *B*. Em seguida, aparecerá todo o desenho feito no campo *Model (Modelo)*. Este *Viewport* que acabamos de inserir chamaremos de *janela planta baixa* ou simplesmente de *Viewport da esquerda*.

Vamos inserir mais um *Viewport*. Clique com o botão esquerdo no ícone *Rectangular (Retangular)* do painel *Layout Viewports*. Em seguida, clique num ponto próximo ao ponto *C* (ver figura 11.5) e num ponto próximo ao ponto *D*. Neste *Viewport* também aparecerá todo o desenho feito no campo *Model (Modelo)*. Chamaremos este *Viewport* de *janela planta de situação* ou simplesmente de *Viewport da direita*.

11.4. Definindo a escala de impressão

Primeiramente definiremos a escala da planta baixa. Neste caso, a escala que usaremos será *1:50*. Para isso, clique duas vezes rapidamente em qualquer lugar dentro da *janela planta baixa* (*Viewport da esquerda*, na figura 11.5). Dessa forma temos acesso ao interior da janela.

Para definir a escala de impressão, usaremos o comando *Zoom*.

	Digite:	Pressione:
1)	*Z*	*Enter*
2)	*10/50xp*	*Enter*

O número *50* corresponde à escala que desejamos. Já o número *10* é simplesmente um fator de transformação de centímetros para milímetros. Isso porque a planta foi feita em centímetro. Se fizéssemos em metros, teríamos que usar *1000* no lugar de *10*.

Dependendo do tamanho da janela que você criou ao inserir o *Viewport*, poderão estar aparecendo partes da planta de situação e partes da planta baixa ou simplesmente uma delas. No entanto, precisamos deixar somente ficar visível nesta janela a planta baixa. Por isso, chame o comando *Pan*, mantenha o botão esquerdo pressionado e movimente a planta até ficar aparecendo somente a planta baixa. Lembre-se de que você pode usar o *Pan* facilmente mantendo o botão *scroll* do mouse pressionado. Caso não seja possível, deixe ficar aparecendo o mínimo possível da planta de situação e a planta baixa por inteiro.

Ainda tentando deixar somente a planta baixa visível na *janela planta baixa*, podemos usar outro artifício. Para isso, clique em *MODEL (MODELO)*, mas no mesmo lugar que você clicou em *PAPER (PAPEL)* (veja a figura 11.6; lembre-se de que quando você clica em *MODEL (MODELO)* o nome da opção muda para *PAPER (PAPEL)* e o contrário também ocorre). Uma outra opção é você clicar duas vezes rapidamente num ponto qualquer fora do *Viewport*. Dessa forma você não tem mais acesso ao interior dos *Viewports*. Por outro lado, você pode alterar as dimensões de cada *Viewport*. Clique sobre uma das linhas que definem a *janela planta baixa* (*Viewport da esquerda*, na figura 11.5). Deverão aparecer quatro quadradinhos em cada vértice da janela. Clique sobre o quadradinho que está mais próximo da parte em que aparece a planta de situação. Mova o cursor de modo a diminuir a janela e deixar a planta de situação fora dela e, em seguida, clique.

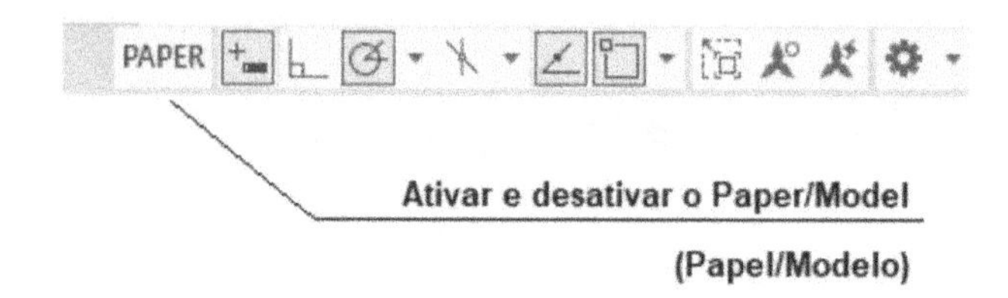

Figura 11.6 – Ativar e desativar o *Paper/Model (Papel/Modelo)*.

Caso usando somente este quadradinho não seja possível esconder toda a planta de situação, clique em outro e diminua novamente a janela. Feito isso, pressione *Esc* para que os quadradinhos desapareçam.

Agora vamos definir a escala da planta de situação (*1:500*). Para isso, clique novamente em *PAPER (PAPEL)* (veja a figura 11.6) ou clique rapidamente duas vezes dentro da janela que será a planta de situação. Dessa forma você estará dentro do *Viewport*. Clique dentro da *janela planta de situação* e siga os passos:

	Digite:	Pressione:
1)	*Z*	*Enter*
2)	*10/500xp*	*Enter*

Lembrando que o *10* representa a conversão de escala de centímetros para milímetros, o *500* é a escala desejada e o *xp* é o comando do AutoCAD.

Neste caso, não desejamos que apareça a planta baixa. Para isso, usaremos o comando *Pan*. Chame o comando *Pan*, mantenha o botão esquerdo pressionado e movimente o cursor de modo a deixar a planta baixa fora da janela. Em seguida, pressione *Enter* para finalizar o comando. Só para lembrá-lo, você pode usar o comando *Pan* simplesmente mantendo pressionado o botão *scroll* do mouse.

Vamos sair de dentro da *janela planta de situação*. Clique novamente em *MODEL (MODELO)*, localizado conforme indicação da figura 11.6, ou simplesmente clique duas vezes rapidamente num ponto qualquer fora da *Viewport*.

Caso a planta baixa continue aparecendo na *janela planta de situação*, você pode proceder da mesma forma que fizemos para a *janela planta baixa*. Isto é, selecione a *Viewport*, clique sobre o quadradinho azul e movimente-o até ficar na posição desejada e clique. Feito isso, o resultado final deverá ser algo parecido com o apresentado na figura 11.7.

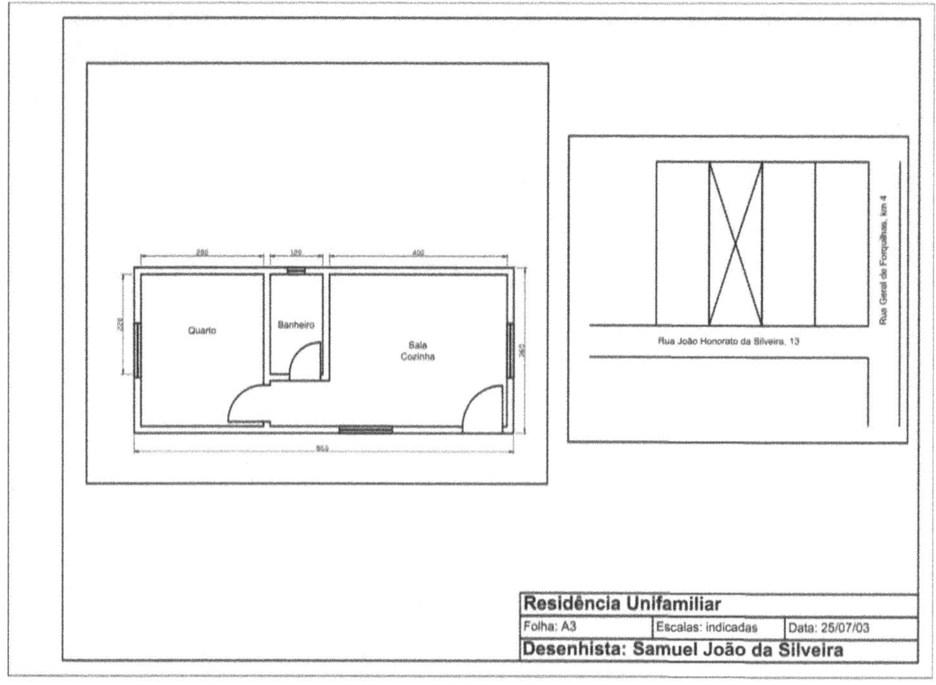

Figura 11.7 – Definindo escalas das plantas.

11.5. Centralizando e identificando as plantas

Como você pode ver na figura 11.7, as plantas não estão bem centradas na folha. Dessa forma, precisamos mover as janelas para que estas fiquem bem posicionadas. Por isso, chame o comando *Move (Mover)* ✥, clique sobre a janela que deseja movimentar, pressione *Enter*, clique num ponto qualquer da tela e movimente o cursor até que a janela fique na posição desejada. Assim que ficar na posição ideal, clique para definir a nova posição. Caso você esteja com a opção *OSNAP (Snap ao objeto)* ativa, é melhor clicar nela, para assim não ter problemas quando for definir os pontos.

Com as plantas bem posicionadas, podemos escrever abaixo de cada uma a respectiva identificação e escala. Porém, vamos fazer o texto na *layer* chamada *Texto*, que foi criada no exemplo anterior. Podemos fazer isso através da setinha ▾ do painel *Layers (Camadas)*, conforme ilustrado na figura 8.7. Clique na setinha e depois na camada *Texto*. Agora sim podemos começar a fazer os textos.

Chame o comando *Multiline Text (Texto Multilinha)* A, clique num ponto abaixo da planta baixa, movimente o cursor de modo a abrir uma pequena janela (seu tamanho pode ser metade da legenda) e clique. A guia atual será alterada conforme apresentado na figura 7.23. Especifique o tipo de texto e o tamanho. Neste exemplo usaremos fonte tipo *Arial* e tamanho 6. Em seguida, digite *Planta baixa*, pressione *Enter*, digite *Escala 1:50* e clique em *OK*. O resultado você pode ver na figura 11.7.

Para a outra planta o procedimento é o mesmo. Chame o comando *Multiline Text (Texto Multilinha)*, clique num ponto abaixo da *janela planta de situação*, movimente o cursor e clique assim que a janela ficar num tamanho próximo à metade da legenda. A guia atual será alterada conforme apresentado na figura 7.23. Escolha o tipo de texto e defina o tamanho – neste caso, 6. Digite *Planta de situação*, pressione *Enter*, digite *Escala 1:500* e clique em *OK*. O resultado é o apresentado na figura 11.8.

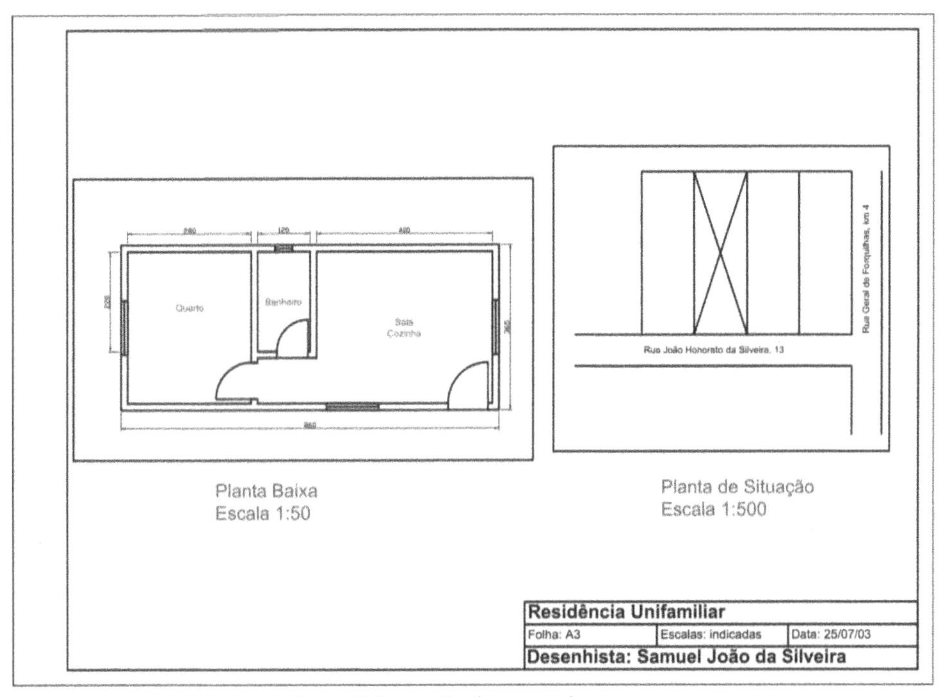

Figura 11.8 – Janelas (*viewports*) e textos.

Caso mandássemos plotar o desenho da forma em que está, apareceriam os limites das janelas, *Viewports* (ver figura 11.8). Por isso precisamos eliminá-los, mas sem apagar o seu interior. Se simplesmente pegarmos o comando *Erase (Apagar)* e apagarmos as janelas, todo o seu interior sumiria. Portanto, não podemos usar *Erase (Apagar)*.

Para resolvermos esse problema, vamos tornar a *layer Vp*, que foi criada especialmente para isso, invisível. Dessa forma, os limites das janelas não aparecerão mais, pois eles estão na *layer Vp*. Podemos fazer isso através da setinha ▾ do painel *Layers (Camadas)*, conforme ilustrado na figura 8.7. Clique na setinha e depois na lâmpada que aparece ao lado da *layer Vp*. Quando clicar sobre ela, sua cor será alterada, ficará escura, indicando que não está mais visível. Depois clique em qualquer ponto na área de trabalho. Em seguida, salve o arquivo.

Dessa forma, está tudo pronto para mandar plotar. Dependendo do local em que você for imprimir, é possível levar o arquivo assim numa empresa que possua *plotter* e dizer que deseja plotar este arquivo em escala 1:1. Além disso, você precisaria especificar a espessura das penas, ou seja, espessura na qual serão impressas as linhas. Isso nós definiremos através das cores. Como a planta, as cotas e o texto foram feitos em cores diferentes; e você pode definir uma espessura para cada uma dessas cores. O ideal é que a cor na qual foram feitas as cotas tenha uma pena mais fina que a da planta. Dessa forma, haveria uma melhor clareza do desenho.

Outro ponto importante que preciso esclarecer é que na verdade você deveria usar a mesma *plotter* que será usada para a impressão. Isto é, quando selecionamos o tipo de *plotter*, usamos a *DWG To PDF (DWG para PDF)*. Isso foi feito porque não tínhamos nenhuma outra *plotter* configurada. Está se usando bastante o arquivo no formato em PDF. Nesse caso, podemos enviá-lo para a impressão ou mesmo para o cliente, já que normalmente temos um programa visualizador de arquivos PDF instalados no nosso computador.

Como o arquivo ainda não está pronto para clicar em *OK*, vamos voltar para a nossa configuração da impressão. Após definir o nome e a folha da *plotter*, você precisa especificar as propriedades das penas, isto é, você precisa especificar, principalmente, as espessuras das linhas para serem impressas. Veremos como fazer isso detalhadamente no próximo item.

11.6. Definindo as espessuras das linhas

Para facilitar, vamos criar um arquivo de estilo de penas. Este arquivo será usado por você em outras impressões.

Primeiramente, precisamos fazer aparecer a caixa de diálogo *Page Setup (Configuração de página)* ou *Plot*, conforme figura 11.9. Para tanto vá à guia *Output (Saída)* e clique em *Page Setup Manager (Gerenciador de configuração de página)* e depois em *Modify (Modificar)* ou simplesmente clique em *Plot (Plotar)* na guia de acesso rápido no canto superior esquerdo do AutoCAD.

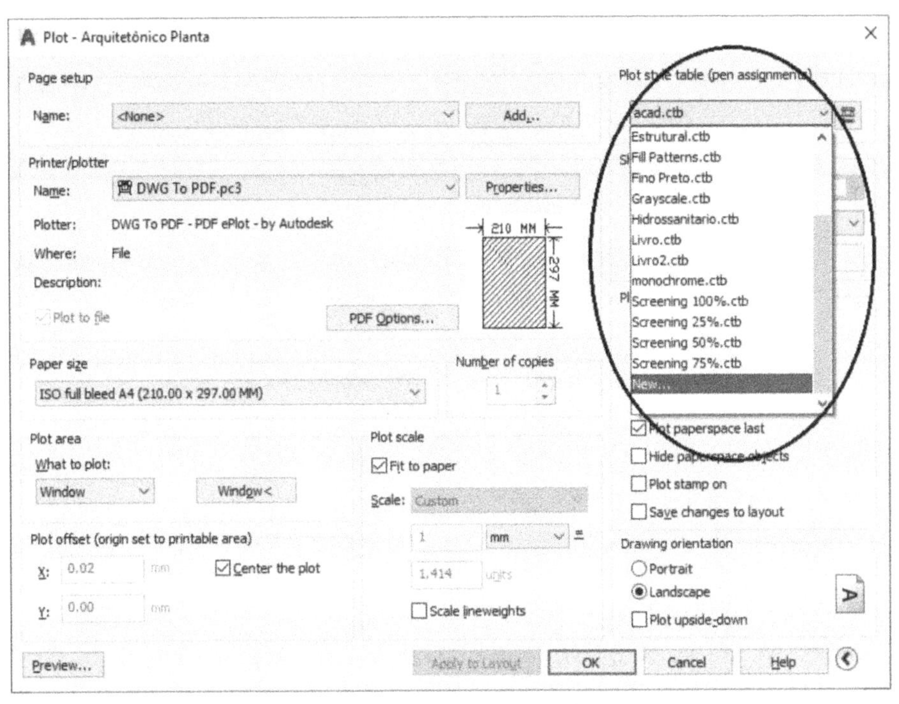

Figura 11.9 – Caixa de diálogo *Plot (Plotar)*.

Na caixa de diálogo da figura 11.9, em *Plot style table (Tabela de estilo de plotagem)*, clique no nome do arquivo que aparece e deslize o cursor até aparecer a última opção, *New (Novo)*, conforme destacado com um contorno.

Feito isso, automaticamente aparecerá a caixa de diálogo (*Add Color-Dependent Plot Style Table – Begin (Adicionar tabela de estilo de plotagem dependente de cor – Início)*). Escolha *Start from scratch (Começar do zero)* e clique em *Avançar*. Na próxima janela, especifique o nome do estilo de penas que você deseja. Para este exemplo, usaremos o nome *Planta*. Portanto, na caixa de diálogo *Add Color – Dependent Plot Style – File Name (Adicionar tabela de estilo de plotagem dependente de cor – Nome do arquivo)*, digite o nome do arquivo (*Planta*) e clique em *Avançar*. Na caixa de diálogo seguinte, você pode observá-la na figura 11.10, torne ativa as duas opções. Em seguida, clique em *Concluir*.

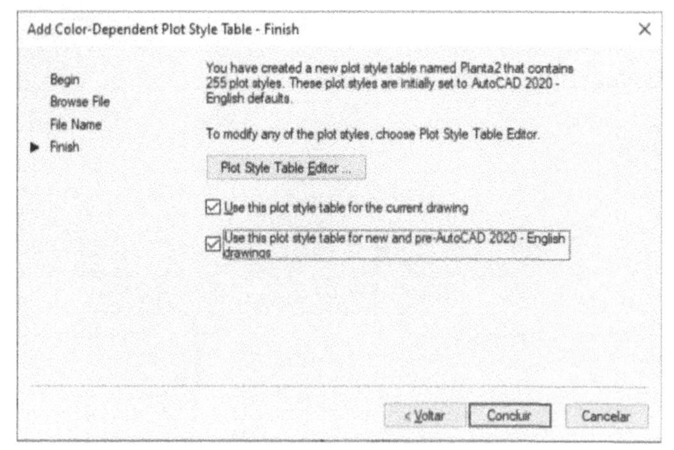

Figura 11.10 – Caixa de diálogo *Add Color-Dependent Plot Style Table – Finish (Adicionar tabela de estilo de plotagem dependente de cor – Final).*

Após finalizar, no campo *Name (Nome)*, em *Plot style table (Tabela de estilo de plotagem)*, na caixa de diálogo *Plot (Plotar)*, aparecerá o nome do arquivo que você criou. Observe que na figura 11.9 já aparece com o nome do arquivo criado (*Planta*).

Agora vamos editar o arquivo criado para definir como deverá ser a impressão. Clique em *Edit (Editar)*, em *Plot style table (Tabela de estilo de plotagem)* (figura 11.9), e a figura 11.11 aparecerá.

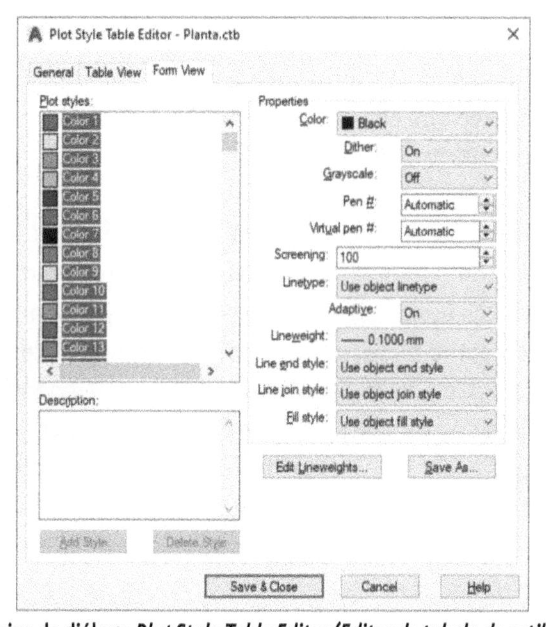

Figura 11.11 – Caixa de diálogo *Plot Style Table Editor (Editor de tabela de estilo de plotagem).*

Conforme já comentei com você, no lado esquerdo temos as cores correspondentes às desenhadas no AutoCAD; já no lado direito temos as propriedades nas quais as cores do lado esquerdo serão impressas. Em outras palavras, no lado esquerdo temos as propriedades do desenho no AutoCAD e no lado direito temos as propriedades de impressão.

O primeiro passo que faremos é definir as propriedades padrões das linhas. Para tanto, clique na cor vermelha *(Color 1)* do lado esquerdo da janela (veja figura 11.11). Clique na seta indicada na figura 11.12 até aparecer a última cor, *Color 255*. Em seguida, mantenha pressionada a tecla *Shift* e clique na última cor. Observe que, logo em seguida, as cores são todas selecionadas.

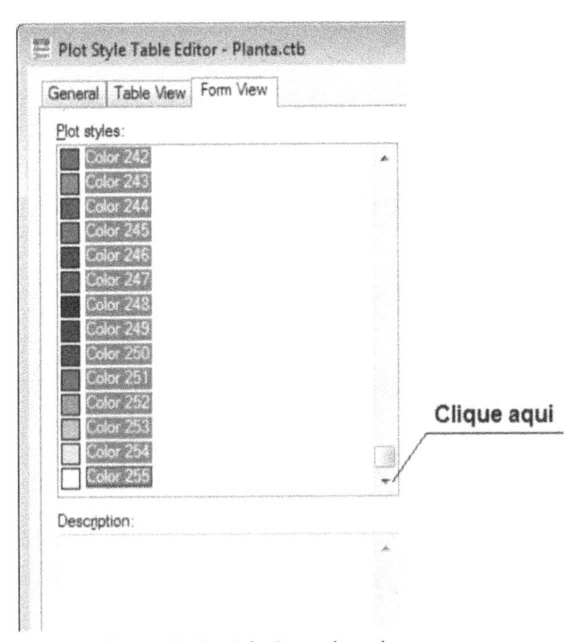

Figura 11.12 – Selecionando todas as cores.

Uma forma mais prática de selecionar todas as cores é, após clicar na *Color 1*, pressionar as teclas *Shift*, *Ctrl* e *End*, nesta sequência, mantendo-as pressionadas até todas as cores serem selecionadas.

Após selecionarmos todas as cores, vamos determinar que o AutoCAD as imprima em preto. Para isso, clique na seta correspondente ao campo *Color (Cor)* do lado direito da janela da figura 11.11 – neste campo deverá estar aparecendo *Use object color (Utilizar cor de objeto)*; selecione a opção *Black (Preto)*.

Agora vamos especificar a espessura da linha padrão. No campo *Lineweight (Espessura da linha),* clique na seta correspondente e selecione *0.1000 mm*. Dessa forma, o resultado deverá ser como o apresentado na figura 11.11.

Então, até esse ponto definimos que todas as cores serão impressas com espessuras 0,1000 mm e na cor preta. No entanto, precisamos definir as espessuras mais grossas. Para isso, clique na cor desejada e selecione a espessura que você deseja. Neste exemplo, selecionarei a cor vermelha *(Color 1*) e, em *Lineweight (Espessura da linha),* especificarei *0,150 mm*. Para a cor azul *(Color 5*) farei o mesmo. Já para a cor preta *(Color 7*) usarei uma espessura maior, *0,350 mm*, pois esta será usada para definir as paredes das plantas.

Após definir as espessuras de linhas, clique em *Save & Close (Salvar e Fechar)* que a caixa de diálogo fechará.

Vejamos de que forma procedemos para configurar a impressora/*plotter* até esta etapa: especificamos o tipo de *plotter*, criamos e editamos um estilo de pena.

Precisamos ainda definir o tipo de folha, a área que desejamos plotar, bem como a escala. Para tanto, clique no campo *Paper size (Tamanho do papel)*, selecione a folha (ela deverá ser sempre um pouco maior do que a folha que você deseja imprimir); para este exemplo, selecione a folha *ISO A2 (594x420 mm)*. No campo *Scale (Escala)*, especifique *1:1*, pois a escala você deverá definir usando o comando *Zoom*, conforme expliquei no exemplo do item 11.4.

Para definir a área de impressão, no campo *Plot area (Área de plotagem)*, clique em *Window (Janela)* (localizada no canto inferior esquerdo da caixa de diálogo atual). Automaticamente a janela de impressão desaparece para que você possa especificar a área que deseja imprimir. Para tanto, você deverá clicar nos limites do desenho. No caso de o desenho possuir uma folha, conforme já fizemos, você deverá clicar sobre os limites dessas folhas. Para este exemplo, clique no ponto *A*, conforme especificado na figura 11.13. Observe que, ao mover o cursor automaticamente, está sendo formado um retângulo. Clique no ponto *B* para limitar a área de impressão.

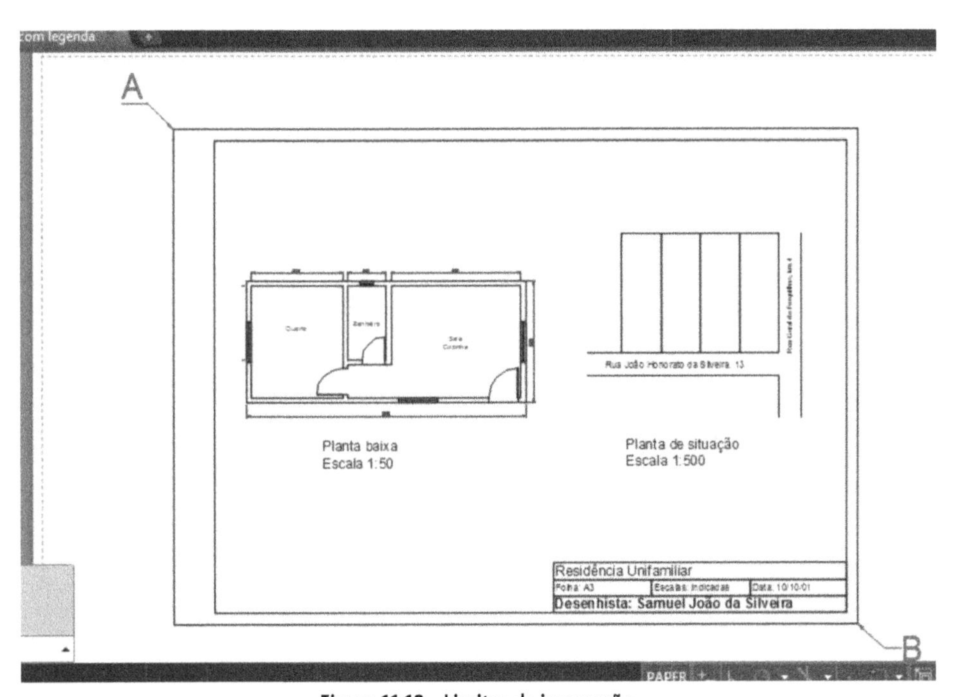

Figura 11.13 – Limites de impressão.

Após definir o limite da impressão, a janela de impressão (*Plot*) aparece novamente. Finalmente, você pode clicar em *OK* que o AutoCAD abrirá a janela padrão do Windows para salvar arquivos, conforme você pode observar na figura 11.14. Especifique o endereço bem como o nome do arquivo desejado e clique em *Save (Salvar).*

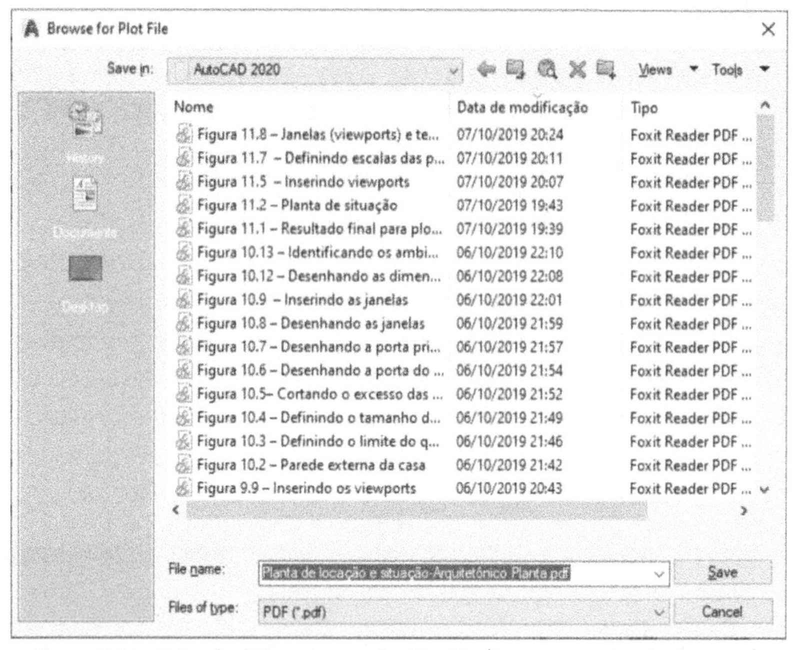

Figura 11.14 – Caixa de diálogo *Browse for Plot File (Procurar arquivo de plotagem).*

Para você plotar o desenho, basta levar o arquivo que você salvou com extensão PDF para a empresa e pedir para plotar. Você não precisa passar mais nenhuma informação, a *plotter* saberá o tamanho da folha e demais informações.

12. Comandos avançados

Nesta etapa do nosso aprendizado, você aprenderá comandos que tornarão a sua vida muito mais fácil. No entanto, você só deve dar continuidade aos estudos caso você já domine bem os comandos apresentados nas aulas anteriores.

12.1. *Arc* (Arco)

Atalho:
Localização: guia *Home (Padrão)*, painel *Draw (Desenhar)*.
Comando: *Arc (a)*.

Como o próprio nome já diz, este comando é utilizado na confecção de arcos.

Chame o comando, clique no ponto inicial, clique no segundo ponto e, por fim, clique no terceiro e último ponto.

Uma outra opção é você usá-lo definindo o centro. Para tanto, chame o comando, digite C (centro) e pressione *Enter*. Na sequência o AutoCAD solicita que você especifique o centro do arco. Portanto, clique no ponto desejado. Em seguida, o AutoCAD solicita que você especifique o ponto inicial do arco *(Specify start point of arc:)*. Antes de você clicar, você deve levar em consideração que o AutoCAD fará o arco no sentido anti-horário. Sendo assim, clique no ponto desejado. Por fim, o AutoCAD pede para você especificar o ponto final do arco *(Specify end point of arc)*. Clique no ponto desejado que o comando se encerra com a conclusão do arco.

12.2. *Polyline* (Polilinha)

Atalho:
Localização: guia *Home (Padrão)*, painel *Draw (Desenhar)*.
Comando: *Pline (pl)*.

Este comando serve para criar "linhas agrupadas", isto é, para criar entidades que possuam propriedades de linhas, mas gozem de propriedades que não pertencem à linha. Um bom exemplo disso é a espessura da linha. Certamente você deve saber que uma linha não possui espessura, ou seja, é unidimensional. No entanto, uma *polilinha (polyline)* pode possuir espessura diferente de zero, bastando somente definir o valor. Além disso, o funcionamento é muito parecido com o comando *Line (Linha)*.

Procedimento: *chame a função*.

Chame o comando e clique no ponto inicial. Em seguida, aparece a seguinte mensagem na barra de status: *[Specify next point or [Arc/Halfwidth/Length/Undo/Width]: (Especificar o próximo ponto ou [Arco/Meialargura/Comprimento/Desfazer/Largura]:)*. Vejamos resumidamente cada opção:

- ***Arc (Arco)*** – Permite que você faça um arco tendo como ponto inicial o ponto atual.
- ***Halfwidth (Meialargura)*** – Serve para você criar uma seta ou polilinhas com espessura inicial diferente da final.
- ***Length (Comprimento)*** – Cria uma polilinha com tamanho específico.
- ***Undo (Desfazer)*** – Volta o comando anterior.
- ***Width (Largura)*** – Permite especificar uma espessura para a polilinha.

Se você desejar, em vez de digitar o nome todo da opção, digite somente a letra correspondente em maiúscula do item desejado.

Após escolher a opção desejada, responda o que ele pergunta e continue a fazer a polilinha.

Na figura 12.1, você poderá ver alguns desenhos feitos com este comando.

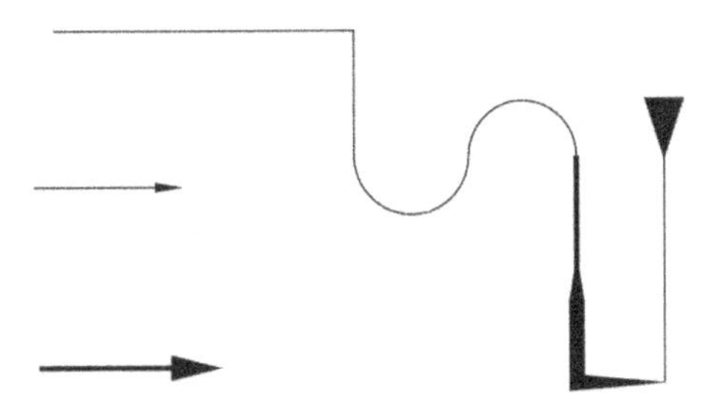

Figura 12.1 – Desenhos feitos com o comando *Polyline (Polilinha)*.

12.3. *Edit polyline* (Editar polilinha)

Atalho:

Localização: guia *Home (Padrão)*, painel *Draw (Desenhar)*.

Comando: *Pedit (pe)*.

Este comando serve para editar uma polilinha ou uma linha, mas esta será transformada necessariamente numa polilinha.

Chame o comando. Em seguida, o AutoCAD pede para você selecionar a polilinha. Caso você selecione uma linha, ele pergunta se deseja transformar a linha selecionada em uma polilinha. Se responder que sim (para *Yes (Sim)*, pressione *Enter*; para *No (Não)*, digite *N* e pressione *Enter*), o AutoCAD continua com o comando ativo e apresenta várias opções. Lembre-se de que, para você selecionar, basta digitar as letras que estão em maiúscula das respectivas opções. Vamos às principais delas:

- ***Close (Fechar)*** – Fecha a polilinha.
- ***Join (Unir)*** – Permite fazer a união com outras polilinhas ou linha. Digite *J (Join) (U – Unir)* e clique sobre as polilinhas que deseja transformar em uma única polilinha. Após selecionar as opções, pressione *Enter.*
- ***Width (Largura)*** – Será através desta opção que você poderá definir uma espessura para a polilinha.

12.4. *Multiline* (Linhas paralelas)

Comando: *Mline (ml)*.

Este comando auxilia muito quando se deseja fazer um desenho com linhas paralelas.

Chame o comando. Em seguida, o AutoCAD apresenta algumas opções, vejamos as mais importantes:

- ***Justification (Justificação)*** – Permite alterar a posição do cursor em relação à origem da linha. A opção *Top (Superior)* fará com que o cursor fique posicionado na linha superior; a *Zero* colocará o cursor entre as duas linhas; por último, a *Bottom (Inferior)* colocará o cursor na linha inferior.
- ***Scale (Escala)*** – Permite que você especifique a distância entre as duas linhas que serão feitas.

Na figura 12.2 você poderá observar algumas figuras feitas com este comando.

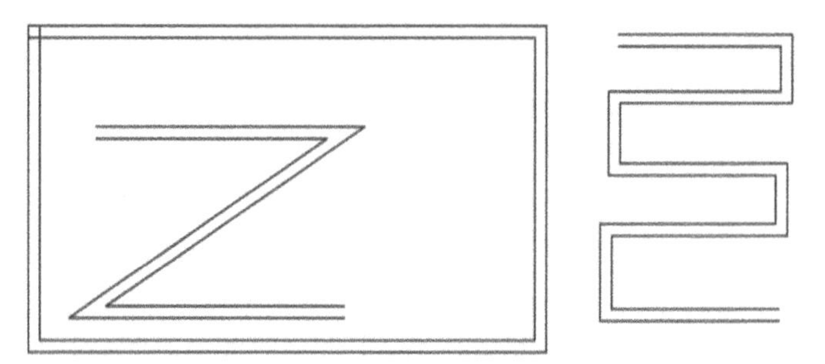

Figura 12.2 – Desenhos usando o comando *Multiline (Multilinha)*.

12.5. *Rectangular array* (Matriz retangular)

Atalho:

Localização: guia *Home (Padrão)*, painel *Modify (Modificar)*.

Comando: *Arrayrect (arra)*.

Este comando dará a você grande produtividade quando o assunto for copiar o mesmo elemento várias vezes seguindo orientações em forma de matriz.

Chame o comando. Automaticamente o AutoCAD pede para você selecionar o objeto; selecione e pressione *Enter*. Em seguida, a guia da tela do AutoCAD é alterada para a *Array Creation (Criação Matriz)*, a qual fica conforme ilustrado na figura 12.3.

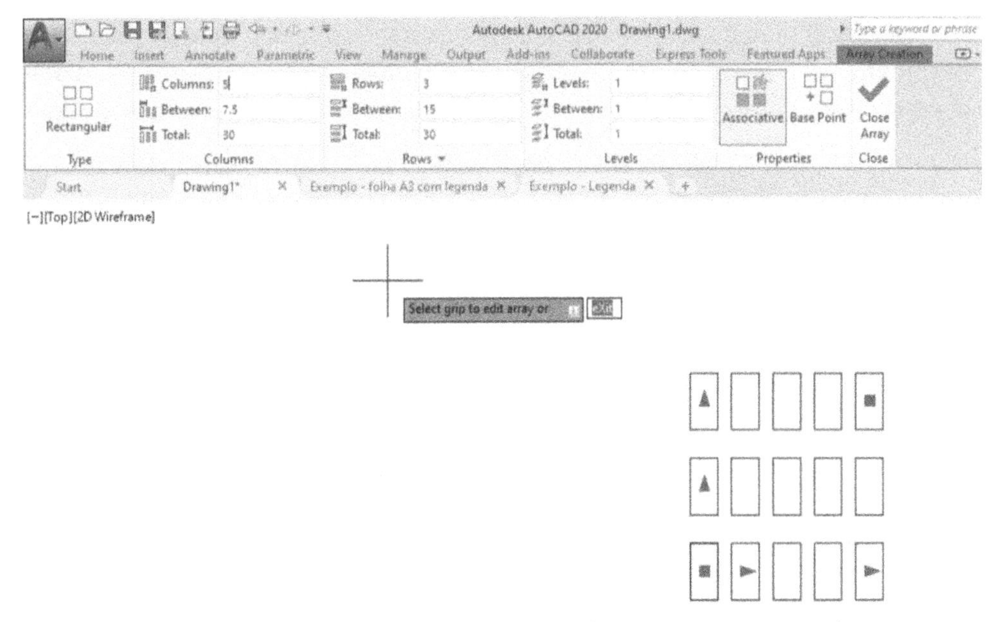

Figura 12.3 – Guia *Array Creation – Rectangular (Criação matriz – Retangular).*

Conforme você pode observar na figura 12.3, há algumas opções que você precisa definir para que o resultado saia conforme você deseja. Vejamos as principais opções.

No campo *Rows (Linhas),* especifique o número de linhas que você deseja copiar e no campo *Columns (Colunas)* especifique o número de colunas. Na janela da figura 12.3, foram especificadas 3 linhas e 5 colunas.

No campo *Between (Entre)* do painel *Rows (Linhas)*, você pode especificar a distância entre as linhas; já no campo *Between (Entre)* do painel *Columns (Colunas)*, você pode especificar a distância entre as colunas. Além disso, você também tem a opção de definir uma distância total entre as colunas e/ou linhas. Para tanto, basta você especificar no campo *Total* o valor desejado e pressionar *Enter.* Em seguida, o AutoCAD calcula a distância entre as colunas ou linhas e reposiciona os desenhos. O resultado aparece diretamente na tela, conforme ilustrado na figura 12.3.

Outra opção que você pode alterar é o *Base Point (ponto base)*. Nele você poderá definir o início da matriz. Clique no ícone e no ponto desejado.

Além dessas opções, tem outra que é bem interessante você conhecer, a *Associative* . Com esta opção ativa o AutoCAD agrupa os elementos copiados e mantém a fórmula do resultado do comando. Isto é, ao finalizar o comando, se você selecionar novamente um dos elementos criados com o comando *Array*, o AutoCAD exibe novamente a guia *Array Creation* e você pode alterar as propriedades que desejar. Caso você tenha criado com a opção *Associative* ativa e por algum motivo (por exemplo: apagar um elemento) depois você desejar que os elementos fiquem desagrupados, basta você usar o comando *Explode (Explodir)* .

Em *Levels (Níveis)*, você pode definir cópias no eixo Z. Esse resultado só aparecerá se você trabalhar em 3D. Por isso não trabalharemos aqui.

Para finalizar, clique em *Close Array (Fechar matriz)* .

12.6. *Polar array* (Matriz polar)

Atalho:

Localização: guia *Home (Padrão)*, painel *Modify (Modificar)*.

Comando: *Arraypolar (arrayp)*.

Este comando possui grande utilidade, principalmente para quem pretende fazer desenhos de engrenagens, pois torna possível fazer cópias e rotacionar em torno de um centro.

Chame o comando. Automaticamente o AutoCAD pede para você selecionar o objeto; selecione e pressione *Enter*. Na sequência, o AutoCAD pede para você especificar o centro para as cópias dos objetos. Clique no ponto desejado que em seguida a guia da tela do AutoCAD é alterada para a *Array Creation (Criação matriz)*, conforme ilustrado na figura 12.4.

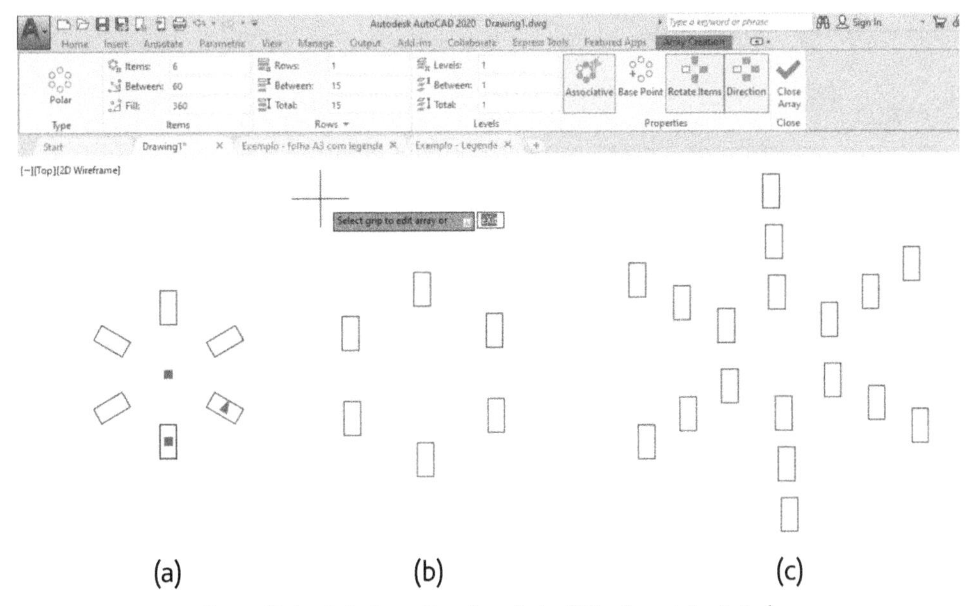

Figura 12.4 – Guia *Array Creation – Polar (Criação matriz – Polar).*

Esta é a opção mais usada pelos que fazem peças de engrenagens ou similar.

Vejamos as principais definições. No painel *Items (Itens)* temos: o campo *Items (Itens)*, no qual você especifica a quantidade total de objetos do comando *Array*; o campo *Between (Entre)*, no qual você especifica o ângulo entre os elementos; e *Fill (Preencher)*, onde você define o ângulo total em que as cópias serão feitas. Se você preencher um valor em *Between (Entre)* o AutoCAD calcula o resultado em *Fill (Preencher)* e se preencher em *Fill (Preencher)* o AutoCAD calcula o valor em *Between (Entre)*. No nosso exemplo usamos em *Items (Itens) 6* e *Fill (Preencher)* 360. A figura 12.4 (a) ilustra o resultado desse comando.

No ícone *Rotate Items (Rotacionar itens)* você pode definir que o AutoCAD, além de criar os objetos, gire as cópias também. Para ativar basta clicar no ícone – quando ativo ele fica com fundo azul.

No painel *Rows (Linhas)* você poderá definir quantas "linhas" você deseja criar. Nas figuras 12.4 (a) e (b) usamos uma linha só, ou seja, valor *1* em *Rows (Linhas)*. Na figura 12.4 (c) usamos 3 em *Rows (Linhas)*, dessa forma ficamos com 3 cópias da figura 12.4 (b), porém elas vão se afastando do centro do comando *Polar array (Matriz polar)*.

Para finalizar, clique em *Close array (Fechar matriz)* .

12.7. *Spline fit* e CV

Atalho: e
Localização: guia *Home (Padrão)*, painel *Draw (Desenhar)*.
Comando: *Spline (spl)*.

Com este comando você poderá fazer curvas de terceiro grau, isto é, curvas com concordância entre os pontos com uma equação de terceiro grau. Ainda assim está difícil de entender? Fique tranquilo que deixarei mais claro. Este comando é muito usado para ligar pontos de curvas de nível, fazer desenhos de eletrodutos em planta baixa, fazer traçados de rios, etc. Vejamos como funciona.

Procedimento: *chame a função.*

Clique no ponto inicial da curva, em outro ponto que pertença à curva, e continue clicando até defini-la totalmente. Para finalizar, pressione *Enter*. Dessa forma, você cria uma curva bem rápida e prática.

Na figura 12.5 você pode ver alguns exemplos de aplicação deste comando.

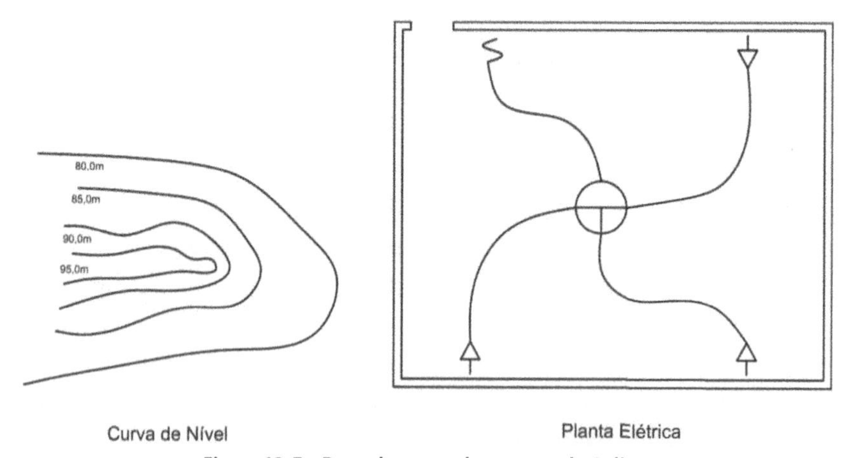

Figura 12.5 – Desenhos usando o comando *Spline*.

No exemplo que será apresentando no item seguinte, 12.8, usaremos o comando *Spline*, porém a tangente inicial e final da curva é paralela ao eixo *X*. Para você definir a tangente da curva, uma vez feita a curva, selecione-a que aparecerão quadradinhos azuis nos pontos que você usou para criar a curva. Mova o cursor e posicione-o sobre o quadradinho azul do início da curva, mas sem clicar nele. Automaticamente o AutoCAD apresenta um menu suspenso com algumas opções, sendo uma delas a *Tangent Direction (Direção Tangente)* – clique nela. Em seguida, o AutoCAD solicita que você clique num ponto para definir a tangente da curva inicial. Mova o cursor na horizontal e clique num ponto. Repita o procedimento para o ponto final da curva.

Você também poderá definir a tangente da curva durante a construção da *Spline*. Para tanto, assim que você clicar no primeiro ponto da *Spline*, aparece a opção *Start Tangency* na barra de status. Basta você digitar *T* e pressionar *Enter* que o AutoCAD entenderá que você deseja definir a tangente inicial da curva. Na sequência, será pedido um ponto que definirá o ângulo da tangente. Então clique no ponto desejado com o botão esquerdo do mouse e siga clicando definindo o caminho da curva *spline*. Por fim, assim que você clicar no último ponto da curva, digite novamente *T* e pressione *Enter*. Automaticamente o AutoCAD pedirá para você clicar num ponto para definir o ângulo da tangente e encerrá o comando.

Além desse tipo de comando *Spline*, temos o *Spline CV* . Você pode acessá-lo clicando no ícone no painel *Draw (Desenhar)* ou usando o próprio comando *Spline* e antes de clicar no ponto inicial digite *m* de *Method (Método)* e pressione *Enter*. Em seguida, o AutoCAD apresenta duas opções para você escolher: *Fit* e CV. Digite *CV* e pressione *Enter*. Na sequência, você pode clicar no ponto inicial da curva e ir clicando sempre definindo a tangente. Por exemplo, para fazer a curva que usaremos no item seguinte, após clicar no primeiro ponto, clique no segundo ponto à direita do primeiro, mas seguindo o eixo horizontal, depois clique mais três pontos seguindo a curva apresentada na figura 12.6 e o último ponto clique à direita do penúltimo ponto, mas seguindo o eixo horizontal. Neste exemplo o segundo ponto da curva e o último devem ser definidos mantendo o alinhamento horizontal em relação ao ponto anterior deles para que a curva tenha uma tangente horizontal.

12.8. *Path array* (Matriz caminho)

Atalho:
Localização: guia *Home (Padrão)*, painel *Modify (Modificar)*.
Comando: *Arraypath (arraypa)*.

Com este comando você poderá fazer cópias seguindo um caminho, como o *Spline* que acabamos de ver. Nesse exemplo mostrarei como você poderá fazer um caminho com lajotas de concreto para uma residência, conforme ilustrado na figura 12.6 (a).

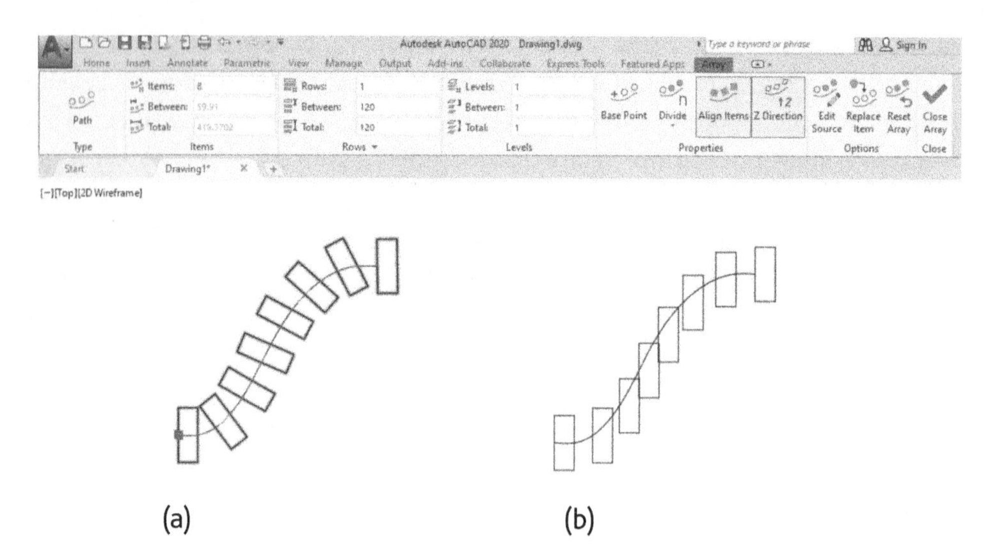

Figura 12.6 – Caixa de diálogo *Path Array (Matriz caminho)*.

Para usar esse comando você precisa fazer o desenho do objeto que será copiado e do caminho que será usado como referência. Esse caminho poderá ser uma linha, polilinha ou até mesmo uma *Spline* que acabamos de ver. Nesse exemplo usamos uma *Spline* para fazer o caminho.

Então vamos ver como funciona esse comando. Chame o comando, selecione o objeto que será copiado e pressione *Enter*. Em seguida, selecione o objeto que será o caminho para as cópias e pressione *Enter*. Na sequência, o AutoCAD alterar a guia para *Array*, conforme ilustrado na figura 12.6.

As opções são similares àquelas que vimos nos itens 12.5 e 12.6. Por isso, se você tiver alguma dúvida, você pode voltar em um dos dois itens para verificar. Um aspecto importante desse comando é a possibilidade de definir o número de elementos. Observe na figura 12.6 que no painel *Properties (Propriedades)* está aparecendo o ícone *Divide* Divide *(Dividir)*, isso significa que a distância entre os elementos será calculada automaticamente pelo AutoCAD em função do número de elementos definidos no campo *Items (Itens)*. Nesse modo, o AutoCAD calcula a distância necessária para colocar o número de elementos informado no campo *Items (Itens)* ao longo de todo o caminho. Provavelmente na sua tela não esteja aparecendo essa opção, mas sim *Measure* Measure *(Medir)*. Isso porque para fazer esse exemplo eu alterei para o modo *Divide* Divide *(Dividir)*. Para alterar, basta você clicar na setinha que aparece logo abaixo do nome do ícone. No modo Measure o número de elementos é bloqueado e você passa a alterar a distância entre eles. Assim, você pode ficar aternando entre as duas opções para acrescentar ou diminuir o número de elementos, bem como a distância entre eles.

Outro ponto importante para vermos aqui é o *Align Items (Alinhar Itens)*. Com esse item ativo o resultado é o apresentado na figura 12.6 (a); caso não estiver ativo ficará conforme apresentado na figura 12.6 (b). Quando estiver ativo, as cópias são feitas mantendo o mesmo alinhamento que o objeto inicial tem em relação ao caminho. Isto é, se o objeto tem um ângulo inicial com o caminho de 90°, os demais objetos manterão esse ângulo em relação ao caminho no ponto que está sendo copiado.

12.9. *Polygon* (Polígono)

Atalho:
Localização: guia *Home (Padrão)*, painel *Draw (Desenhar)*.
Comando: *Polygon (pol)*.

No primeiro momento você talvez não deva ter encontrado o atalho, mas fique tranquilo que isso é normal. Para acessá-lo você precisa clicar na seta ao lado do comando *Rectangle (Retângulo)*. Assim que você o acessar, ele ficará no lugar do ícone .

Conforme você já deve estar esperando, este comando serve para fazer polígonos. Ele permite fazer um polígono inscrito ou circunscrito em uma circunferência. Mas você sabe o que é isso? Um polígono inscrito em uma circunferência significa que ele será feito com a maior dimensão possível pelo lado de dentro da circunferência especificada. Já um polígono circunscrito será feito com a menor dimensão possível pelo lado de fora da circunferência especificada. Na figura 12.7 você poderá ver bem essa diferença.

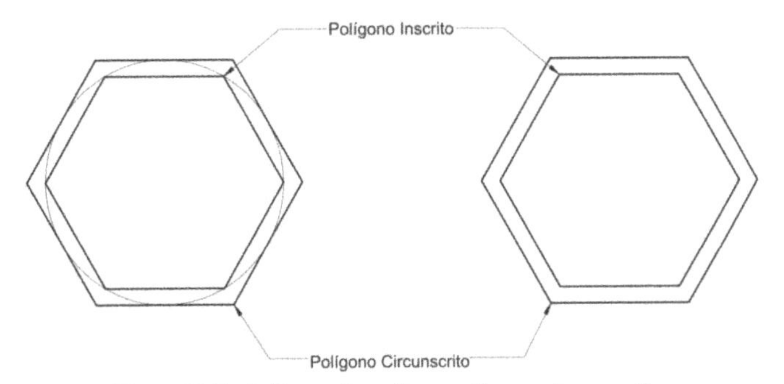

Figura 12.7 – Polígono inscrito e polígono circunscrito.

Procedimento: *chame a função.*

Em seguida, o AutoCAD pergunta qual o número de lados que terá o polígono, digite o valor desejado e pressione *Enter.* Agora o AutoCAD pede para você especificar o centro do polígono; para isso, clique no ponto desejado. Definido o centro, a seguinte mensagem aparece: *Enter an option [Inscribed in circle/Circumscribed about circle] <I> (Inserir uma opção [Inscrito no círculo/Circunscrito sobre o círculo] <I>:),* isto é, escolha entre um polígono inscrito ou circunscrito. Para escolher, basta digitar *I* ou *C* (de inscrito ou circunscrito, respectivamente) e pressionar *Enter.* Para finalizar, o AutoCAD pergunta qual o valor do raio da circunferência. Digite o valor desejado e pressione *Enter.*

12.10. *Align* (Alinhar)

Atalho:

Localização: guia *Home (Padrão),* painel *Modify (Modificar).*

Comando: *Align (al).*

Este comando serve para alinhar objetos a outros. Isto é, às vezes você faz um desenho na posição mais conveniente e depois precisa colocá-lo na orientação correta. Neste caso, você pode usar o comando *Align (Alinhar*).

Para aparecer o ícone do comando, clique sobre a setinha que aparece ao lado do nome do painel *Modify (Modificar).* Dessa forma, o painel é expandido e aparecem as demais opções, conforme você pode observar na figura 7.21.

Procedimento: *chame a função.*

Selecione o objeto que você deseja alinhar e pressione *Enter.* Agora você precisará especificar o ponto referencial para o alinhamento, o ponto *A* (observe a figura 12.8). Em seguida, especifique o ponto para o qual o ponto especificado (ponto *A*) irá; nesse caso, clique em *B*. Para que o AutoCAD possa definir o alinhamento, é necessário especificar mais dois pontos. Então, clique em outro ponto que você deseja alinhar (ponto *C*) e, em seguida, clique no ponto de destino, ponto *D*. Por fim, como estamos trabalhando com duas dimensões, simplesmente pressione *Enter* duas vezes seguidas e o resultado será o apresentado na figura 12.8.

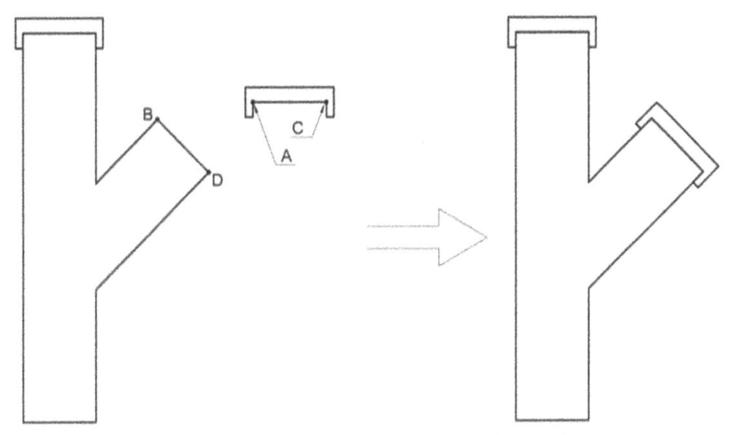

Figura 12.8 – Uso do comando *Align (Alinhar)*.

12.11. *Quick dimension* (Cota rápida)

Atalho:

Localização: guia *Annotate (Anotação)*, painel *Dimensions (Cotas)*.

Comando: *Qdim*.

Com este comando, você poderá fazer suas cotas em menos tempo. Ele serve principalmente para dimensionamento de projetos. Com ele, você poderá fazer cotas de vários objetos de uma única vez. Suponhamos que você deseje fazer as cotas apresentadas na figura 12.9. Até este momento, você teria que usar o comando *Linear Dimension (Cota linear)* para fazer cada cota, e isso implicaria em muito trabalho. O uso do comando *Quick Dimension (Cota rápida)* agiliza este processo.

Procedimento: *chame a função*.

Selecione as linhas que serão cotadas – neste caso, clique sobre as linhas verticais da planta apresentada na figura 12.9 e pressione *Enter* para indicar que já selecionou tudo. Mova o cursor e observe que as cotas já estão sendo definidas. Posicione o cursor de forma a deixar as cotas na mesma posição da figura 12.9 e clique na posição desejada. O resultado será o apresentado na figura 12.9.

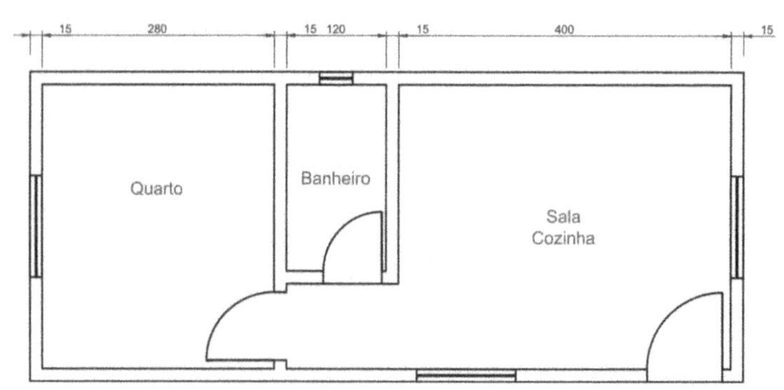

Figura 12.9 – Resultado das cotas com o comando *Quick Dimension (Cota rápida)*.

Provavelmente as cotas que você tenha feito não estejam como o apresentado na figura 12.9, isso porque as propriedades do estilo de cota não devem ser as mesmas que usei. Para tanto, especifique as mesmas propriedades em *Dimension Style (Estilo de cota)*. Se desejar, especifique o valor do *Offset from origin (Deslocar da origem)* igual a *5*, habilite *Fixed length extension lines (Comprimento da linha de cota)* e especifique o valor *5* para *Length (Comprimento)*, na guia *Lines (Linhas)*, e *4* em *Use overall scale (Usar escala global)*, na guia *Fit (Ajustar)*.

Para facilitar ainda mais, no momento da seleção das linhas para serem cotadas você pode selecionar abrindo uma janela da direita para a esquerda no momento de seleção dos objetos, conforme fizemos no exemplo ilustrado na figura 3.10 e faremos no exemplo do comando *Stretch (Esticar)*, nas figuras 12.15 e 12.18. Mas lembre-se: você precisa selecionar da direita para a esquerda. Se você fizer o contrário, só funcionará se selecionar o objeto por inteiro.

12.12. Blocos com atributos

Atalho:

Localização: guia *Insert (Inserir)*, painel *Block Definition (Definição de bloco).*

Comando: *Attdef (att).*

Agora você aprenderá como criar blocos com interação e verá por que o AutoCAD é o programa mais usado para projetos e desenhos de engenharia.

Usar atributos em blocos nada mais é que adicionar comandos dentro dos blocos. Com isso, você pode programá-lo para fazer uma pergunta e, assim, responder conforme cada caso.

Um dos exemplos mais conhecidos é o bloco da luminária, o qual fizemos em "Exemplo IV – Bloco de uma luminária", do Capítulo 5. No entanto, neste exemplo nós fizemos somente o desenho do bloco sem os textos. Agora você verá como fazer para que o AutoCAD pergunte, por exemplo, qual o valor da potência da luminária, ao mesmo tempo em que insere o bloco. Assim, ao inserir a luminária do banheiro, você responde à potência da luminária do banheiro; ao inserir a luminária na sala, você responde à potência da luminária da sala e assim por diante.

Procedimento: *chame a função.*

Assim que chamar o comando, a caixa de diálogo *Attribute Definition (Definição de atributos)* aparecerá. Veja a figura 12.10.

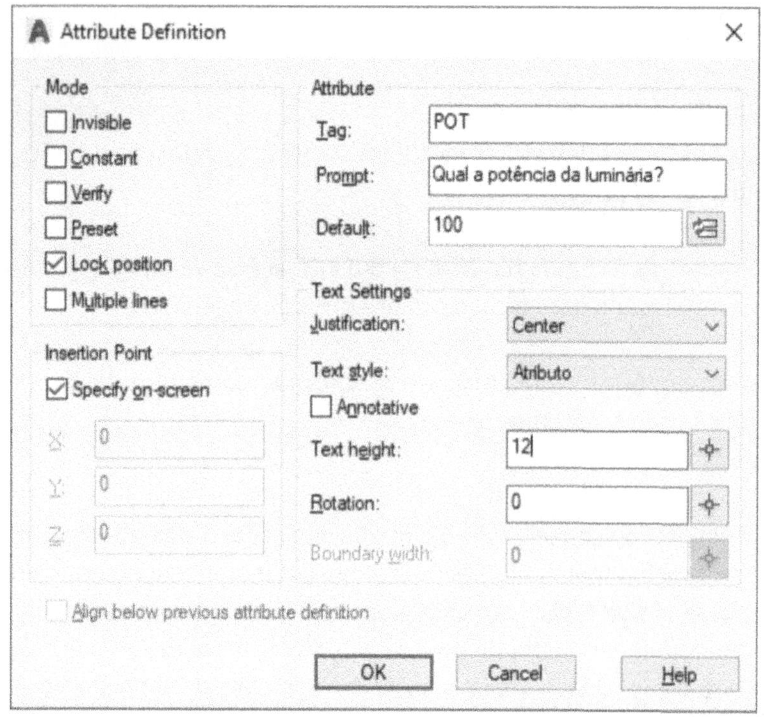

Figura 12.10 – Caixa de diálogo *Attribute Definition (Definição de atributos)*.

Para não ficar complicando com muitas informações que provavelmente não serão úteis para você, explicarei somente o conteúdo necessário para que possa compreender o funcionamento e aplicar na prática.

Vamos lá! No canto superior direito, temos um quadro com três campos chamado *Attribute (Atributos)*:

- ***Tag (Identificador):*** aqui você especificará o nome da variável que deseja criar. Não use espaço para especificar o nome e evite usar acentos e outros caracteres diferentes dos alfanuméricos. Normalmente, costumo especificar a primeira, as duas primeiras ou as três primeiras letras da variável que desejo criar. Por exemplo, para a potência da luminária, o nome que uso é a letra *POT*. Veja a figura 12.10.
- ***Prompt:*** neste campo, você definirá a pergunta que o AutoCAD fará quando inserir o bloco. No caso da luminária, costumo perguntar: *Qual a potência da luminária?*
- ***Default (Padrão):*** neste caso, você poderá optar por omitir ou não a informação, já que serve como um valor padrão para o AutoCAD usar no momento

da pergunta. Eu recomendo que você coloque um valor somente quando não ocorrer nenhum caso que você não precise deixar sem informação. Isso porque se você especificar um valor para o campo *Default (Padrão)* e depois precisar deixá-lo em branco, não conseguirá, pois o AutoCAD automaticamente colocará o valor especificado em *Default (Padrão)*. Agora, se o valor que você irá responder for sempre o mesmo, então o coloque como resposta padrão; assim, quando perguntar qual o valor, você precisará apenas pressionar *Enter*.

No campo *Text Style (Estilo de texto)* você pode especificar qual o tipo de texto que será usado; no entanto, se tentar selecionar outra opção além da *Standard*, verá que não há outra opção, a não ser que você tenha criado.

Para você criar outro modelo de fonte, você precisa acessar o comando *Text Style (Estilo de texto)*. Você pode acessá-lo através da guia *Home (Padrão)* e painel *Annotate (Anotação)*. A caixa de diálogo *Text Style (Estilo de texto)* aparecerá (observe a figura 12.11). Este comando nós já vimos no Capítulo 7, item 7.2.5.6, então se você ainda tiver alguma dúvida, podemos voltar lá para rever o assunto. De qualquer forma, veremos rapidamente como criar o novo estilo, só para relembrá-lo.

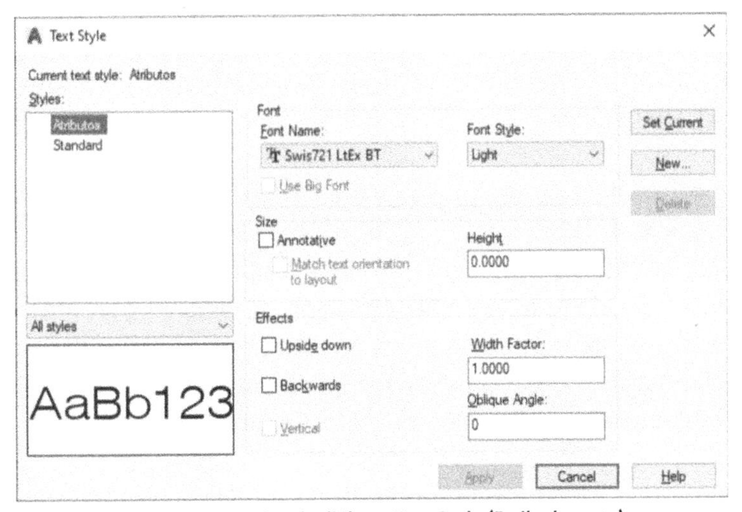

Figura 12.11 – Caixa de diálogo *Text Style (Estilo de texto)*.

Veja na coluna da esquerda *(Styles – Estilos)* os nomes dos estilos de texto. Se desejar alterar a fonte do estilo *Standard*, selecione outra em *Font Name (Nome da fonte)* e clique em *Apply (Aplicar)* (canto inferior direito). No entanto, tome cuidado, a alteração da fonte do estilo *Standard* implicará na modificação de todos os textos já feitos com esse estilo, incluindo as cotas. Por isso, recomendo que crie um novo estilo de texto para usar em atributos – por exemplo, crie um estilo de texto chamado *Atributos*. Então clique em *New (Novo)*, especifique o nome da fonte desejada e clique em *OK*. Para o tamanho da fonte, recomendo que deixe para especificar no comando em que você for usar o estilo de fonte. Para o estilo de texto *Atributo*, usei a fonte *Swis721 LtEx BT*.

Voltemos para a caixa de diálogo *Attribute Definition (Definição de atributos)* – veja a figura 12.10. Após criar o novo estilo de texto, selecione-o em *Text Style (Estilo de texto)*. Logo abaixo desta opção há um campo definido como *Text height (Altura do texto)*; digite o valor da altura do texto desejado. Lembre-se de que este tamanho é relativo ao desenho. No nosso exemplo usaremos o tamanho 12.

Antes de concluir o comando, entre com os valores apresentados na figura 12.10 de *Tag (Identificador)*, *Prompt* e *Default (Padrão)*.

Concluídas essas necessidades, clique em *OK*. A caixa de diálogo fechará, pedindo para você clicar no ponto em que ficará o *Tag (Identificador)*. Clique no ponto em que deseja inserir o texto. O resultado será o texto especificado em *Tag (Identificador)*.

Com o atributo concluído, você precisa fazer o desenho do bloco para poder transformá-lo em bloco. Crie o desenho do bloco construído no item 5.8 – Exemplo IV – Bloco de uma luminária.

Finalmente, com o desenho concluído, vamos transformá-lo em bloco. Chame o comando *Create block (Criar bloco)*, e a caixa de diálogo *Block Definition (Definição de bloco)* aparecerá (veja a figura 5.2). No campo *Name (Nome)*, especifique o nome do bloco desejado – por exemplo, *Luminaria_atributo*. Clique em *Select objects (Selecionar objetos)* e selecione todos os elementos do bloco, inclusive o texto do atributo. Em seguida, clique em *Pick point (Selecionar ponto)* para especificar o ponto de referência para a inserção do bloco. Então clique em *OK*.

Para finalizar, o AutoCAD apresenta a caixa de diálogo *Edit Attributes (Editar atributos)* (veja a figura 12.12), com a qual você poderá especificar o valor do atributo desejado. Neste exemplo, o valor usado foi *100*. Após definir o valor, clique em *OK* que será criado o bloco. Na figura 12.13, você poderá ver o resultado.

Figura 12.12 – Caixa de diálogo *Edit Attributes (Editar atributos)*.

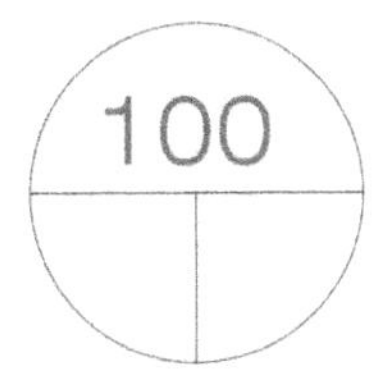

Figura 12.13 – Bloco *Luminaria* usando atributo Potência

Caso você for inserir novamente o bloco que acabou de criar, o AutoCAD exibirá a caixa de diálogo apresentada na figura 12.12 novamente. No início você pode achar interessante essa caixa de diálogo, no entanto, você consegue mais agilidade no processo caso ela não apareça. Nesse caso, o AutoCAD perguntará cada atributo por vez diretamente na barra de status e você responderá diretamente no teclado. Assim você consegue responder mais rápido. Para omitir essa caixa de diálogo você precisa alterar o valor da variável ATTDIA de 1 para 0. Para tanto, digite *ATTDIA* e pressione *Enter*. Em seguida digite *0* e pressione *Enter*.

Após você inserir os blocos com atributos, pode ser que você queira alterar um valor deles. Para tanto, temos o comando *Edit Attribute (Editar atributos)* . O funcionamento é muito simples: basta você chamar o comando clicando com o botão esquerdo do mouse sobre o ícone dele e depois clicar sobre o bloco que possui o atributo que você deseja alterar. Em seguida o AutoCAD abre a caixa de diálogo *Enhanced Attribute Editor (Editor de atributo)*, conforme figura 12.14.

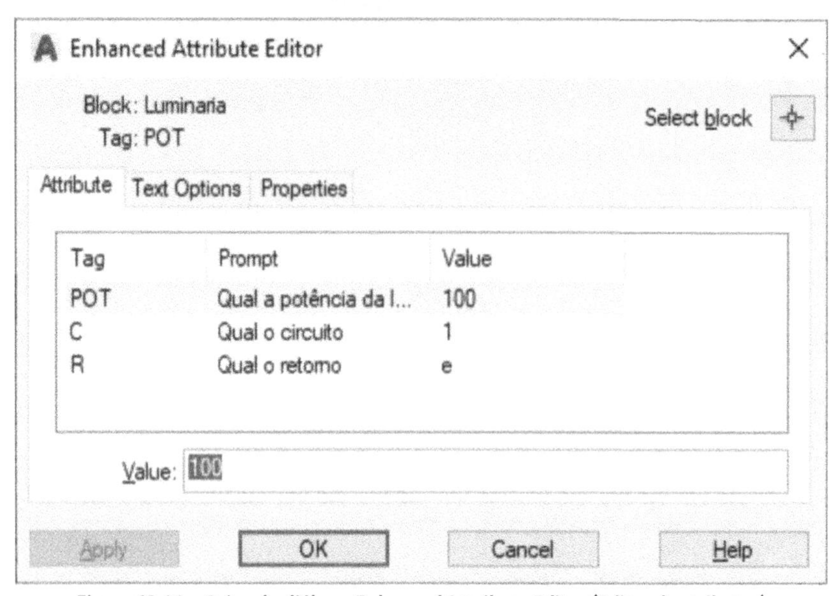

Figura 12.14 – Caixa de diálogo *Enhanced Attribute Editor (Editor de atributos)*

Na figura 12.14 apresento um exemplo da edição de atributos através da seleção do bloco de luminária com os três atributos já criados. Esses atributos serão criados no item 14.2.

Para alterar o valor do atributo, basta clicar sobre o atributo desejado e depois alterar o seu valor no campo *Value (Valor).* Feito isso, clique em *OK* que a caixa de diálogo será fechada.

Uma opção mais fácil ainda para editar os valores dos atributos é você dar um clique duplo sobre o atributo desejado no bloco. Logo em seguida o AutoCAD abre a caixa de diálogo apresentada na figura 12.14. É muito mais prático do que ficar procurando pelo comando *Edit Attribute (Editar atributos).*

12.13. *Stretch* (Esticar)

Atalho:

Localização: guia *Home (Padrão)*, painel *Modify (Modificar)*.

Comando: S*tretch* (*str)*.

Este comando serve para você esticar os objetos já desenhados. Vamos supor que você tenha feito uma janela com tamanho diferente do que precisava. Neste caso, uma forma rápida de resolver o problema é usar o comando *Stretch (Esticar)*. Vejamos o procedimento.

Chame o comando. Primeiramente, o AutoCAD pede para você selecionar os objetos. Neste caso, você deve abrir uma janela de forma a cortar os objetos que você deseja esticar. Para tanto, o primeiro ponto deverá ser no lado direito dos objetos (veja a figura 12.15). O segundo ponto será no lado esquerdo dos objetos, de forma a cortar no ponto onde será esticado. Definidos os dois pontos, pressione *Enter* para indicar que não deseja mais selecionar objetos. O próximo passo é especificar o ponto base, isto é, o ponto de referência. Para tanto, você pode clicar em qualquer ponto, pois usaremos a coordenada para indicar quanto será afastado. Definido o ponto base, movimente o cursor e veja que o objeto está sendo esticado à medida que você movimenta o cursor. Caso você esteja com o *ORTHO* ou *POLAR* ligado, simplesmente defina a direção do deslocamento, digite o valor desejado e pressione *Enter*. Caso contrário, use a coordenada para indicar o deslocamento, por exemplo *20,0*, e pressione *Enter*. Dessa forma, a janela foi esticada em 20 cm.

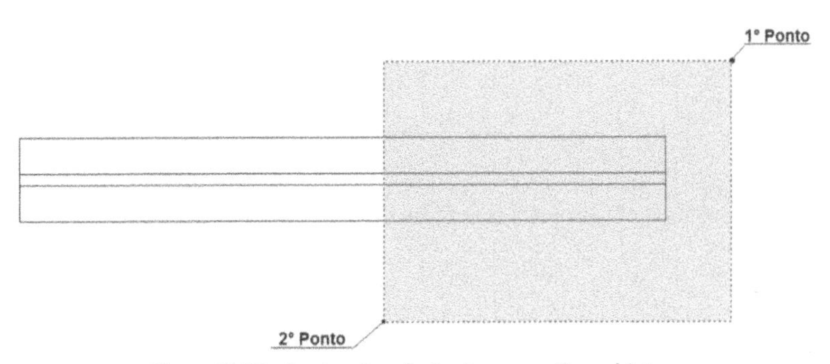

Figura 12.15 – Pontos de referência para esticar objetos.

Para ilustrar melhor este comando vejamos um exemplo detalhado. Vamos supor que você tenha feito o banheiro da planta baixa do Capítulo 10 com largura de 110 cm e a cozinha com 410 cm, conforme ilustrado na figura 12.16.

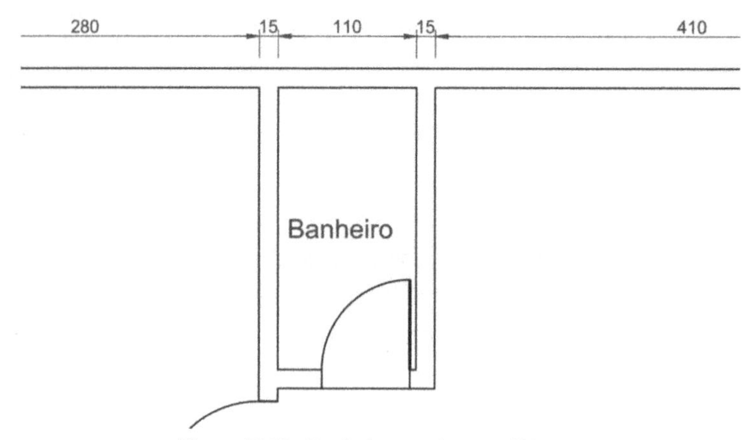

Figura 12.16 – Banheiro com largura 110 cm.

Observando a figura 12.16, você poderia concluir que uma forma de resolver esse problema seria movimentar a parede do banheiro e a porta 10 cm para a direita. No entanto, ao movimentar esses objetos, seria necessário também fazer os ajustes nos respectivos encontros das paredes – veja a figura 12.17.

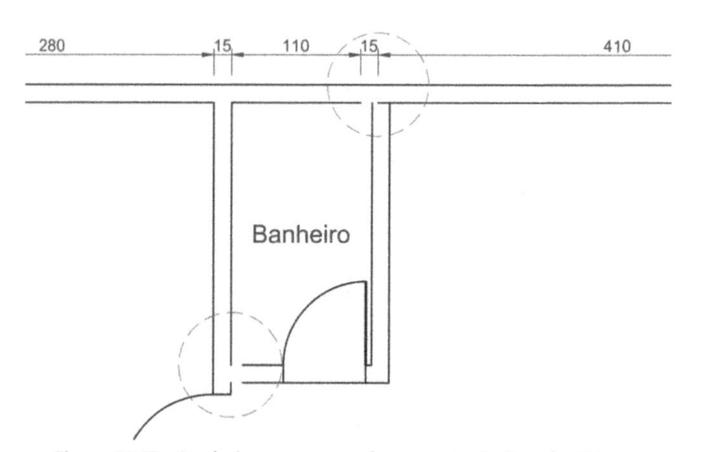

Figura 12.17 – Banheiro com a parede e a porta deslocadas 10 cm.

Podemos chegar à conclusão que o comando *Stretch (Esticar)* é muito útil para resolver esse problema.

Então vamos lá! Chame o comando *Stretch (Esticar)*, clique no ponto à direita da parede do banheiro e acima da parede horizontal, conforme ilustrado na figura 12.18. O segundo ponto precisa contornar toda a área que você deseja esticar. Nesse caso, precisamos cortar a parede horizontal do banheiro. Assim, a parede vertical e a porta serão movimentadas junto com o esticamento das paredes horizontais do banheiro. Logo, clique no segundo ponto conforme indicado na figura 12.18.

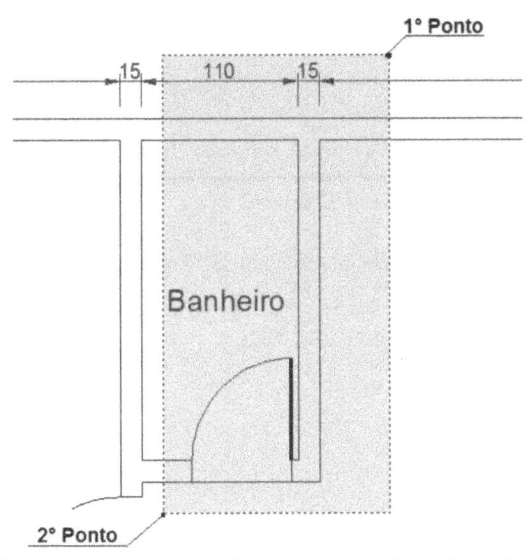

Figura 12.18 – Pontos de referências para esticar o banheiro.

Assim que você especificar o segundo ponto o AutoCAD deixa os objetos selecionados com linha tracejada. O próximo passo é especificar o ponto base. Para tanto, clique em um ponto qualquer, de preferência um pouco afastado de outros objetos. Assim que definir, movimente o cursor para a direita e observe o que ocorre. Você deverá ver que a parede vertical, a porta e o texto estão movendo junto com o cursor. Para finalizar, digite *10,0* e pressione *Enter*. Se desejar, você pode usar o *Modo ORTHO* ou o *POLAR* para especificar o deslocamento. Você precisa simplesmente definir a direção do deslocamento movimentando o cursor para a direita mantendo o eixo horizontal, em seguida digitar o valor *10* e pressionar *Enter*.

O resultado final deverá ser conforme ilustrado na figura 12.16, porém com o banheiro com largura de 120 cm e a cozinha com 400 cm.

12.14. Customização de atalhos de comandos

O AutoCAD permite fazer a personalização dos atalhos dos comandos. Para tanto, você pode usar o comando *Command Aliases*, o qual está localizado no painel *Express Tools* da Guia *Tools (Ferramentas)*. Você também pode acessá-lo digitando *ALIASEDIT* e pressionando *Enter* na sequência. O procedimento para alterar é bem simples. Assim que você chamar a função, aparecerá a caixa de diálogo *Acad.pgp – AutoCAD Alias Editor* (figura 12.19).

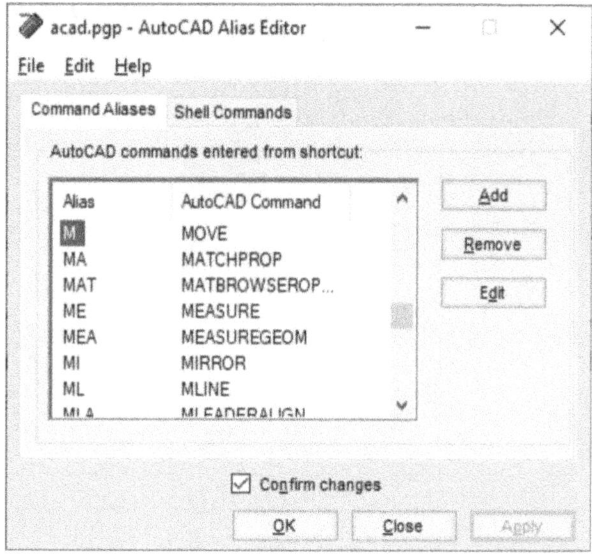

Figura 12.19 – Caixa de diálogo *Acad.pgp – AutoCAD Alias Editor*.

Na primeira coluna que aparece na figura 12.19 temos os atalhos dos respectivos comandos apresentados na segunda coluna. Para alterá-los basta você selecionar o comando desejado e clicar em *Edit (Editar)*. Na sequência, aparecerá a caixa de diálogo *Edit Command Alias*, a qual é similar à apresentada na figura 12.20. Digite as teclas de atalho que deseja para o comando selecionado e clique em *OK*. Para adicionar um novo atalho, clique em *Add (Adicionar)* que a caixa de diálogo *New Command Alias* aparecerá (figura 12.20).

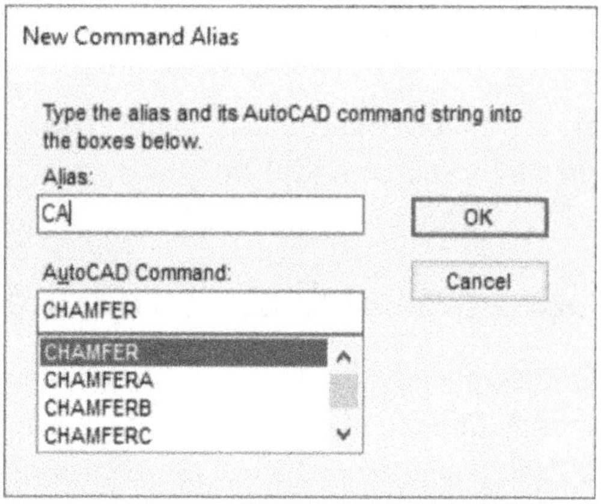

Figura 12.20 – Caixa de diálogo *New Command Alias*.

Assim que aparecer a caixa de *New Command Alias* localize no campo *AutoCAD Command (Comando AutoCAD)* o comando para o qual você deseja criar um novo atalho. Na sequência, digite as letras do atalho desejado no campo *Alias*. Por fim, clique em *OK*. Como exemplo, adicionamos o atalho *CA* para o comando *Chamfer (Chanfro)*.

Observe que se você usa o AutoCAD na versão em português e deseja que os atalhos sejam os mesmos da versão em inglês, você pode seguir o procedimento que acabamos de ver para fazer essa alteração.

Abaixo segue uma lista com alguns exemplos de atalhos já existentes que você pode usar para fazer a conversão dos atalhos em português para o inglês ou simplesmente para conhecê-los e não precisar mais ficar localizando os comandos com o mouse.

- B, *BLOCK
- C, *CIRCLE
- CO, *COPY
- DI, *DIST
- EX, *EXTEND
- F, *FILLET
- H, *HATCH
- I, *INSERT
- LA, *LAYER
- L, *LINE
- LI, *LIST
- MI, *MIRROR
- M, *MOVE
- O, *OFFSET
- P, *PAN
- PL, *PLINE
- PR, *PROPERTIES
- REC, *RECTANG
- RO, *ROTATE
- SC, *SCALE
- SPL, *SPLINE
- S, *STRETCH
- TR, *TRIM

13. Exemplo de como fazer um corte arquitetônio

Neste capítulo mostrarei a você como fazer um corte da planta apresentada no Capítulo 10.

O primeiro passo para desenvolver um corte é definir por onde este passará. O ideal é você observar na planta baixa em qual seção você poderá mostrar mais detalhes da construção. Para este exemplo, o corte passará segundo o segmento de linha *AA*. Geralmente os cortes são definidos por letras em maiúscula e são chamados de corte AA, corte BB, etc. Na figura 13.1 é apresentada a planta baixa com a indicação do corte AA.

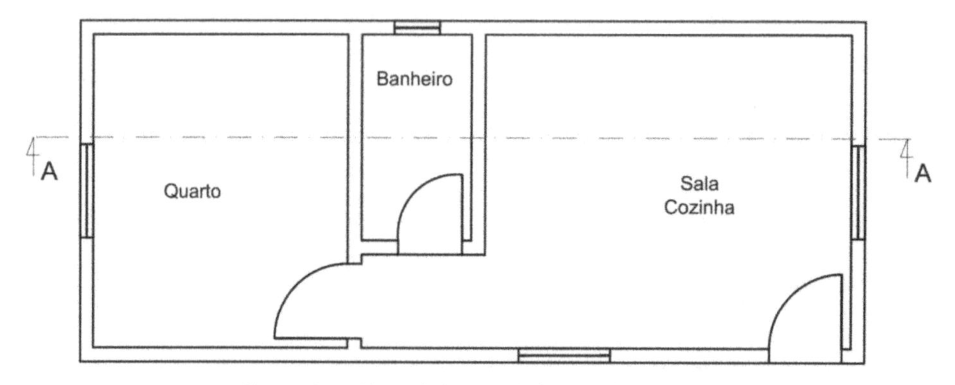

Figura 13.1 – Planta baixa com indicação do corte AA.

Uma forma de iniciar o corte é fazer uma linha acima da planta, conforme indicado na figura 13.2 pelo segmento *BB*. Em seguida, definem-se as linhas que representam as paredes cortadas, linhas verticais que cortam o segmento *BB* (figura 13.3).

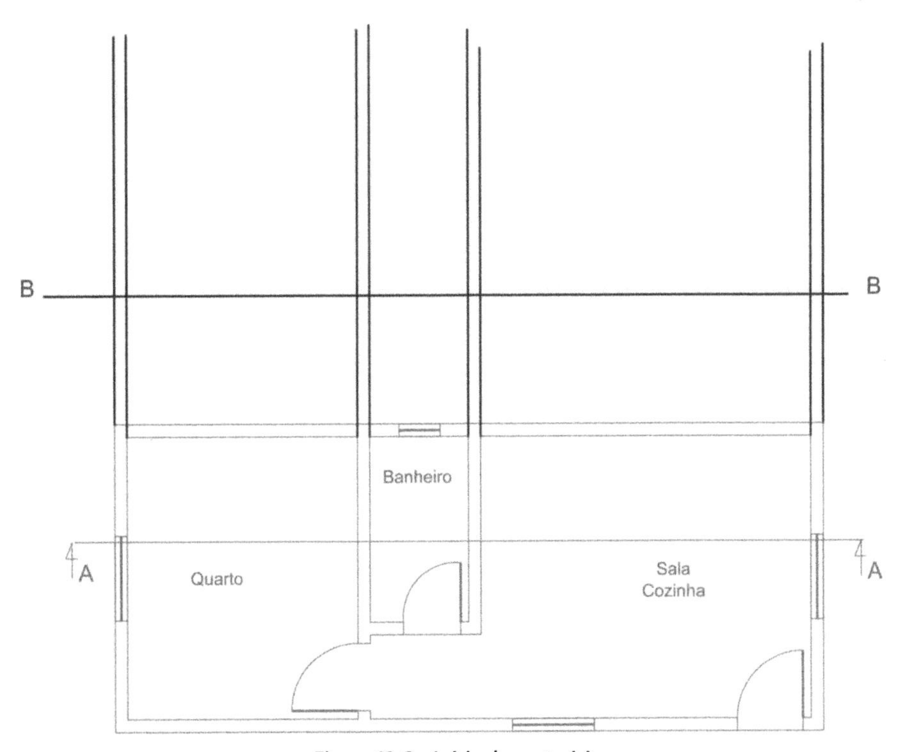

Figura 13.2 – Início do corte AA.

O próximo passo é fazer uma cópia da linha *BB* com um afastamento de 280 para cima dela. Você pode usar o comando *Offset (Deslocamento)* com valor de *280*. Em seguida, use o comando *Trim (Aparar)* e corte as linhas verticais, deixando-as com limites até os dois segmentos horizontais *BB* e *CC*. Para tanto, chame o comando *Trim (Aparar)* e clique nas linhas *BB* e *CC* e pressione *Enter*. Em seguida, clique num ponto inferior direito às linhas verticais (veja a figura 13.3) e corte todas as linhas verticais. Repita o procedimento e corte as mesmas linhas acima da linha *CC*. A figura 13.4 mostra o resultado desse comando.

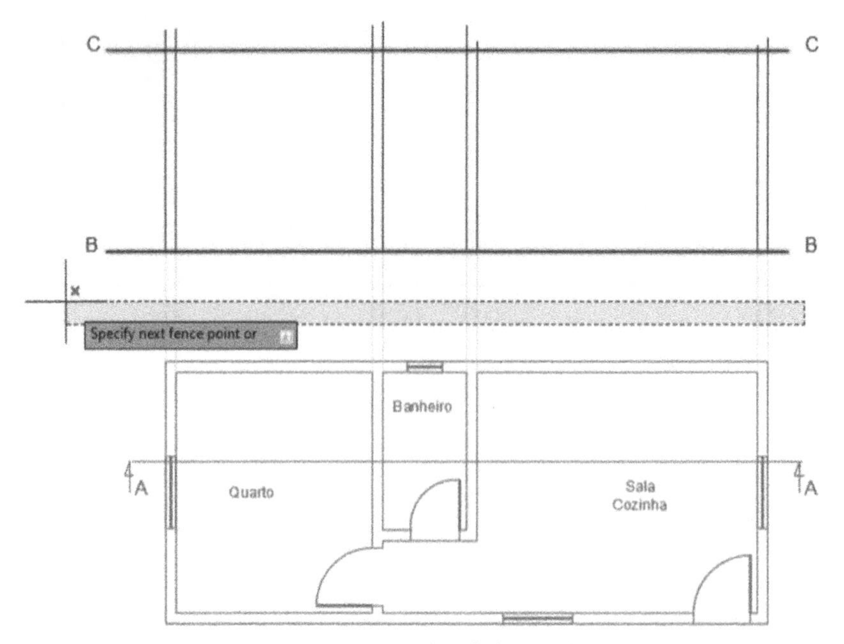

Figura 13.3 – Cortando as linhas verticais.

Com as linhas verticais cortadas, você pode cortar as linhas horizontais. As duas linhas *BB* e *CC* representarão o piso da casa e a laje da cobertura da casa, respectivamente. Dessa forma, chame o comando *Trim (Aparar)* e clique nas duas linhas que definem o lado interno das paredes externas. Na figura 13.4 você pode identificar essas linhas com uma espessura maior do que as demais. Selecionado as linhas, pressione *Enter* e clique nas pontas das linhas horizontais ou, conforme indicado na figura 13.4, abra um retângulo cortando as linhas. A figura 13.5 apresenta o resultado dessa etapa.

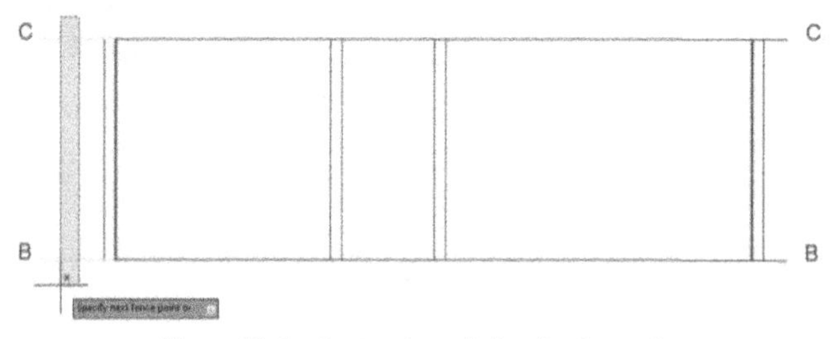

Figura 13.4 – Cortando as linhas horizontais.

Definidos a base do piso e o teto, vamos representar a seção do piso e laje do teto. Para isso, use o comando *Offset (Deslocamento)* com distância de 15 e faça uma cópia das linhas *BB* e *CC* abaixo e acima delas, respectivamente. Em seguida, use o comando *Fillet (Concordância)* com raio 0 e feche os cantos do desenho que você acabou de criar quando fez o *Offset (Deslocamento)*. A figura 13.5 apresenta as duas etapas, antes e após o uso do comando *Fillet (Concordância)*.

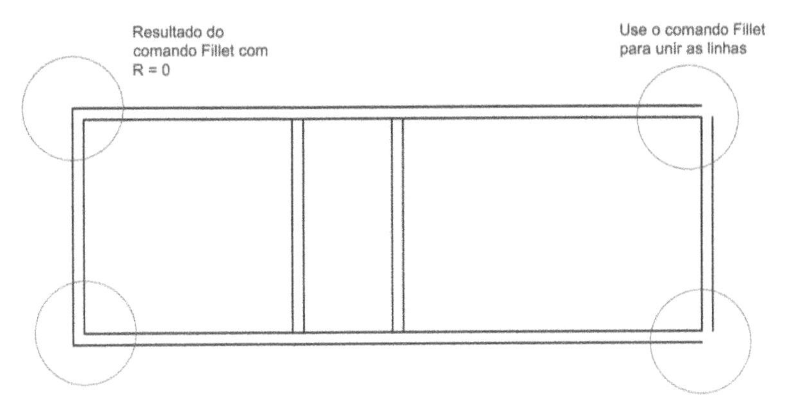

Figura 13.5 – Uso do comando *Fillet (Concordância)* para fechar os cantos.

O próximo passo será definir as vigas da cobertura. Para tanto, crie uma linha a 35 cm da linha que define a seção da laje, última linha horizontal superior. Se você desejar representar a viga com uma seção menor que 35, basta usar este valor no *Offset (Deslocamento)*. Então chame o comando *Offset (Deslocamento)* e copie a linha com 35 cm para baixo da última linha horizontal (veja a figura 13.6). Em seguida, chame o comando *Trim (Aparar)* para cortar essa linha, bem como a linha que define a base da laje. Para definir o limite do comando *Trim (Aparar)*, selecione todas as linhas verticais. Elas ficaram em destaque, conforme você pode observar na figura 13.6. Uma forma simples de você usar o *Trim (Aparar)* é assim que você chamar o comando pressionar *Enter* sem selecionar nenhum objeto. Na sequência, clique sobre os segmentos de linha que você deseja apagar/cortar. Para finalizar é só pressionar *Enter* novamente.

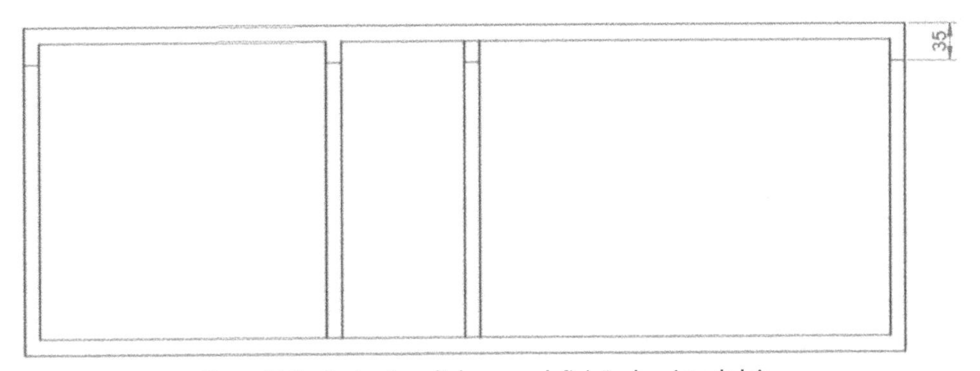

Figura 13.6 – Cortando as linhas para definição das vigas da laje.

Dessa forma, foram representadas a viga e a laje da cobertura da residência. O próximo passo será desenhar a viga de baldrame. Para tanto, vamos copiar a primeira linha horizontal inferior 20 para baixo – veja a figura 13.7.

Com o limite das vigas de baldrame definido, vamos estender todas as linhas verticais até a linha copiada (linha tracejada da figura 13.7). Logo, chame o comando *Extend (Estender)*, selecione a linha copiada e pressione *Enter*. Em seguida, clique num ponto qualquer no lado direito do corte (ponto *A*, figura 13.7) e clique num ponto ao lado esquerdo da figura (ponto *B*, figura 13.7). Dessa forma, as linhas cortadas pelo retângulo serão estendidas até a linha tracejada. A figura 13.8 apresenta o resultado desse comando.

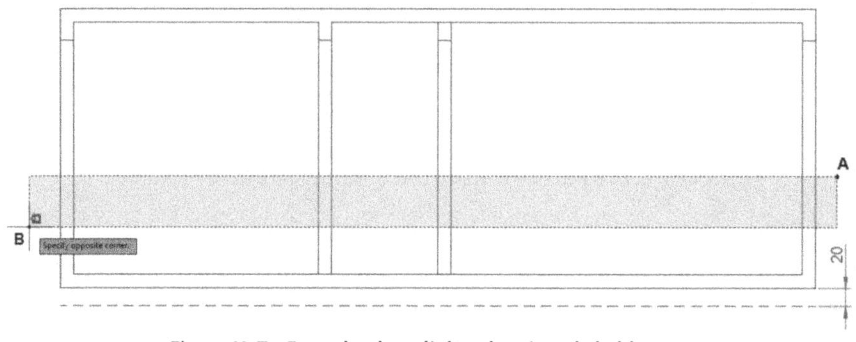

Figura 13.7 – Estendendo as linhas das vigas de baldrame.

Após estender as linhas das vigas de baldrame, precisamos cortá-las para definir as vigas. Para isso, chame o comando *Trim (Aparar)* e simplesmente pressione *Enter* sem selecionar nada. Dessa forma, o AutoCAD seleciona todas as linhas. Em seguida, clique nas linhas que serão cortadas. Para você ver as linhas que serão cortadas, observe a figura 13.9 e veja quais espaços estão vazios. Clique nas linhas que foram cortadas e, após clicar em todas, pressione *Enter*. O resultado deverá ser como o apresentado na figura 13.9.

Figura 13.8 – Cortando as linhas das vigas de baldrame.

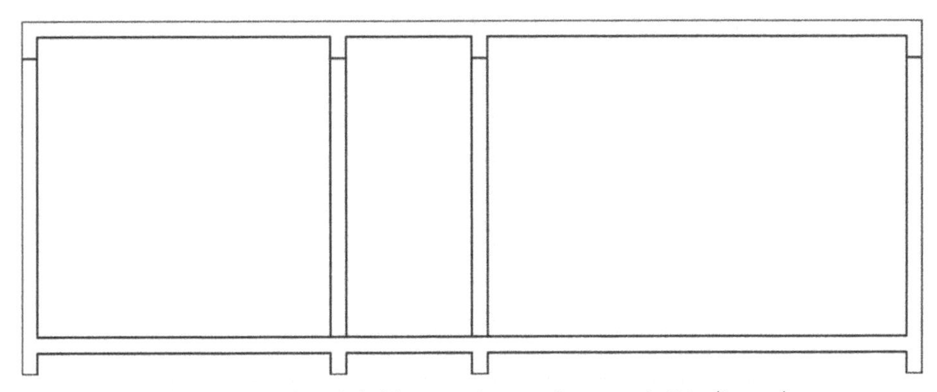

Figura 13.9 – Vigas de baldrame após o uso do comando *Trim (Aparar)*.

Com as linhas das vigas de baldrame cortadas, falta somente estender as duas pontas da linha superior da viga de baldrame (veja a figura 13.10). Para isso, chame o comando *Extend (Estender)*, selecione as duas linhas verticais representadas em destaque na figura 13.10 e pressione *Enter*. Em seguida, clique nas duas extremidades da linha horizontal representada em destaque na figura 13.10. Por fim, pressione *Enter* para finalizar.

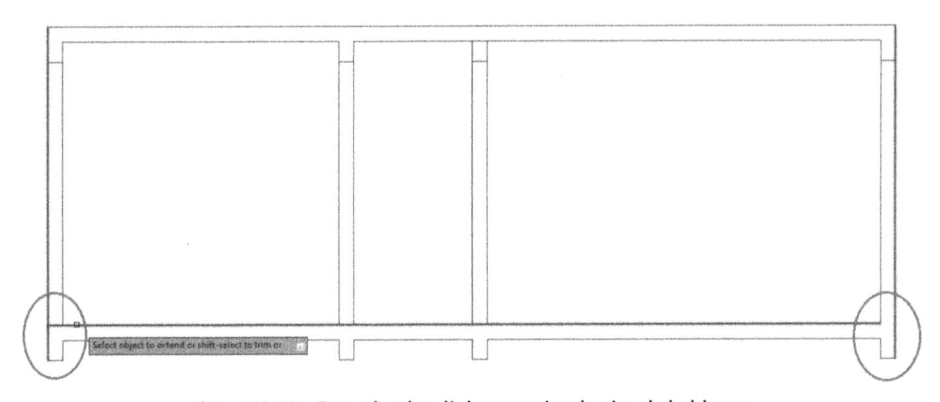

Figura 13.10 – Estendendo a linha superior da viga de baldrame

Na figura 13.2 você pode observar que o corte AA passa sobre duas janelas. Dessa forma, precisamos representar no corte AA essas duas janelas. Para tanto, vamos desenhá-las usando o comando *Rectangle (Retângulo)* . A figura 13.11 apresenta o modelo da seção vertical das janelas cortadas.

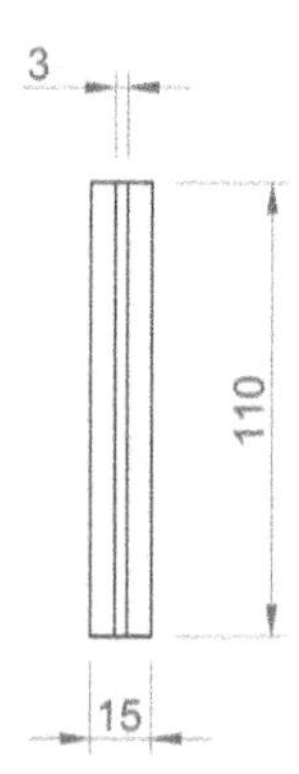

Figura 13.11 – Seção vertical da janela seccionada.

Para fazer a seção das janelas, chame o comando *Rectangle (Retângulo)*, clique num ponto qualquer, digite *15,110* e pressione *Enter*. Automaticamente será criado o retângulo. Em seguida, desenhe uma linha que inicie no centro da base inferior e termine no centro da base superior. O resultado deverá ser uma linha paralela às laterais no eixo do retângulo *15,110* com comprimento *110*. Em seguida, chame o comando *Offset (Deslocamento)*, digite *1.5* para definir a distância da linha a ser copiada e pressione *Enter*. Selecione a linha que você acabou de criar e clique no lado direito; em seguida, selecione a mesma linha novamente e clique no lado esquerdo. Pressione *Enter* para finalizar o comando.

Para concluir a figura 13.11 temos que apagar a linha do eixo. Para isso, chame o comando *Erase (Apagar)*, selecione a linha do centro e pressione *Enter*.

Concluída a janela, você pode movê-la para a posição correta. Uma forma simples de se fazer isso é movê-la para a posição representada na figura 13.12 (a) e depois movê-la 100 unidades para cima. O resultado deverá ser similar ao apresentado na figura 13.12 (b). Você pode repetir o mesmo procedimento para a segunda janela, e o resultado deverá ser similar ao apresentado na figura 13.13.

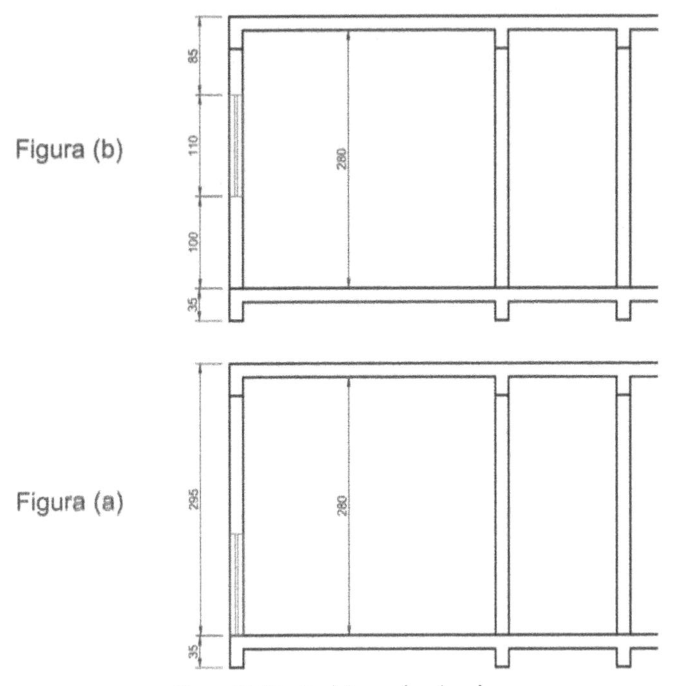

Figura 13.12 – Posicionando a janela.

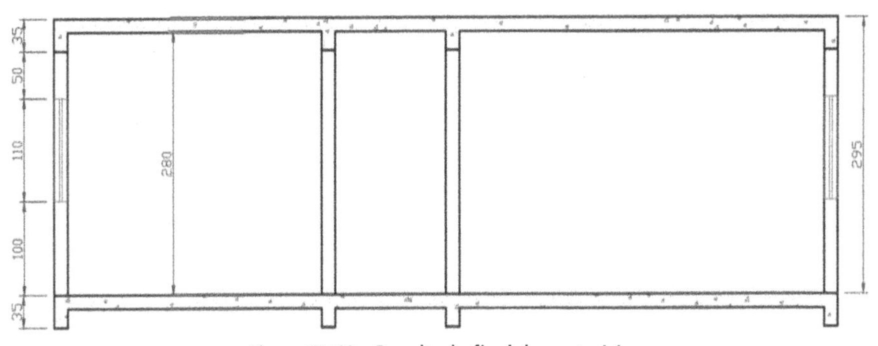

Figura 13.13 – Resultado final do corte AA.

Para que o seu desenho fique como o apresentado na figura 13.13, você precisa desenhar a hachura da laje e do piso. Para isso, chame o comando *Hatch (Hachura)* e clique num ponto qualquer dentro da laje e do piso. Em *Pattern (Padrão)*, selecione o tipo de hachura desejada (nesse caso, vamos usar a *Ar-conc*). Em seguida, digite *0.2* em *Scale (Escala)* e pressione *Enter*. Observe o resultado da pré-visualização da hachura. Caso o resultado apresentado seja o que você deseja, pressione mais uma vez o *Enter* para encerrar o comando; caso contrário, altere a opção desejada e pressione *Enter*.

Para finalizar o corte, chame o comando *DimLinear (Cota linear)* e faça as cotas apresentadas na figura 13.13.

Você concluiu um modelo simples de corte de uma residência. Daqui para frente você deve verificar quais ferramentas foram usadas no desenvolvimento desse exemplo e em quais situações elas foram necessárias. Assim você terá mais facilidade em usá-las quando ocorrer outra situação parecida.

14. Exemplo de projeto elétrico

Para quem deseja trabalhar com projetos elétricos ou simplesmente aprender um pouco mais sobre o uso de bloco com atributos, preste atenção nas aulas seguintes, pois contribuirão muito para um melhor entendimento do assunto.

Em vez de começarmos a construir a planta e depois os blocos, iniciaremos pelos blocos. Assim você poderá salvar o arquivo com um nome e, posteriormente, usá-lo para fazer os próximos projetos elétricos.

14.1. Bloco da luminária completa – Atributos

Primeiramente, vamos fazer o desenho do bloco da luminária. Para tanto, siga os procedimentos que lhe expliquei no item 5.8 do Capítulo 5.

Após o desenho estar conforme o apresentado na figura 5.10, podemos iniciar a confecção dos atributos, mas antes precisamos criar um novo estilo de texto, o qual chamaremos de *Atributos*.

Para criar outro modelo de fonte, você pode acessar o comando *Text Style (Estilo de texto)* através da guia *Home (Padrão)* no painel *Annotate (Anotação)*. Uma outra forma de acessar é clicar na setinha que aparece ao lado do nome do painel *Text (Texto)* da guia *Annotate (Anotação)*. Na sequência, a caixa de diálogo *Text Style (Estilo de texto)* aparecerá (veja a figura 12.11). Como você deve estar lembrando, este comando já foi visto no item 7.2.5.6 e revisto no item 12.12. Assim, veremos rapidamente como criar o novo estilo.

Assim que aparecer a caixa de diálogo *Text Style (Estilo de texto)*, clique em *New (Novo)*. Aparecerá uma janela chamada *New Text Style (Novo Estilo de texto)*; digite o nome do estilo de texto que desejar (neste exemplo, será usado o nome *Atributos*).

Em seguida, clique em *OK*. Definido o nome do estilo, é necessário especificar a fonte. Para tanto, no campo *Font Name (Nome da fonte)*, clique sobre a seta ▾ que aparece ao lado do nome da fonte para aparecer várias opções de fonte. Clique sobre uma opção. Neste caso, a opção que recomendo escolher é a *Swis 721 LtEx BT*. Para finalizar, clique em *Apply (Aplicar)*, se estiver ativo, e, em seguida, em *Close (Fechar)*.

Com o estilo de texto criado, podemos começar a produzir os atributos.

14.2. Criando os atributos para o bloco Luminaria

Com o estilo de texto criado, vamos começar a fazer os atributos. O primeiro que faremos será o mesmo explicado no item 12.12 ("Blocos com atributos"), mas, para sanar quaisquer dúvidas que você possa ter, explicarei passo a passo como fazê-lo.

Então vamos lá. Clique na guia *Insert (Inserir)* e depois em *Define Attributes (Definir atributos)* no painel *Block (Bloco)*. A caixa de diálogo *Attribute Definition (Definição de atributos)* aparecerá (veja a figura 14.1). Em *Attribute (Atributo)*, no campo *Tag (Identificador)*, digite *POT* (iniciais de "Potência"). No campo *Prompt*, digite: *Qual a potência da luminária?* No campo *Default (Padrão)*, você deverá colocar o valor que mais ocorre no seu projeto. Neste caso, será considerado o valor 100. Por isso, digite *100* no campo *Default (Padrão)*.

Um pouco abaixo do campo *Default (Padrão)* há o campo *Justification (Justificação)* – selecione *Center (Centro)*. Logo abaixo dessa opção há o *Text Style (Estilo de texto)*. Veja se está aparecendo o nome do estilo de texto que você criou no item anterior. Caso esteja aparecendo outro, clique na seta ▾ ao lado do nome do estilo de texto e selecione o estilo de texto desejado. Neste exemplo, o nome do estilo de texto é *Atributo*.

No campo seguinte, *Text height (Altura do texto)*, temos a oportunidade de definir a altura de texto. Como estamos trabalhando em centímetros, vamos especificar a altura do texto igual a 12. Portanto, digite *12* no campo *Text height (Altura do texto)*.

Definido tudo conforme apresentado, a caixa de diálogo *Attribute Definition (Definição de atributos)* deverá ficar conforme a apresentada na figura 14.1. Observe que essa figura nós já vimos no Capítulo 12 (figura 12.10). Qualquer coisa, volte lá para revermos o conteúdo.

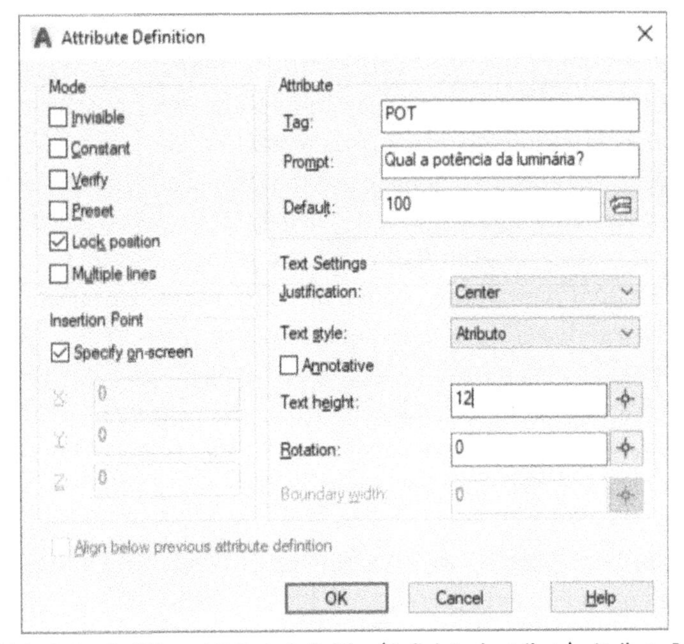

Figura 14.1 – Caixa de diálogo *Attribute Definition (Definição de atributs)* – Atributo Potência.

Clique em *OK* que a caixa de diálogo *Attribute Definition (Definição de atributos)* se fechará e será solicitado o ponto de referência para inserir o atributo. Isso não ocorrerá caso você desmarque a opção *Specify on-screen (Especificar na tela).* Neste caso, você deverá digitar a coordenada de referência para a inserção do atributo. Como fica muito mais fácil simplesmente clicar no ponto desejado, deixe essa opção selecionada.

Então, após clicar em *OK*, clique num ponto próximo ao apresentado na figura 14.2.

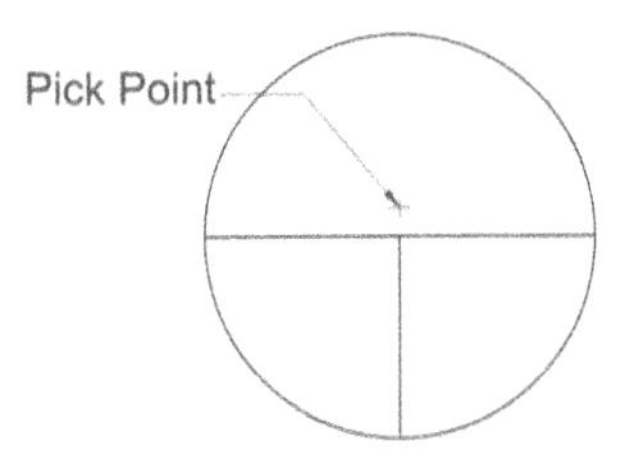

Figura 14.2 – Ponto para inserir atributo *POT – Pick Point (Selecionar ponto).*

O resultado que aparecerá na tela do AutoCAD não será o valor 100, mas o valor colocado em *Tag (Identificador),* que neste caso é *POT.* Na figura 14.5, você poderá ver como ficará.

Agora, iremos criar o atributo *Circuito*. Caso você desconheça o que isso significa, explicarei de forma simples para que você possa dar continuidade aos estudos. Numa instalação elétrica, as potências (lâmpadas, tomadas de uso geral, chuveiro, condicionador de ar, torneira elétrica, etc.) são separadas em fases ou, para facilitar, em grupos. Esses grupos são identificados por números. Como exemplo, o chuveiro ficaria no grupo 1, as lâmpadas dos quartos e sala no grupo 2, demais lâmpadas no grupo 3, as tomadas de uso geral (rádio, televisão, ventilador, etc.) no grupo 4 e assim por diante. Dessa forma, seria necessário sempre, ao inserir o bloco *Luminaria*, especificar o número do grupo a que a luminária pertence. Isto é, especificar em qual circuito está a lâmpada.

Para criarmos o atributo *Circuito*, clique na guia *Insert (Inserir)* e depois em *Define Attributes (Definir atributos)* no painel *Block (Bloco)*. A caixa de diálogo *Attribute Definition (Definição de atributos)* aparecerá (veja a figura 14.1).

No campo *Tag (Identificador)*, digite *C* (inicial de *Circuito*). Em *Prompt*, digite a pergunta desejada, por exemplo: *Qual o circuito da luminária?* Em *Default (Padrão)*, especifique o valor do circuito que mais aparecerá no projeto – neste caso, o valor será 2. Verifique se em *Text Style (Estilo de texto)* está aparecendo o estilo do texto desejado; caso não esteja, clique sobre o estilo e selecione-o. Em *Text height (Altura do texto)*, vamos definir uma altura para o texto um pouco menor que o usado para potência, por exemplo, 9.

Para finalizar, clique em *OK*; em seguida, o AutoCAD solicita o ponto no qual será inserido o atributo. Então clique no ponto especificado na figura 14.3.

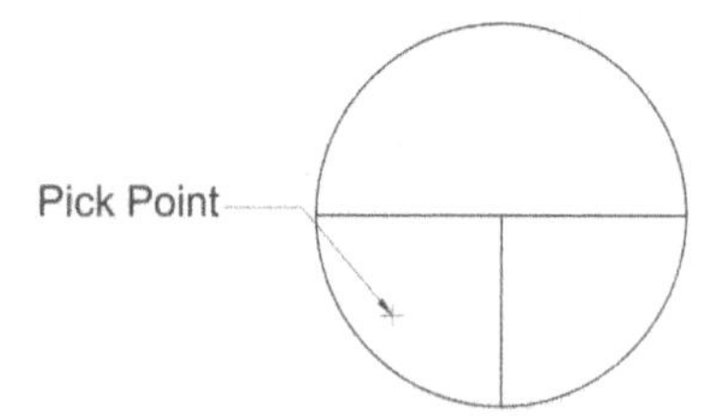

Figura 14.3 – Ponto para inserir atributo C – *Pick Point (Selecionar ponto)*.

Após definir o ponto, o resultado deverá ser conforme o apresentado na figura 14.5.

Ainda temos mais um atributo para criar antes de finalmente fazermos o bloco *Luminaria*. Este atributo será definido como retorno. Esse retorno serve para identificar de qual interruptor está vindo o fio (retorno) que ligará na lâmpada. Este fio normalmente é identificado por uma letra minúscula.

Vamos lá! Clique em *Define Attributes (Definir atributos)* no painel *Block (Bloco)*. Novamente a caixa de diálogo *Define Attributes (Definir atributos)* aparecerá (veja a figura 14.1).

Em *Tag (Identificador)*, digite *R* (inicial de retorno). Em *Prompt*, digite a pergunta que você deseja. Neste exemplo, será utilizada a seguinte pergunta: *Qual a identificação do retorno?* O campo *Default (Padrão)* deixaremos vazio, pois não se repetirá com frequência nenhum valor que valha a pena deixar como padrão. Em *Text height (Altura do texto)*, será mantida a mesma altura do atributo anterior, ou seja, 9. Clique em *OK* que a caixa de diálogo se fechará e será solicitado o ponto de referência para a inserção do atributo. Logo, clique no ponto de inserção, conforme indicado na figura 14.4.

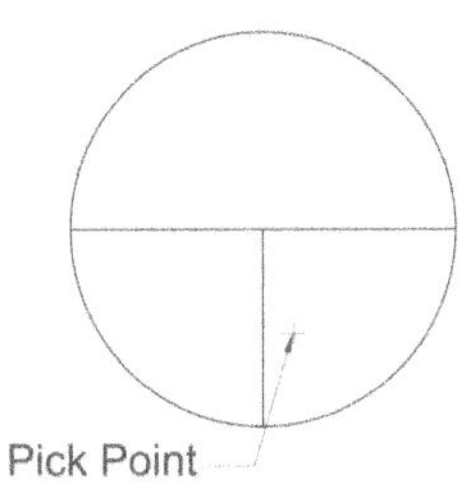

Figura 14.4 – Ponto para inserir atributo R – *Pick Point (Selecionar ponto)*.

Definido o ponto, estará concluído o atributo. Na figura 14.5 é apresentado o resultado final.

Figura 14.5 – Atributos para o bloco *Luminaria*.

14.3. Criando o bloco Luminaria com atributos

Com o desenho do bloco concluído e com todos os atributos criados, podemos finalmente fazer o bloco. Para tanto, seria muito interessante, caso você ainda tenha alguma dúvida, revisar os itens 5.2 e 5.3 do Capítulo 5.

Chame o comando *Create block (Criar bloco)*, localizado no painel *Block (Bloco)* da guia *Insert (Inserir)*, e a janela *Block Definition (Definição de bloco)* aparecerá (veja a figura 14.6). No campo *Name (Nome)*, digite o nome que deseja dar para o bloco. Neste exemplo, usarei o nome *Luminaria*.

Como você já deve saber, precisamos selecionar os objetos que compõem este bloco. Para isso, clique em *Select objects (Selecionar objetos)*; a caixa de diálogo se fechará e você poderá selecionar os objetos para o bloco. Lembre-se de que o bloco é formado pelo desenho e também pelos atributos. Portanto, selecione todos e pressione *Enter*.

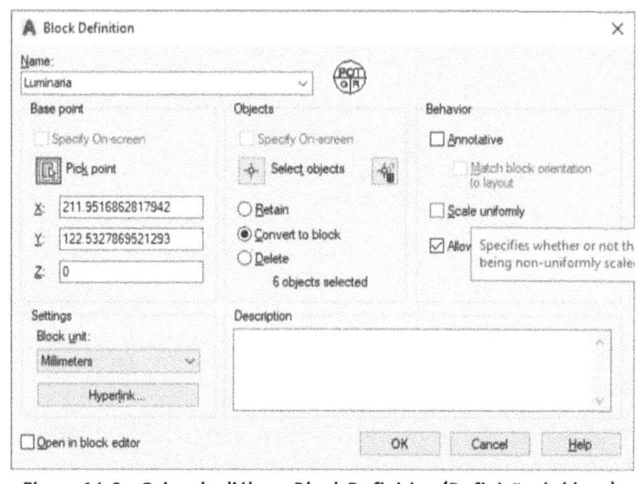

Figura 14.6 – Caixa de diálogo *Block Definition (Definição de bloco)*.

Por último, clique em *Pick point (Selecionar ponto)* para definir o ponto no qual o bloco será inserido. A caixa de diálogo fechará novamente e você poderá clicar no ponto que desejar. Eu costumo clicar sempre no centro da luminária. Dessa forma, fica mais fácil para inserir o bloco no centro de cada ambiente. Após clicar no ponto, a caixa de diálogo aparece novamente. Para finalizar, clique em *OK*.

Antes de finalizar, o AutoCAD apresenta a caixa de diálogo *Edit Attributes (Editar atributos)* (veja a figura 14.7). Nessa caixa você terá somente que responder as perguntas feitas por você. Nos respectivos campos aparecerão as respostas que você colocou como padrão ao fazer os atributos no campo *Default (Padrão)*.

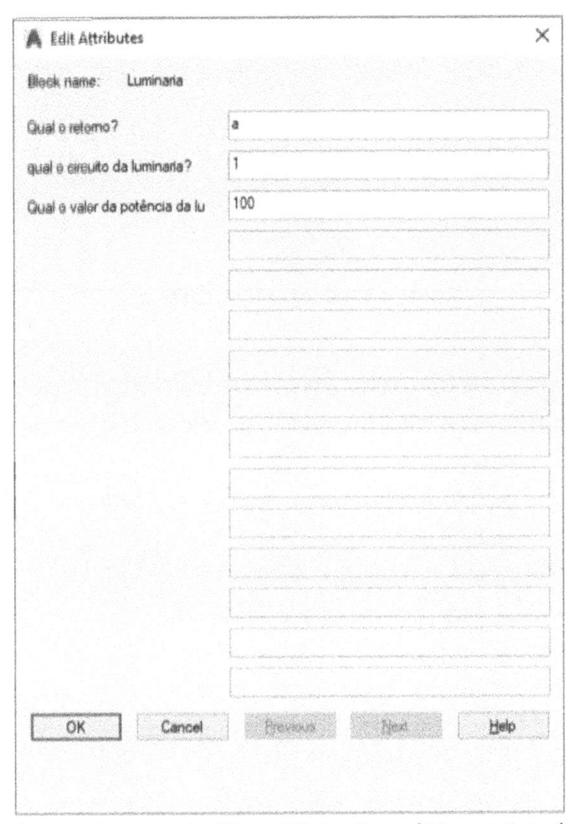

Figura 14.7 – Caixa de diálogo *Edit Attributes (Editar atributos).*

Após responder as perguntas, clique em *OK* que o bloco estará criado. O número de perguntas que aparece nesta caixa de diálogo é o número de atributos que você criou para o bloco. Na figura 14.8, você pode ver como ficou o bloco.

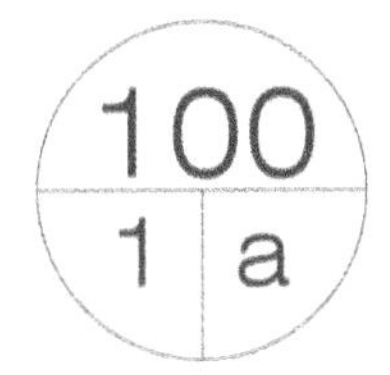

Figura 14.8 – Bloco final com os atributos.

14.4. Bloco de fios com seção – Atributos

O bloco que faremos neste item pode ser visto na figura 14.9 (esse bloco não segue o padrão recomendado pela norma. No final deste capítulo é apresentado como fazer a fiação conforme recomenda a norma). Observe que foram indicados os fios que passam no eletroduto, bem como a seção nominal e os seus circuitos. Este bloco é formado simplesmente por três atributos. Vejamos, então, como fazê-lo.

Figura 14.9 – Bloco de fios com seção.

O primeiro passo é traçar uma linha para usarmos como referência. Esta linha representará o eletroduto, mas não deverá ser selecionada quando for criado o bloco.

Em seguida, clique na guia *Insert (Inserir)* e depois em *Define Attributes (Definir atributos)* no painel *Block (Bloco)*. A caixa de diálogo *Attribute Definition (Definição de atributos)* aparecerá (veja a figura 14.1). No campo *Tag (Identificador),* digite *FIO* (será o nome da variável que você irá criar). Em *Prompt*, digite a pergunta que deseja fazer, por exemplo: *Quais os fios do eletroduto?* Em *Default (Padrão)*, coloque o valor que você responderá em maior quantidade no seu projeto. Neste exemplo, serão usados os três fios, *ILT* (fase, neutro e terra, respectivamente).

No campo *Text style (Estilo de texto)*, selecione o estilo de texto que você criou para fazer os atributos (neste caso, o estilo criado é *Atributo*). Em *Text height (Altura do texto)*, especifique a altura do atributo – por exemplo, *12*.

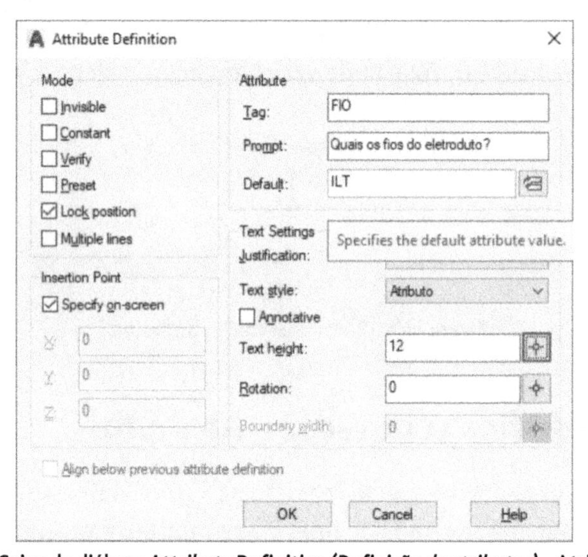

Figura 14.10 – Caixa de diálogo *Attribute Definition (Definição de atributos)* – Atributo FIO – ILT.

Clique em *OK*. Agora você precisa especificar o ponto em que irá inserir o atributo. Clique num ponto próximo ao apresentado na figura 14.11. Assim que clicar, o resultado deverá ser semelhante ao apresentado na figura 14.12.

Pick Point

Figura 14.11 – Ponto para inserir atributo FIO – ILT.

Figura 14.12 – Atributo FIO (ILT), SEC (4,0) e C (2).

O próximo passo é criar o atributo para especificar a seção do condutor. Para tanto, Clique em *Define Attributes (Definir atributos)* no painel *Block (Bloco)*. Novamente a caixa de diálogo *Attribute Definition (Definição de atributos)* aparecerá (veja a figura 14.10).

O procedimento para criar o próximo atributo é idêntico ao realizado para o atributo anterior. Então vamos lá! No campo *Tag (Identificador)* especifique o nome da variável que deseja usar. Neste exemplo, a variável é a seção do condutor, por isso serão especificadas em *Tag (Identificador)* as iniciais *SEC*.

No campo *Prompt*, você precisa especificar a pergunta que deseja fazer para que, quando for inserir o bloco, você responda o valor da seção do condutor. Neste exemplo a pergunta especificada foi: *Qual o valor da seção do condutor?*

Já para o campo *Default (Padrão)*, não será inserido nenhum valor. Isso porque será adotado que para todos os fios que possuem seção de 1,5 mm^2 (#1,5), por exemplo, não será necessário especificar a seção. Dessa forma, evitará colocar informações desnecessárias no projeto elétrico, visto que este normalmente possui muitos condutores e a especificação da seção de todos os fios poluirá muito o projeto, dificultando a sua interpretação. Caso fosse colocado um valor no campo *Default (Padrão)*, o AutoCAD não permitiria que fosse deixado esse campo em branco, pois, mesmo que ele fizesse a pergunta sobre a seção do condutor e você simplesmente pressionasse *Enter* sem digitar nada, o AutoCAD usaria o valor colocado em *Default (Padrão)*.

Em *Text style (Estilo de texto)*, mantenha o estilo de texto criado por você (neste exemplo, o estilo é *Atributo*). Para este atributo, o valor da altura deverá ser inferior ao especificado para os fios. Neste caso, digite *8* em *Text height (Altura do texto)*.

O último passo é especificar a posição em que ficará o atributo. Para tanto, clique em *OK* e num ponto próximo ao especificado na figura 14.13:

Figura 14.13 – Ponto para inserir atributo SEC – 4,0.

Após especificar o ponto, o resultado deverá ser conforme o apresentado na figura 14.12.

Agora só falta mais um atributo, o circuito, para concluirmos o bloco conforme ilustrado na figura 14.9.

Clique em *Define Attributes (Definir atributos)* no painel *Block (Bloco)*. Novamente a caixa de diálogo *Attribute Definition (Definição de atributos)* aparecerá (veja a figura 14.10).

Em *Tag (Identificador)*, digite *C* (inicial de circuito). Em *Prompt*, digite a pergunta que você deseja. Neste exemplo, será utilizada a seguinte pergunta: *Qual a identificação do circuito?* Deixaremos vazio o campo *Default (Padrão)*, pois não se repetirá com tanta frequência o mesmo valor, além de podermos desejar deixar sem essa informação. Em *Text height (Altura do texto)*, será mantida a mesma altura do atributo anterior, ou seja, *8*. Clique em *OK* que a caixa de diálogo se fechará e solicitará o ponto de referência para a inserção do atributo. Logo, clique no ponto de inserção, conforme indicado na figura 14.14.

Figura 14.14 – Ponto para inserir atributo C – 2.

Até o momento você concluiu a criação dos três atributos necessários para a criação do bloco; só nos falta transformá-los em um bloco chamado *Luminaria*.

Chame o comando *Create block (Criar bloco)* localizado no painel *Block (Bloco)* da guia *Insert (Inserir)* que a janela *Block Definition (Definição de bloco)* aparecerá (veja a figura 14.6).

No campo *Name (Nome)*, digite o nome que deseja dar para o bloco. Neste exemplo, usarei o nome *Fios*. Em seguida, você precisa selecionar os objetos para compor o bloco. Logo, clique em *Select objects (Selecionar objetos)* e a caixa de diálogo fechará. Clique somente sobre os três atributos. Não selecione a linha, pois esta só tem a função de servir como elemento de referência para você poder fazer o bloco. Após selecionar os três atributos, pressione *Enter*.

Novamente a janela *Block Definition (Definição de bloco)* aparecerá. Antes de finalizar, você precisa definir o ponto que deseja usar como referência para inserir o bloco. Neste caso, clique em *Pick point (Selecionar ponto)* . A janela fechará e você poderá clicar num ponto de referência. Neste caso, o ponto que você deverá escolher precisa ficar sobre a linha que usou na construção do bloco. Por exemplo, clique no ponto sobre a interseção da linha com a letra *F* (do atributo *FIO*). O importante é que o ponto escolhido seja sobre a linha de referência. Após clicar num ponto, a caixa de diálogo volta a aparecer. Para finalizar, clique em *OK*.

Antes de concluir a finalização do bloco, o AutoCAD abre a caixa de diálogo *Edit Attributes (Editar atributos)*. Nesta caixa aparecem as perguntas que você fez quando criou os atributos (*Qual o valor da seção do condutor?*; *Quais os fios do eletroduto?*; *Qual a identificação do circuito?*). Observe que o campo para a resposta das perguntas referentes à seção e ao circuito do condutor aparecem em branco; já para os fios aparece *ILT*. Isso porque quando você fez o atributo para os fios você colocou no campo *Default (Padrão)* o valor *ILT*, enquanto para os demais atributos não colocou nada. Dessa forma, você poderá ou não colocar uma resposta.

Portanto, especifique os valores que você deseja para os respectivos campos e, em seguida, clique em *OK*. Na figura 14.15 você poderá ver o resultado. A resposta para o campo da seção do condutor foi 4,0 mm^2 e para o circuito foi 2. Neste caso, não especificamos a unidade.

Figura 14.15 – Bloco *Fios* com atributos.

Para não ficar estendendo muito o assunto, apresentarei outros blocos que você deverá confeccionar para poder concluir um projeto elétrico.

14.5. Blocos: interruptor, tomada e fios com retorno

14.5.1. Interruptor

Na figura 14.16, você pode observar um modelo de bloco usado para indicar um interruptor simples.

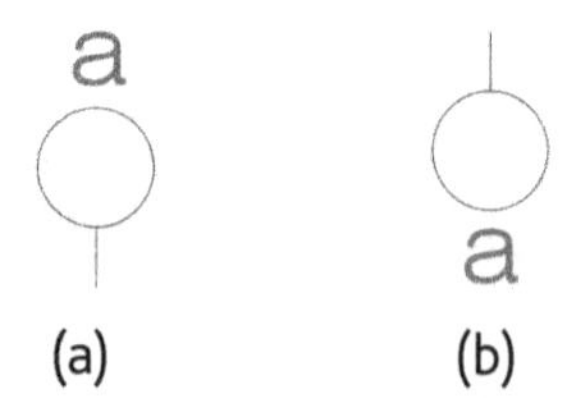

Figura 14.16 – Interruptor simples.

Sugestões

- Use o raio da circunferência igual a 5.
- Faça a linha com tamanho 5.
- Use a fonte do atributo com tamanho 8.
- Faça dois blocos devido às diferentes posições possíveis dos blocos. Geralmente uso dois blocos chamados Interruptor I-D (figura 14.16 (a)) e Interruptor S-E (figura 14.16 (b)). Dessa forma, quando preciso inserir um interruptor numa parede representada por uma linha inferior ou direita do projeto, uso o bloco Interruptor I-D. Quando for na linha superior ou esquerda, uso o bloco Interruptor S-E.

14.5.2. Tomada

Na figura 14.17, você pode observar um modelo de bloco usado para indicar uma tomada de uso geral.

Figura 14.17 – Tomada de uso geral

Sugestões

- Use o tamanho da linha horizontal igual a 10.
- Faça a linha vertical com tamanho 5.
- Faça a altura do triângulo igual a 10.
- Use a fonte do texto com tamanho 8.
- Assim como o bloco interruptor, faça dois blocos devido às diferentes posições possíveis.

14.5.3. Fios com retornos

Na figura 14.18, você pode observar um modelo de bloco usado para indicar os fios com retorno. O retorno simplesmente é o fio que sai do interruptor e vai para a lâmpada.

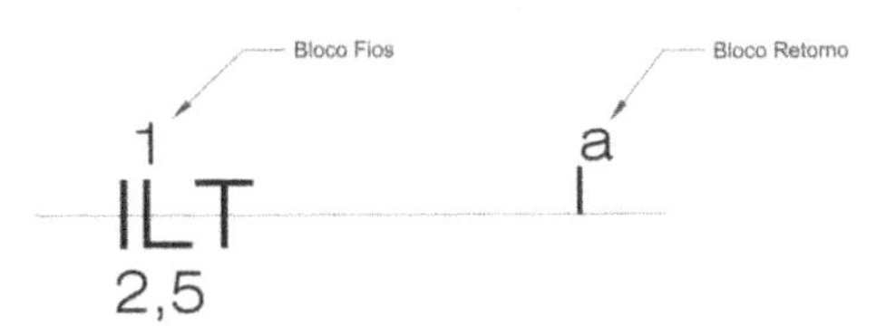

Figura 14.18 – Blocos *Fios* e *Retorno*.

O bloco apresentado à esquerda é o bloco que criamos anteriormente; coloquei este bloco somente para você perceber como deverá ficar o bloco *Retorno* em relação ao bloco *Fios*. Lembre-se de que o bloco *Retorno* é composto por dois atributos e que a linha que está aparecendo não pertence ao bloco. Esta linha representa somente o eletroduto.

Sugestões

- Use a fonte do texto com tamanho 9 para a indicação do retorno (l).
- Use a fonte do texto com tamanho 8 para a identificação do retorno (a).
- Para o tributo de indicação de retorno (l), deixe no campo *Default (Padrão)* a letra l.
- Para o tributo de identificação de retorno (a), deixe o campo *Default (Padrão)* em branco.

14.6. Fazendo o projeto elétrico

Com todos os blocos prontos, podemos iniciar a construção do projeto elétrico. Caso você ainda não tenha salvado o arquivo que contenha os blocos com atributos, recomendo que faça isso antes de começarmos a fazer o projeto. Além disso, seria interessante que você salvasse este arquivo com outro nome – por exemplo, *projeto eletrico 1* (lembrando que recomendo não usar acentos em nomes de arquivos) – para que você possa ficar com o arquivo inicial contendo os blocos sem alterações. Dessa forma, toda vez que você precisar fazer um projeto elétrico, você poderá usar o arquivo original (sem alterações) e salvar com outro nome, mantendo sempre o arquivo original inalterado.

Sendo assim, salve o arquivo com o nome *projeto eletrico 1*.

O próximo passo seria produzir a planta baixa da casa da qual você deseja fazer o projeto elétrico. Para tanto, faremos o projeto elétrico do exemplo do Capítulo 10.

Caso tenha salvo o exemplo da planta baixa, você pode abrir o arquivo e copiá-lo. Para isso, abra o arquivo que contém a planta baixa. Sem chamar nenhum comando, selecione todos os objetos que formam a planta baixa. Após selecionar, pressione as teclas *Ctrl* e *C* simultaneamente. Com isso, o AutoCAD automaticamente coloca os objetos selecionados em sua memória. A impressão que um leigo tem é que nada ocorreu, mas fique tranquilo que você copiou os objetos.

Agora feche o arquivo que contém a planta. Caso não tenha aberto outro arquivo, automaticamente o AutoCAD retorna para o arquivo que contém os blocos (*projeto eletrico 1*). Para copiar a planta para este arquivo, pressione as teclas *Ctrl* e *V* simultaneamente. Para posicionar a planta, é só clicar num ponto de sua preferência. Com o comando *Zoom* você pode organizar a tela para visualizar melhor a planta. Por exemplo, use o comando *Zoom Extents (Estendido)* (digite *Z*, pressione *Enter*, digite *EST (E)* e pressione novamente *Enter*).

Com a planta no arquivo, começaremos a inserir os blocos. Na figura 14.19, você pode observar o resultado final do projeto elétrico. Veja que é um projeto bem simples e que não estamos seguindo rigorosamente as recomendações de normas, pois o objetivo aqui não é ensinar a confeccionar projetos elétricos, mas aprender a usar o AutoCAD para fazer projetos elétricos.

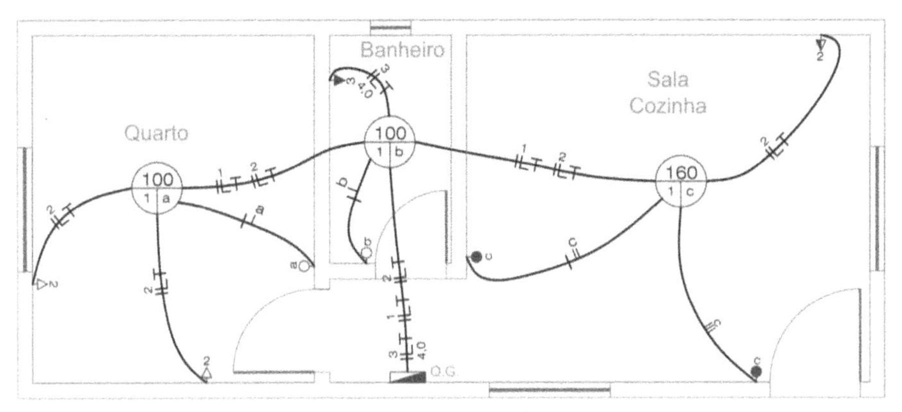

Figura 14.19 – Projeto elétrico.

Antes de inserirmos qualquer bloco, salve este arquivo com outro nome. Assim você mantém o arquivo projeto eletrico 1.dwg contendo somente os blocos já criados.

O primeiro bloco que iremos inserir será a *Luminaria*. Para isso, chame o comando *Insert block (Inserir bloco)* clicando no ícone no painel *Block (Bloco)* na guia *Insert (Inserir)*. Na sequência, o AutoCAD apresentará uma miniatura dos blocos existentes no seu arquivo, conforme ilustrado na figura 14.20.

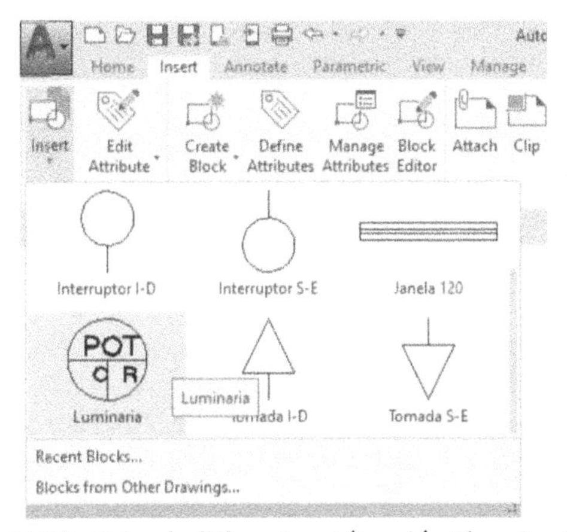

Figura 14.20 – Caixa de diálogo *Insert (Inserir)* – Bloco *Luminaria*.

Assim que você visualizar o bloco *Luminaria*, clique sobre ele. O AutoCAD fecha a janela da figura 14.20 e pede para você clicar num ponto para definir o local de inserção do bloco. Para tanto, observe as posições dos blocos inseridos na figura 14.19 e posicione o bloco no centro do quarto. Para definir a posição, você precisa somente clicar no ponto em que você desejar inserir o bloco. Uma forma simples de especificar o centro do ambiente é pressionar *Shift* e o botão direito do mouse ao mesmo tempo; na sequência aparecerá o menu suspenso. Veja que uma das opções é *Mid between 2 points (Meio entre 2 pontos).* Clique nesta opção e depois clique nos dois cantos opostos do ambiente. Faça isso sempre que o AutoCAD solicitar para especificar o ponto para inserir o bloco.

Após definir a posição, o AutoCAD mostrará a caixa de diálogo *Edit Attributes (Editar atributos)* (figura 14.21). Para responder, basta digitar a resposta nos respectivos campos e clicar em *OK* para finalizar o comando. As respostas usadas neste exemplo foram potência igual a *100*, circuito igual *1* e retorno foi igual a *a*. A sequência das perguntas realizadas pelo AutoCAD será em função da ordem com que você selecionou os atributos no momento em que estava fazendo os blocos.

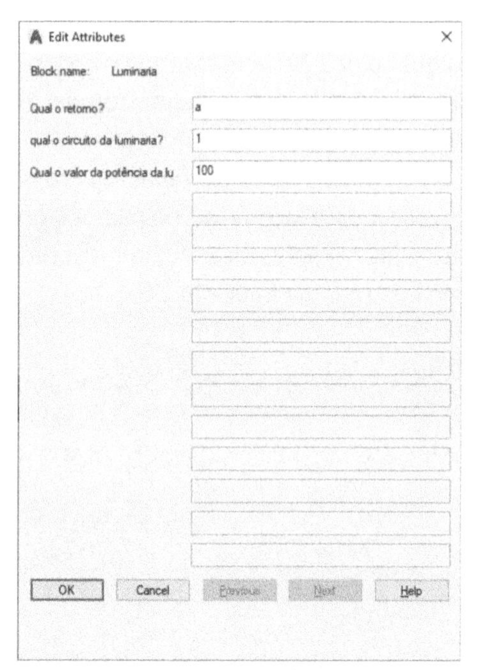

Figura 14.21 – Caixa de diálogo *Edit Attributes (Editar Atributos)* – Bloco *Luminaria*.

Respondidas as perguntas, o AutoCAD insere o bloco. O resultado deverá ser conforme o apresentado na figura 14.19.

Para a luminária do banheiro, o procedimento é o mesmo. Então chame o comando *Insert block (Inserir bloco)* e selecione o bloco *Luminaria*. Clique no centro do banheiro para posicionar o bloco e responda as perguntas com os seguintes valores: para potência, use *100*, para o circuito, use *1*, e para o retorno, use *b*.

A última luminária que faremos será a do ambiente sala-cozinha. Logo, chame o comando *Insert block (Inserir bloco)* e clique sobre o bloco *Luminaria*. Clique no centro da sala-cozinha para posicionar o bloco. Responda as perguntas com os seguintes valores: para potência use *160*, para o circuito, *1*, e para o retorno, use *c*.

Com isso você termina de inserir todas as luminárias do projeto. Só para lembrá-lo, esse projeto é somente demonstrativo. Em um projeto real seria interessante colocar luminária na circulação, bem como no ambiente externo.

Agora vamos inserir os interruptores iniciando pelo quarto. Para tanto, você deverá ter feito o bloco sugerido, *interruptor simples*. Porém, nesse caso, não poderemos seguir da mesma forma que fizemos antes porque no momento da inserção do bloco teremos que definir uma rotação. Para aparecer essa opção, você precisa chamar o comando *Insert block (Inserir bloco)* através da tecla de atalho. Logo, digite *i* e pressione *Enter* que aparecerá a caixa de diálogo *Blocks (Blocos)* (figura 14.22).

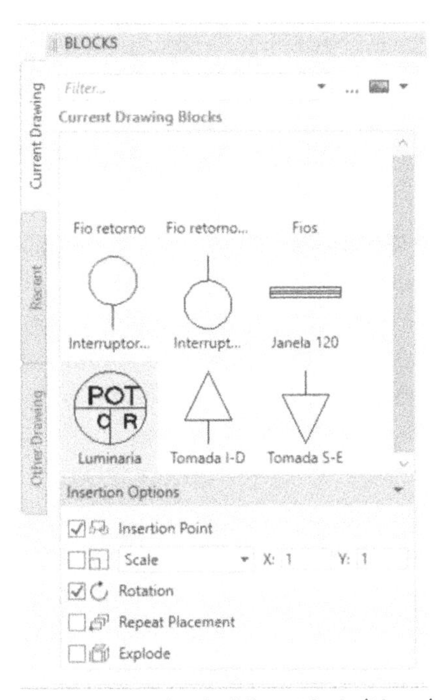

Figura 14.22 – Caixa de diálogo *Blocks (Blocos)*.

Então vamos lá! Assim que aparecer a caixa de diálogo apresentada na figura 14.22, observe as opções que aparecem logo abaixo das miniaturas dos blocos. Ali você precisa habilitar a opção *Rotation (Rotação)* – assim você poderá rotacionar o bloco no momento da inserção. Logo, clique e deixe com o *check* ativo ☑. Agora sim, clique sobre o bloco interruptor. Lembre-se de que você deve ter criado dois blocos devido às diferentes posições de inserção. Selecione a opção correta. Caso não saiba qual é esta opção, não há problemas, pois ao inserir o bloco perceberá se fez a escolha certa, já que o texto ficará invertido. No caso de ter escolhido a opção errada, apague o bloco inserido e selecione o outro bloco. O próximo passo é definir a posição do bloco. Para isso, clique num ponto da parede próximo à porta, conforme a figura 14.19. Para facilitar a seleção de um ponto na parede, você pode pressionar as teclas *Shift* e o botão direito do mouse ao mesmo tempo e selecionar *Nearest (Mais próximo)* no menu suspenso. Após definir o ponto para inserir o bloco, o AutoCAD pergunta qual é o ângulo em que ficará o bloco. Neste caso, você poderá movimentar o cursor e definir o ângulo clicando num ponto ou simplesmente digitando um ângulo (neste caso, deverá ser *90*) e pressionando *Enter.*

Com a posição e o ângulo definido, o AutoCAD fará a pergunta que você fez ao criar o atributo para este bloco. Neste exemplo, a pergunta usada foi: *Qual é o retorno?* Você deverá responder *a*.

Vamos inserir o interruptor do banheiro. Uma vez que você ativou a opção *Rotation (Rotação)* , conforme ilustrado na figura 14.22, não há necessidade de usar a janela *Blocks (Blocos).* Para fechá-la, basta mover o cursor sobre o nome da janela *Blocks* que aparecerá o no lado. Clique nele que a janela é fechada.

Então, chame o comando *Insert block (Inserir bloco)* e clique sobre o bloco *Interruptor.* O próximo passo é especificar o ponto de inserção; para isso, clique num ponto da parede próximo à porta do banheiro (veja a figura 14.19). Em seguida, especifique o ângulo de rotação do bloco; neste caso, o valor deverá ser *0*. Definido o ângulo, o AutoCAD perguntará o valor do atributo; responda a letra *b*.

Na sala-cozinha vamos inserir dois interruptores. O que fica do lado da porta de acesso será inserido repetindo os procedimentos apresentados para o interruptor do banheiro. Para o interruptor que fica próximo ao corredor, você deverá selecionar o outro bloco de interruptor, já que, se você usar o mesmo bloco, a posição do texto não ficará adequada. Foi por esse motivo que recomendei que fizesse dois blocos quando comentei sobre o bloco interruptor no item 14.5.1.

Quando se instalam dois interruptores que acendem a mesma lâmpada em locais distintos dá-se o nome de interruptor paralelo (ou *three-way*). Neste caso, a simbologia do interruptor passa a ter seu círculo hachurado. Dessa forma, chame o comando *hatch (hachura)* e pinte toda a circunferência dos dois interruptores paralelos.

O próximo passo será a inserção das tomadas. Porém, antes mostrarei a você que é possível fazer com que não apareça a caixa de diálogo *Edit Attributes (Editar atributos)*, figura 14.21, e assim o AutoCAD fará a pergunta diretamente na barra de status. Fazendo dessa forma você terá mais facilidade para responder e conseguirá inserir mais rapidamente os blocos. O comportamento padrão para inserir blocos com atributos é a exibição dessa caixa de diálogo. A variável do AutoCAD que define a exibição ou não da caixa de diálogo é a ATTDIA e o seu valor padrão é definido como 1. Para ela não aparecer mais precisamos alterar o valor para zero. Para tanto, digite *ATTDIA*, pressione *Enter*, digite *0* e pressione *Enter*. Caso queira reverter a situação, é só digitar novamente *ATTDIA*, pressionar *Enter*, digitar *1* e pressionar *Enter*.

Agora sim vamos para a inserção das tomadas. Geralmente, num projeto elétrico, a tomada do chuveiro, assim como as demais de uso especial, apresenta informações adicionais como o nome do aparelho e a potência. No nosso caso não será acrescido qualquer tipo de informação adicional além da identificação do circuito. Optou-se por fazer assim por entender que com o número do circuito será possível verificar, na tabela de dimensionamento, qual a potência projetada para esta tomada. Dessa forma, evita-se poluir ainda mais o projeto elétrico.

As tomadas possuem uma simbologia diferente quanto à sua altura em relação ao piso. No caso de tomadas baixas, altura de 30 cm a 50 cm, não há hachura; para tomadas médias, altura de 90 cm a 110 cm, o triângulo é hachurado pela metade; e para tomadas altas, altura de 180 cm a 210 cm, o triângulo é todo hachurado.

Dessa forma, você poderá inserir a tomada do chuveiro conforme é apresentado na figura 14.19 e depois hachurar a área do triângulo. No caso da tomada para a cozinha, ela será executada com altura igual a 110 cm. Sendo assim, ela receberá uma hachura na metade do triângulo. Para tanto, você deverá fazer uma linha dividindo o triângulo ao meio para então fazer a hachura.

Finalmente, com todos os blocos inseridos, podemos colocar os fios e eletrodutos. Porém, antes vamos criar uma *layer* específica para os eletrodutos. Crie uma nova *layer* chamada de eletroduto. A cor desta camada deverá ser diferente das usadas para os outros objetos (por exemplo, use a cor verde – *green*). Definindo outra cor, você poderá especificar no momento da impressão uma espessura diferente das demais linhas. Após criar o eletroduto, torne-o ativo. Assim, tudo o que for feito daqui para frente sairá nesta *layer*.

Primeiramente, vamos inserir os eletrodutos. Iniciaremos colocando o eletroduto que comunica o Quadro Geral (QG) com a luminária do banheiro. Para tanto, vamos usar o comando *Spline* . Na figura 14.23 você pode ver uma indicação dos pontos de referência para você fazer os eletrodutos. Chame o comando *Spline* e clique nos pontos *A*, *B*, *C* e *D*. Para finalizar a *Spline*, pressione *Enter*. Os pontos *B* e *C* não possuem muita precisão quanto à posição; você deverá clicar num ponto próximo ao indicado na figura 14.23 e observar o resultado. Caso o resultado não seja o esperado, você poderá apagar a *Spline* e fazer novamente ou poderá selecionar a *Spline* (sem ter nenhum comando ativo) e clicar sobre os quadradinhos azuis que aparecem em cada ponto que você usou para criar a *Spline* e reposicioná-los.

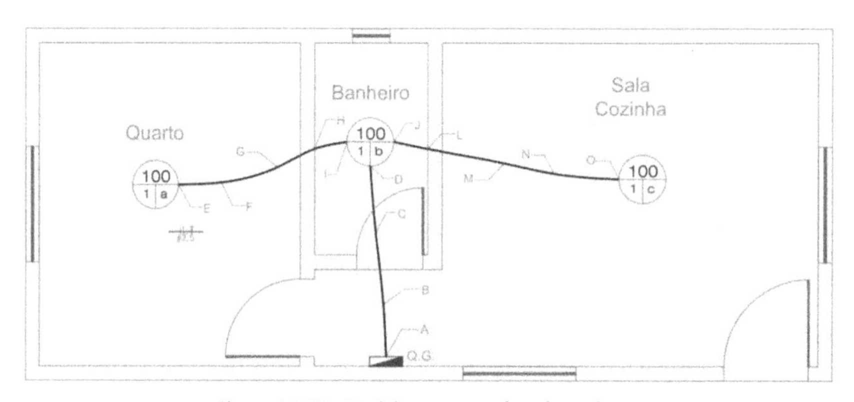

Figura 14.23 – Posicionamento dos eletrodutos.

Agora vamos fazer o eletroduto que liga a luminária do banheiro com a do quarto. Para tanto, chame o comando *Spline*, clique nos pontos *E*, *F*, *G*, *H* e *I*. Para finalizar, pressione *Enter* três vezes. Novamente, se você desejar, poderá editar a *Spline* que acabou de criar.

Para fazer o eletroduto que liga a luminária do banheiro com a da cozinha-sala, basta chamar novamente o comando *Spline*, clicar nos pontos *J*, *L*, *M*, *N* e *O* e pressionar *Enter* três vezes.

Com isso você concluiu a confecção dos eletrodutos apresentados na figura 14.23. Está faltando somente fazer os demais eletrodutos. Como você já deve ter percebido, o procedimento é o mesmo para quaisquer eletrodutos que se deseja inserir: basta chamar o comando *Spline*, clicar nos pontos que definem o caminho que liga os dois objetos e pressionar *Enter*.

Pensando nisso, deixarei os outros eletrodutos para você fazer sozinho. Para tanto, veja a figura 14.24 e observe onde possui eletrodutos e suas posições. O formato apresentado não é o único e tampouco é o melhor. Por isso, se você desejar usar outros caminhos para ligar os componentes elétricos, não haverá nenhum problema. Lembrando sempre que o meu objetivo não é ensiná-lo a fazer projetos elétricos, mas como usar o AutoCAD para confeccionar projetos elétricos e outros.

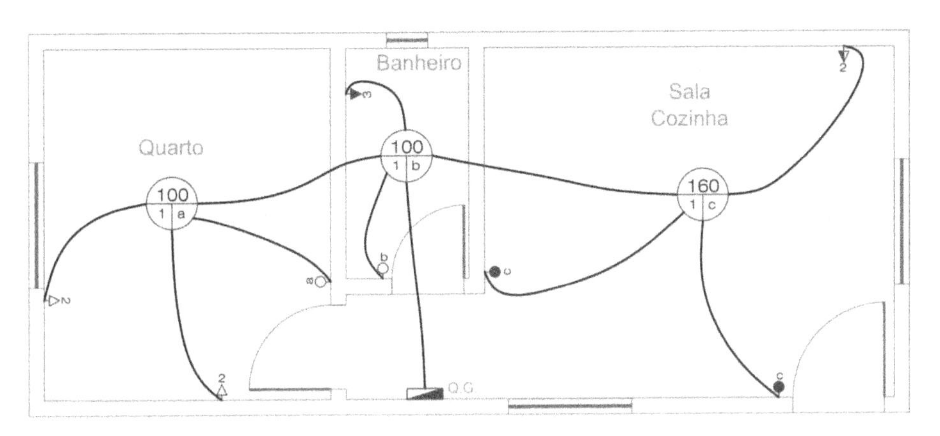

Figura 14.24 – Posições dos eletrodutos.

Após você concluir todos os eletrodutos, podemos começar a inserir os fios que passam em cada eletroduto. Para isso, usaremos os blocos feitos anteriormente.

Os primeiros fios que vamos inserir serão os do eletroduto que liga o quadro geral à luminária do banheiro. Para tanto, chame o comando *Insert block (Inserir bloco)* e a caixa de diálogo *Insert (Inserir)* aparecerá (veja a figura 14.25). Observe que os blocos *Fio retorno*, *Fio retorno e fase* e *Fios* não apresentam miniaturas. Isso porque esses blocos não possuem desenhos, só atributos. Então, para inserirmos os fios dos circuitos, clique sobre o bloco que você especificou para os fios – no nosso caso, foi o bloco *Fios*. Estamos considerando que a opção *Rotation (Rotação)* está ativa. Caso não esteja, pressione *Esc* para cancelar o comando e digite *i*, de *Insert (Inserir)*. Na caixa *Blocks (Blocos)*, ative a opção *Rotation (Rotação)*. Feito isso, voltamos para a inserção do bloco.

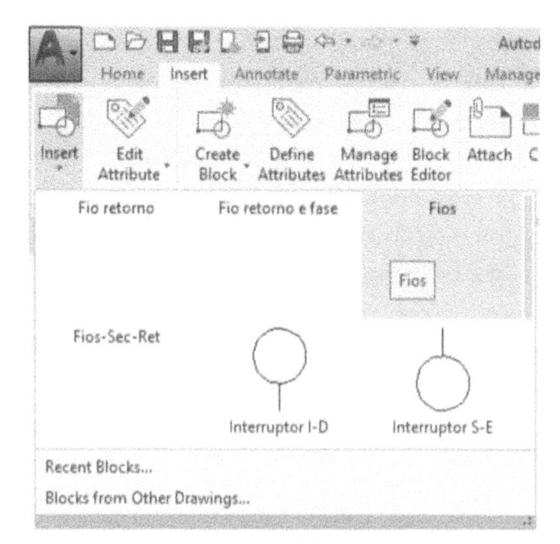

Figura 14.25 – Caixa de diálogo *Insert (Inserir)*.

Certificando-se de que o comando *Block (Bloco)* está com a opção ativa, clique sobre o bloco *Fios* e vá para o próximo passo, que é especificar a posição do bloco. Para fazer isso, você precisará especificar um ponto pertencente ao eletroduto. Por isso, pressione *Shift* e o botão direito do mouse ao mesmo tempo para aparecer o menu suspenso. Observe que neste menu suspenso, apresentado na figura 14.26, há várias opções de ferramentas de precisão. Você deverá escolher uma ferramenta de precisão que permita especificar um ponto sobre o eletroduto. Você sabe qual é a opção correta? A resposta é a opção *Nearest (Mais próximo).* Então, clique sobre *Nearest (Mais próximo)* e automaticamente o menu suspenso desaparece. Para definir a posição do bloco, movimente o cursor sobre o eletroduto (aparecerá uma pequena ampulheta indicando que você está selecionando um ponto com o *Nearest (Mais próximo)* e clique num ponto próximo ao ponto *A* (veja a figura 14.27).

Após especificar a posição do bloco, o AutoCAD pede para você definir o ângulo em que será inserido o bloco. Para isso, pressione novamente *Shift* e o botão direito do mouse ao mesmo tempo e selecione *Nearest (Mais próximo)*; em seguida, clique no ponto *B* (veja a figura 14.27). Dessa forma, você consegue definir o ângulo de rotação do bloco usando o próprio eletroduto e assim os fios ficam alinhados com o eletroduto.

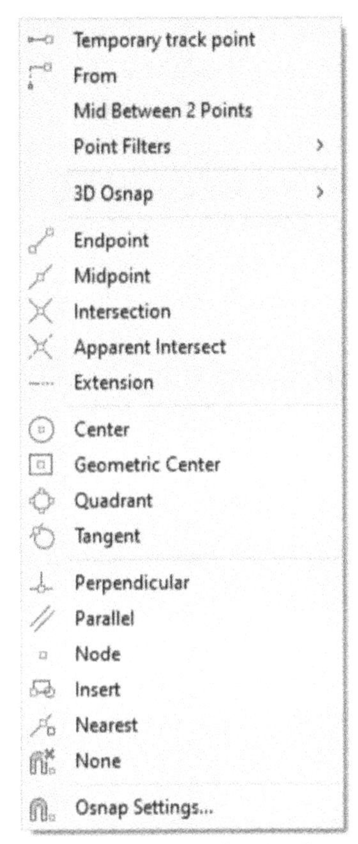

Figura 14.26 – Menu suspenso com as funções de precisão – *OSNAP*.

O próximo passo é responder as perguntas que o AutoCAD faz para você. Estas perguntas foram feitas por você quando foram criados os atributos. Neste caso, especifique os três fios (*ILT*), o circuito dos fios o valor *3* e a seção do condutor igual a *4,0 mm²* (4,0).

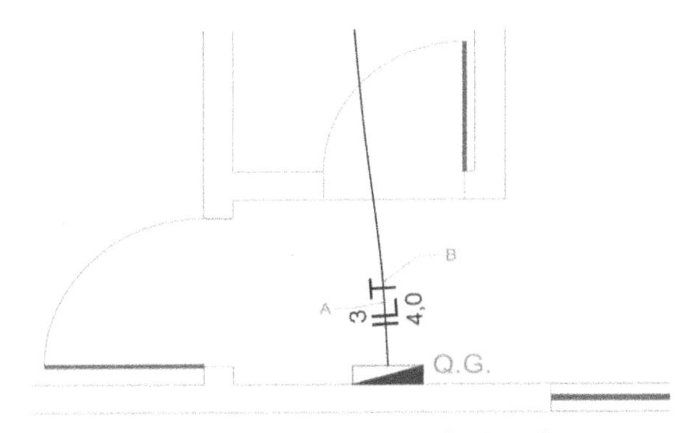

Figura 14.27 – Inserindo os fios do eletroduto.

Você procederá dessa forma para todos os outros condutores. Para facilitar o seu trabalho, recomendo que não deixe habilitada a ferramenta *POLAR (Rastreamento Polar)* e tampouco a *ORTHO*; deixe somente a ferramenta de precisão *OSNAP (Snap ao objeto)*. Além disso, para facilitar ainda mais o seu trabalho, você poderá deixar ativado em *OSNAP (Snap ao objeto)* a opção *Nearest (Mais próximo)*, assim não precisará mais pressionar *Shift* e o botão direito do mouse para ativar esta função. Para fazer isso, clique com o botão direito sobre *OSNAP (Snap ao objeto)* e, em seguida, clique sobre *Settings (Configurações)*. A caixa de diálogo *Drafting Settings (Configurações do desenho)* aparecerá – veja a figura 14.28. Selecione somente as opções mais importantes, como *Nearest (Mais próximo)*.

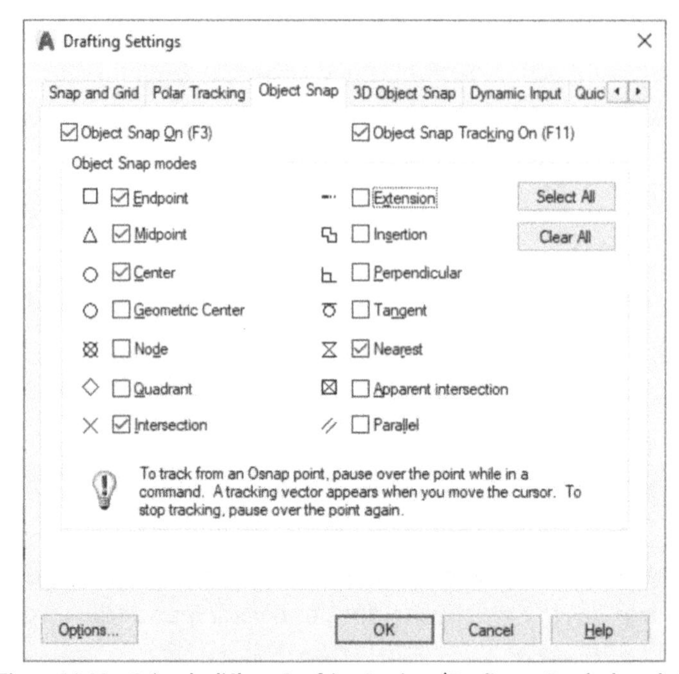

Figura 14.28 – Caixa de diálogo *Drafting Settings (Configurações do desenho)*.

Assim, você poderá finalizar o projeto e deixá-lo conforme é apresentado na figura 14.19.

14.7. Bloco de fios fase I, neutro ˥ e terra T

A norma de projeto elétrico atual recomenda que a especificação dos fios fase, neutro e terra sejam conforme ilustrado na figura 14.29 (a).

Figura 14.29 – Fios fase I, neutro ⅂ e terra T, conforme a norma.

A diferença da especificação adotada anteriormente para a apresentada na figura 14.29 (a) é somente a indicação do fio neutro. No exemplo apresentado, o fio neutro foi usado como a letra L; no entanto, a norma recomenda que seja um "L" rotacionado 180°.

Por isso, será criado um bloco com o neutro da forma que a norma pede, porém não será possível alterar o neutro. Ou seja, se você desejar inserir somente o fase ou o fase e terra, não terá como, já que o neutro sempre virá junto. Para essas situações, você poderá usar o bloco *Fios* feito no item 14.4.

Para você criar esse bloco, revise o item 14.4, porque a primeira parte será feita da mesma forma. Na verdade, aproveitaremos o mesmo bloco já feito. Caso não tenha feito, favor voltar no item 14.4 e fazê-lo.

Então vamos lá! Crie uma linha horizontal de um tamanho qualquer, proporcional à indicada na figura 14.29. Em seguida, insira o bloco através do comando *Insert block (Inserir bloco)* com o ponto de inserção no meio da linha criada e responda os atributos com os valores que você desejar. Na sequência, chame o comando *Explode (Explodir)* e clique sobre o bloco que você acabou de inserir. Automaticamente o bloco deixa de existir e voltamos a ter os atributos. O resultado será como o ilustrado na figura 14.30 (a).

O bloco será uma letra L rotacionada de 180°. O bloco dos fios fase e terra será mantido no mesmo bloco *Fios*. No entanto, ao inserir os fios, você digitará somente os fios *IT*. Para facilitar, usaremos a sequência de fios conforme apresentada na figura 14.29 (b).

Desenhe uma linha e insira um bloco através do comando *Insert block (Inserir bloco)* com os fios fase e neutro, conforme ilustrado na figura 14.29 (b).

Agora teremos que editar somente o atributo central (*FIO*). Para tanto, vamos editar as propriedades dele usando a caixa de diálogo *Properties (Propriedades)*. Caso você tenha alguma dúvida, revise o conteúdo do item 7.2.8.

Então vamos lá: abra a caixa de diálogo *Properties (Propriedades)* e clique sobre o atributo central. No campo *Tag (Identificador)*, altere para *IT*, maiúsculo. Na verdade, não faz diferença depois essa alteração, mas facilita na organização da montagem do bloco. Na sequência, você precisa alterar o valor padrão no campo *Value (Valor)*. Lá deverá estar *ILT*; altere para somente *IT*. Assim, no momento de inserir o bloco, o AutoCAD sempre dará essa opção como sugestão. Caso você desejar, poderá digitar outro valor no momento de inserir o bloco. Se porventura você desejar que tenha somente o neutro, você terá que apagar esse valor. Assim, ficamos com o bloco da forma como está apresentado na figura 14.30 (b).

O próximo passo é criar um neutro no formato da norma. Para tanto, desenhe um texto com a letra *L* com a mesma fonte usada na confecção dos atributos, *Swis 721 LtEx BT*. Em seguida, rotacione o texto 180° e posicione-o conforme ilustrado na figura 14.30 (c).

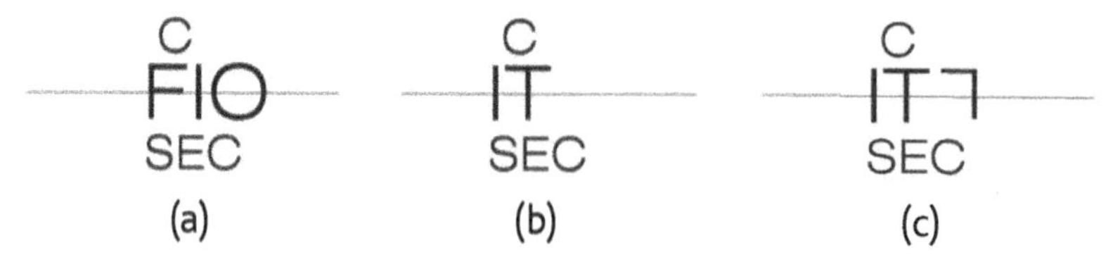

Figura 14.30 – Fios fase I e terra T: base para o fio neutro.

O próximo passo é criar o bloco chamado *FiosN*, ou outro nome que você desejar. Chame o comando *Create block (Criar bloco)* . No campo *Name (Nome)*, digite o nome que deseja dar para o bloco. Na sequência, clique em *Select objects (Selecionar objetos)* para selecionar os objetos que formam o bloco; a caixa de diálogo se fechará e você poderá selecionar o texto ⅂ e os atributos. Assim que selecionar tudo, pressione *Enter*. Lembre-se de que a linha não faz parte do bloco, ela é só auxiliar.

Em seguida, clique no ponto de inserção clicando na interseção entre a letra T com a linha usada para indicar um eletroduto – veja a figura 14.31 (a). Definido o ponto de referência, clique em *OK* que o bloco será criado. Após você responder os campos dos atributos, o resultado poderá ser o apresentado na figura 14.31 (b).

Figura 14.31 – Posição do ponto de inserção do bloco.

Dessa forma, sempre que você desejar inserir os fios fase, neutro e terra conforme a norma recomenda, será necessário inserir o bloco *FiosN*, digitar *I* e *T*. O fio neutro será inserido automaticamente, sem que você responda alguma coisa.

Essa foi somente uma forma de você inserir os fios conforme a norma recomenda. Com mais prática você poderá encontrar outra forma de obter o mesmo resultado, como, por exemplo, tendo um bloco com os três fios com um texto e não atributos.

Glossário

Sabendo que poucas pessoas possuem o domínio de uma língua estrangeira, neste caso o inglês, criei um glossário com as principais palavras do AutoCAD.

Com isso, quando for necessário saber o significado de uma palavra importante, basta consultar rapidamente este glossário. Entretanto, muitas "palavras" usadas no AutoCAD não existem, são aglutinações de palavras. Por isso não há um significado específico. Apesar disso, resolvi fazer uma interpretação dessas "palavras". Os resultados estão apresentados entre aspas.

As palavras foram organizadas por ordem alfabética.

Add – adicionar
Advanced – avançado
Aligned – alinhado
All – todo
Angle – ângulo
Apply – aplicar
Arc – arco
Area – área
Arrow – seta
Begin – iniciar
Block – bloco
Both – ambos (os dois)
Cancel – cancelar
Center – "centro de uma circunferência"
Center – centro
Chamfer – chanfro
Circle – círculo
Close – fechar
Color – cor
Command – comando
Convert – converter
Copy – copiar
Corner – canto
Current – corrente (atual)
Cut – cortar
Default – padrão
Definition – definição
Delete – "apagar"
Dependent – dependente
Detail – detalhe
Device – dispositivo
Diameter – diâmetro
Dimension –dimensão
Display – mostrar (exibir)
Distance – distância
Down – embaixo (para baixo)

Draw – desenhar
Drawing – desenho
Dynamic – dinâmico
Edit – editar
Editor – editor
Elipse – elipse
Endpoint – "fim de uma linha"
Erase – borracha
Exit – sair
Explode – explodir
Export – exportar
Extend – estender
Extent – extensão (máximo)
Fast – rápido
File – arquivo
Filename – "nome do arquivo"
Fillet – "tornar cantos redondos"
Find – procurar
First – primeiro
Fit – ajustar
Format – formatar
Format – formato (formatar)
From – de
Full – tudo
Grid – grade
Hatch – hachura
Help – ajuda
Horizontal – horizontal
How – como
In – dentro
Insert – inserir
Intersection – "interseção entre linhas"
Layer – camada
Layout – disposição
Left – esquerda
Length – comprimento
Library – biblioteca
Limits – limites
Line – linha
Linear – linear
Linetype – tipo de linha
List – lista
Load – carregar
Lock – fechar (trancar)
Lower – baixar
Make – fazer
Mass – massa
Midpoint – "meio de uma linha"
Mirror – espelho
Model – modelo
Modify – modificar
Move – mover
Multilines – muitas linhas
Multiple – Múltiplo
Name – nome
Nearest – aproximadamente ("ponto sobre o objeto")
New – novo
Object – objeto
Off – desligado
Offset – "copiar com distância definidas"
On – ligado
Open – abrir
Ortho – "mantém movimentos horizontal e vertical"
Out – fora
Overall – global (total)
Page – página
Pan – "mover"
Paper – papel
Paste – colar
Pattern – padrão (molde)
Perpendicular – perpendicular ("ponto perpendicular")
Pick – escolher
Plot – plotar
Point – ponto

Polygon – polígono
Polylines – várias linhas
Precision – precisão
Preview – pré-visualização
Previous – anterior
Primary – primário
Properties – propriedades
Quadrant – "ponto quadrante da circunferência)
Quick – rápido
Radius – raio
Realtime – "tempo real"
Recently – recentemente
Rectangle – retângulo
Redo – refazer
Regen – "regenerar"
Remove – remover
Rename – "dar um novo nome"
Right – direita
Rotate – girar
Rotation – rotação
Scale – escala
Scratch – risco (riscar)
Second – segundo
Select – selecionar
Set – marcar (indicar)
Settings – configurações
Setup – sistema (organização)
Side – lado
Single – simples (único)
Snap – "restringe movimentos para pontos"
Space – espaço
Specify – especifique
Spelling – ortografia
Spline – "curvas especiais"
Start – iniciar
Status – situação, posição (status)
Style – estilo
Table – tabela
Tangent – tangente ("ponto tan-gente")
Template – molde (modelo)
Text – texto
Time – tempo
Toolbars – "barras de ferramentas"
Tools – ferramenta
Trim – aparar (cortar)
Turn – tornar (transformar)
Undo – desfazer
Uniform – uniforme
Units – unidades
Update – atualizar
Variable – variável
Vertical – vertical
View – visualizar
Viewport – "janela"
Width – largura
Window – janela
Workplace – "local de trabalho"
Zoom – "ampliar"